독학사

3단계

영어발달사

시대에듀

머리말

학위를 얻는 데 시간과 장소는 더 이상 제약이 되지 않습니다. 대입 전형을 거치지 않아도 '학점은행제'를 통해 학사학위를 취득할 수 있기 때문입니다. 그중 독학학위제도는 고등학교 졸업자이거나 이와 동등 이상의 학력을 가지고 있는 사람들에게 효율적인 학점 인정 및 학사학위 취득의 기회를 줍니다.

학습을 통한 개인의 자아실현 도구이자 자신의 실력을 인정받을 수 있는 스펙인 독학사는 짧은 기간 안에 학사 학위를 취득할 수 있는 지름길로써 많은 수험생들의 선택을 받고 있습니다.

이 책은 독학사 시험을 준비하는 수험생들이 단기간에 효과적인 학습을 할 수 있도록 다음과 같이 구성하였습니다.

---

01 단원 개요
핵심이론을 학습하기에 앞서 각 단원에서 파악해야 할 중점과 학습목표를 정리하여 수록하였습니다.

---

02 핵심이론
시험에 출제될 수 있는 내용을 '핵심이론'으로 수록하였으며, 이론 안의 '더 알아두기' 등을 통해 내용 이해에 부족함이 없도록 하였습니다.

---

03 실전예상문제
해당 출제영역에 맞는 핵심포인트를 분석하여 구성한 '실전예상문제'를 수록하였습니다.

---

04 추록
2025년 시험부터 적용되는 개정 평가영역에 따라 시험을 대비할 수 있도록 관련 내용을 '추록'으로 수록하였습니다.

---

05 최종모의고사
최신 출제유형을 반영한 '최종모의고사(2회분)'를 통해 자신의 실력을 점검해 볼 수 있으며, 실제 시험에 임하듯이 시간을 재고 풀어 본다면 시험장에서의 실수를 줄일 수 있을 것입니다.

영어발달사는 영어라는 언어의 아름다움과 그 발전의 흥미로운 여정을 담고 있습니다. 영어는 우리가 소통하고 교류할 수 있게 해 주는 다리이자 새로운 세계로의 열쇠입니다. 영어발달사는 여러분이 이 다리를 건너면서 얻게 될 지식에 초점을 맞춘 책입니다. 이 과정을 통해 여러분은 영어가 어떤 도전과 역경을 극복하며 발전해 왔는지를 알게 될 것입니다. 또한 여러분 자신의 언어 능력을 향상시킬 수 있는 유용한 팁을 찾게 될 것입니다. 영어발달사와 함께 언어 탐험을 하면서 영어의 아름다움에 대한 새로운 시선과 즐거운 발견을 만끽하길 바랍니다.

편저자 드림

BDES

독학학위제 소개

독학학위제란?

「독학에 의한 학위취득에 관한 법률」에 의거하여 국가에서 시행하는 시험에 합격한 사람에게 학사학위를 수여하는 제도

- ⊘ 고등학교 졸업 이상의 학력을 가진 사람이면 누구나 응시 가능
- ⊘ 대학교를 다니지 않아도 스스로 공부해서 학위취득 가능
- ⊘ 일과 학습의 병행이 가능하여 시간과 비용 최소화
- ⊘ 언제, 어디서나 학습이 가능한 평생학습시대의 자아실현을 위한 제도
- ⊘ 학위취득시험은 4개의 과정(교양, 전공기초, 전공심화, 학위취득 종합시험)으로 이루어져 있으며, 각 과정별 시험을 모두 거쳐 학위취득 종합시험에 합격하면 학사학위 취득

독학학위제 전공 분야 (11개 전공)

국어
국문학

영어
영문학

심리학

경영학

컴퓨터
공학

간호학

법학

행정학

가정학

유아
교육학

정보
통신학

※ 유아교육학 및 정보통신학 전공 : 3, 4과정만 개설
  (정보통신학의 경우 3과정은 2025년까지, 4과정은 2026년까지만 응시 가능하며, 이후 폐지)
※ 간호학 전공 : 4과정만 개설
※ 중어중문학, 수학, 농학 전공 : 폐지 전공으로 기존에 해당 전공 학적 보유자에 한하여 2025년까지 응시 가능

※ 시대에듀는 현재 4개 학과(심리학과, 경영학과, 컴퓨터공학과, 간호학과) 개설 완료
※ 2개 학과(국어국문학과, 영어영문학과) 개설 진행 중

독학학위제 시험안내

과정별 응시자격

단계	과정	응시자격	과정(과목) 시험 면제 요건
1	교양	고등학교 졸업 이상 학력 소지자	• 대학(교)에서 각 학년 수료 및 일정 학점 취득 • 학점은행제 일정 학점 인정 • 국가기술자격법에 따른 자격 취득 • 교육부령에 따른 각종 시험 합격 • 면제지정기관 이수 등
2	전공기초		
3	전공심화		
4	학위취득	• 1~3과정 합격 및 면제 • 대학에서 동일 전공으로 3년 이상 수료 (3년제의 경우 졸업) 또는 105학점 이상 취득 • 학점은행제 동일 전공 105학점 이상 인정 (전공 28학점 포함) ➜ 22.1.1. 시행 • 외국에서 15년 이상의 학교교육과정 수료	없음(반드시 응시)

응시방법 및 응시료

- 접수방법 : 온라인으로만 가능
- 제출서류 : 응시자격 증빙서류 등 자세한 내용은 홈페이지 참조
- 응시료 : 20,700원

독학학위제 시험 범위

- 시험 과목별 평가영역 범위에서 대학 전공자에게 요구되는 수준으로 출제
- 시험 범위 및 예시문항은 독학학위제 홈페이지(bdes.nile.or.kr) ➜ 학습정보 ➜ 과목별 평가영역에서 확인

문항 수 및 배점

과정	일반 과목			예외 과목		
	객관식	주관식	합계	객관식	주관식	합계
교양, 전공기초 (1~2과정)	40문항×2.5점 =100점	–	40문항 100점	25문항×4점 =100점	–	25문항 100점
전공심화, 학위취득 (3~4과정)	24문항×2.5점 =60점	4문항×10점 =40점	28문항 100점	15문항×4점 =60점	5문항×8점 =40점	20문항 100점

※ 2017년도부터 교양과정 인정시험 및 전공기초과정 인정시험은 객관식 문항으로만 출제

합격 기준

■ 1~3과정(교양, 전공기초, 전공심화) 시험

단계	과정	합격 기준	유의 사항
1	교양	매 과목 60점 이상 득점을 합격으로 하고, 과목 합격 인정(합격 여부만 결정)	5과목 합격
2	전공기초		6과목 이상 합격
3	전공심화		

■ 4과정(학위취득) 시험 : 총점 합격제 또는 과목별 합격제 선택

구분	합격 기준	유의 사항
총점 합격제	• 총점(600점)의 60% 이상 득점(360점) • 과목 낙제 없음	• 6과목 모두 신규 응시 • 기존 합격 과목 불인정
과목별 합격제	• 매 과목 100점 만점으로 하여 전 과목(교양 2, 전공 4) 60점 이상 득점	• 기존 합격 과목 재응시 불가 • 1과목이라도 60점 미만 득점하면 불합격

시험 일정

■ 영어영문학과 3단계 시험 과목 및 시간표

구분(교시별)	시간	시험 과목명
1교시	09:00~10:40(100분)	고급영문법, 미국문학개관
2교시	11:10~12:50(100분)	영어발달사, 고급영어
중식 12:50~13:40(50분)		
3교시	14:00~15:40(100분)	20세기 영미소설, 영어통사론
4교시	16:10~17:50(100분)	20세기 영미시, 영미희곡Ⅱ

※ 시험 일정 및 세부사항은 반드시 독학학위제 홈페이지(bdes.nile.or.kr)를 통해 확인하시기 바랍니다.

※ 시대에듀에서 개설되었거나 개설 예정인 과목은 빨간색으로 표시하였습니다.

독학학위제 단계별 학습법

1단계 평가영역에 기반을 둔 이론 공부!

독학학위제에서 발표한 평가영역에 기반을 두어 효율적으로 이론을 공부해야 합니다. 각 장별로 정리된 '핵심이론'을 통해 핵심적인 개념을 파악합니다. 모든 내용을 다 암기하는 것이 아니라, 포괄적으로 이해한 후 핵심내용을 파악하여 이 부분을 확실히 알고 넘어가야 합니다.

2단계 시험 경향 및 문제 유형 파악!

독학사 시험 문제는 지금까지 출제된 유형에서 크게 벗어나지 않는 범위에서 비슷한 유형으로 줄곧 출제되고 있습니다. 본서에 수록된 이론을 충실히 학습한 후 '실전예상문제'를 풀어 보면서 문제의 유형과 출제의도를 파악하는 데 집중하도록 합니다. 교재에 수록된 문제는 시험 유형의 가장 핵심적인 부분이 반영된 문항들이므로 실제 시험에서 어떠한 유형이 출제되는지에 대한 감을 잡을 수 있을 것입니다.

3단계 '실전예상문제'를 통한 효과적인 대비!

독학사 시험 문제는 비슷한 유형들이 반복되어 출제되므로, 다양한 문제를 풀어 보는 것이 필수적입니다. 각 단원의 끝에 수록된 '실전예상문제'를 통해 단원별 내용을 제대로 학습하였는지 꼼꼼하게 확인하고, 실력을 점검합니다. 이때 부족한 부분은 따로 체크해 두고, 복습할 때 중점적으로 공부하는 것도 좋은 학습 전략입니다.

4단계 복습을 통한 학습 마무리!

이론 공부를 하면서, 혹은 문제를 풀어 보면서 헷갈리고 이해하기 어려운 부분은 따로 체크해 두는 것이 좋습니다. 중요 개념은 반복학습을 통해 놓치지 않고 확실하게 익히고 넘어가야 합니다. 마무리 단계에서는 '최종모의고사'를 통해 실전연습을 할 수 있도록 합니다.

COMMENT

합격수기

저는 학사편입 제도를 이용하기 위해 2~4단계를 순차로 응시했고 한 번에 합격했습니다.
아슬아슬한 점수라서 부끄럽지만 독학사는 자료가 부족해서 부족하나마 후기를 쓰는 것이 도움이 될까 하여
제 합격전략을 정리하여 알려드립니다.

#1. 교재와 전공서적을 가까이에!

학사학위 취득은 본래 4년을 기본으로 합니다. 독학사는 이를 1년으로 단축하는 것을 목표로 하는 시험이라
실제 시험도 변별력을 높이는 몇 문제를 제외한다면 기본이 되는 중요한 이론 위주로 출제됩니다. 시대에듀
의 독학사 시리즈 역시 이에 맞추어 중요한 내용이 일목요연하게 압축ㆍ정리되어 있습니다. 빠르게 훑어
보기 좋지만 내가 목표로 한 전공에 대해 자세히 알고 싶다면 전공서적과 함께 공부하는 것이 좋습니다.
교재와 전공서적을 함께 보면서 교재에 전공서적 내용을 정리하여 단권화하면 시험이 임박했을 때 교재
한 권으로도 자신 있게 시험을 치를 수 있습니다.

#2. 시간확인은 필수!

쉬운 문제는 금방 넘어가지만 지문이 길거나 어렵고 헷갈리는 문제도 있고, OMR 카드에 마킹까지 해야
하니 실제로 주어진 시간은 더 짧습니다. 1번에 어려운 문제가 있다고 해서 시간을 많이 허비하면 쉽게 풀 수
있는 마지막 문제들을 놓칠 수 있습니다. 문제 푸는 속도도 느려지니 집중력도 떨어집니다. 그래서 어차피
배점은 같으니 아는 문제를 최대한 많이 맞히는 것을 목표로 했습니다.
① 어려운 문제는 빠르게 넘기면서 문제를 끝까지 다 풀고 ② 확실한 답부터 우선 마킹한 후 ③ 다시 시험
지로 돌아가 건너뛴 문제들을 다시 풀었습니다. 확실히 시간을 재고 문제를 많이 풀어 봐야 실전에 도움이
되는 것 같습니다.

#3. 문제풀이의 반복!

여느 시험과 마찬가지로 문제는 많이 풀어 볼수록 좋습니다. 이론을 공부한 후 실전예상문제를 풀다 보니
부족한 부분이 어딘지 확인할 수 있었고, 공부한 이론이 시험에 어떤 식으로 출제될지 예상할 수 있었습니다.
그렇게 부족한 부분을 보충해가며 문제 유형을 파악하면 이론을 복습할 때도 어떤 부분을 중점적으로
암기해야 할지 알 수 있습니다. 이론 공부가 어느 정도 마무리되었을 때 시계를 준비하고 최종모의고사를
풀었습니다. 실제 시험시간을 생각하면서 예행연습을 하니 시험 당일에는 덜 긴장할 수 있었습니다.

학위취득을 위해 오늘도 열심히 학습하시는 동지 여러분에게도 합격의 영광이 있으시길 기원하면서 이만 줄입니다.

이 책의 구성과 특징

01 단원 개요

핵심이론을 학습하기에 앞서 각 단원에서 파악해야 할 중점과 학습목표를 확인해 보세요.

| 단원 개요 |

본 편은 다음과 같은 내용으로 구성된다. 제1장에서 영어의
살펴본다. 제3장에서 영어가 속한 게르만어의 특징을 알아

| 출제 경향 및 수험 대책 |

- 어족에 대해 알아본다.
- 인도-유럽어족을 살펴본다.
- 인도-유럽어족의 시초를 알아본다.
- 인도-유럽어족의 특징을 이해한다.
- 사템어와 켄툼어에 대해 알아본다.
- 고대이탤릭어와 켈트어를 살펴본다.
- 게르만어의 특징을 살펴본다.
- 그림의 법칙을 이해한다.
- 베르너의 법칙을 알아본다.

02 핵심이론

평가영역을 바탕으로 꼼꼼하게 정리된 '핵심이론'을 통해 꼭 알아야 하는 내용을 명확히 파악해 보세요.

제 1 장 | 영어의 기원 : 인도-유럽어족

제1절 | 어족(language family)

어족이란 하나의 공통조어(protolanguage)에서 파생되었다고 추정되는 언어들의 집합으로, 문법 및 어휘적 특성을 공유한다. 인도-유럽어족(Indo-European), 우랄-알타이어족(Ural-Altaic), 아프로-아시아어족(Afro-Asiatic), 중국-티베트어족(Sino-Tibetan), 오세아니아어족(Oceanic) 등이 있다.

> **더 알아두기**
>
> **공통조어(protolanguage)**
> 비교 방법을 통하여 친족 관계에 있는 여러 언어들이 갈라져 나온 것으로 추정되는 언어를 가리키는 용어이다.

■ 아프로-아시아어족   ■ 중앙아프리카어족   ■ 반투어족   ■ 중국-티베트어족
■ 인도-유럽어족   ■ 우랄-알타이어족   ■ 말레이-폴리네시아어족   ■ 오세아니아어족

03 실전예상문제

'핵심이론'에서 공부한 내용을 바탕으로 '실전예상문제'를 풀어 보면서 문제를 해결하는 능력을 길러 보세요.

제 **1** 편 | **실전예상문제**

01 다음 중 영어가 속한 어족은?
① Oceanic
② Sino-Tibetan
③ Ural-Altaic
④ Indo-European

01 영어가 속한 어족은 인도-유럽어족 (Indo-European)이다.

02 다음 설명에 해당하는 개념은?

비교 방법을 통하여 친족 관계에 있는 여러 언어들이 갈라...

02 친족 관계에 있는 여러 언어들이 갈라지 나온 것으로 추정되는 언어는 공통조어(Protolanguage)이다.

---

04 추록

개정 평가영역을 분석하여 반영한 '추록'을 통해 추가된 내용을 학습해 보세요.

추록 II | **제4편 초기현대영어 시대(1500~1800)**

※ 도서 123쪽 '왕정복고' 앞에 추가되는 내용입니다.

제1장 외면사

제3절 울타리치기(Enclosure) 운동과 도시화

울타리치기 운동은 물가 상승에 대한 지주의 대책으로서, 소규모 토지를 대규모 농장에 합병하는 법률적 절차를 뜻한다. 보통 2회(제1·2차)의 울타리치기 운동으로 구분한다. 제1차 울타리치기 운동은 15세기 후반에서 17세기 중반에 걸쳐 일어났으며, 양치기를 목적으로 하였다. 시골 젠트리계층 지주들이 당시 큰돈이 되는 양모 생산을 위해 농경지를 목장으로 전환시켰고, 이 과정에서 그동안 땅을 이용하면 소작농들이 반강제적으로 쫓겨나게 되었다. 농민들이 도시의 공장으로 내몰리면서 종국에는 하층 노동자로 전락하였고, 이것으로 인해 한때 울타리치기 운동 금지령이 내려지기도 하였다. 제2차 울타리치기 운동은 18세기 후반에서 19세기 초반에 걸쳐 일어났다. 제2차 울타리치기 운동은 인구 증가로 인한 식량 수요를 맞추기 위해 농산물의 생산 극대화를 목표로 정부 주도하에 이루어졌다. 일정한 조건만 갖추면 합법적인 울타리를 칠 수 있게 함으로써 영국의 거의 모든 토지에 울타리가 생겼고, 효율적인 농산물 생산을 위한 자본주의적 대농장으로 발전하였다. 이로써 농민들은 임금을

---

05 최종모의고사

'최종모의고사'를 실제 시험처럼 시간을 정해 놓고 풀어 보면서 최종점검을 해 보세요.

제1회 **최종모의고사** | 영어발달사

제한시간: 50분 | 시작 ___시 ___분 ~ 종료 ___시 ___분

정답 및 해설 296p

01 다음 중 게르만어 동사의 특성이 아닌 것은?
① 현재시제 및 과거시제
② 강변화 및 약변화
③ 치경음 파거 어미
④ 인칭, 법, 태의 굴절체계

CONTENTS
목차

핵심이론 + 실전예상문제

추록(2025년 시험부터 추가되는 내용)

최종모의고사

이성으로 비관해도 의지로써 낙관하라!

-안토니오 그람시-

제 1 편

고대영어 이전

│ 단원 개요 │

본 편은 다음과 같은 내용으로 구성된다. 제1장에서 영어의 기원인 인도-유럽어족을 소개한다. 제2장에서 인도-유럽어족의 특징을
살펴본다. 제3장에서 영어가 속한 게르만어의 특징을 알아본다.

│ 출제 경향 및 수험 대책 │

- 어족에 대해 알아본다.
- 인도-유럽어족을 살펴본다.
- 인도-유럽어족의 시초를 알아본다.
- 인도-유럽어족의 특징을 이해한다.
- 사템어와 켄툼어에 대해 알아본다.
- 고대이탈릭어와 켈트어를 살펴본다.
- 게르만어의 특징을 살펴본다.
- 그림의 법칙을 이해한다.
- 베르너의 법칙을 알아본다.

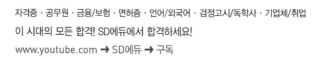

제 1 장 │ 영어의 기원 : 인도-유럽어족

제1절 │ 어족(language family)

어족이란 하나의 공통조어(protolanguage)에서 파생되었다고 추정되는 언어들의 집합으로, 문법 및 어휘적 특성을 공유한다. 인도-유럽어족(Indo-European), 우랄-알타이어족(Ural-Altaic), 아프로-아시아어족(Afro-Asiatic), 중국-티베트어족(Sino-Tibetan), 오세아니아어족(Oceanic) 등이 있다.

> **더 알아두기**
>
> **공통조어(protolanguage)**
> 비교 방법을 통하여 친족 관계에 있는 여러 언어들이 갈라져 나온 것으로 추정되는 언어를 가리키는 용어이다.

■ 아프로-아시아어족　　■ 중앙아프리카어족　　■ 반투어족　　　　■ 중국-티베트어족
■ 인도-유럽어족　　　　■ 우랄-알타이어족　　　■ 말레이-폴리네시아어족　■ 오세아니아어족
■ 아메리카 인디언어족

[어족의 분포]1)

---

1) Britannica Visual Dictionary, 2008. Encyclopedia Britannica Inc.

제2절 　인도-유럽어족(Indo-European language family)

인도-유럽어족은 계통적으로 세계의 주요 어족 중 하나로 분류되며, 지리적으로 유럽과 서남아시아를 중심으로 분포한다. 인도-유럽어족의 하위 분류로는 게르만어(Germanic), 켈트어(Celtic), 고대그리스어(Hellenic), 인도-이란어(Indo-Iranian), 고대이탤릭어(Italic), 발토-슬라브어(Balto-Slavic), 알바니아어(Albanian), 아르메니아어(Armenian) 등의 언어가 있다.

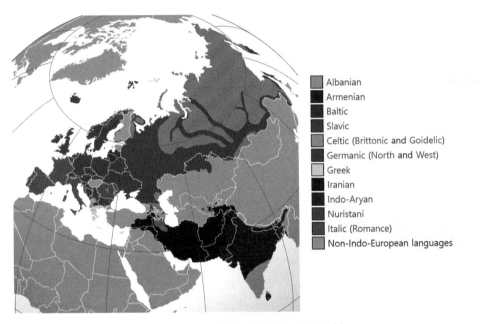

[인도-유럽어족의 하위 분류][2]

---

2) https://en.wikipedia.org/wiki/Indo-European_languages#/media/File:Indo-European_Language_Family_Branches_in_Eurasia.png

제3절 인도-유럽어족의 시초

1 윌리엄 존스(William Jones)

윌리엄 존스는 영국의 인도 통치 기간 중 인도에 주재했던 제국주의 학자로서 1783년부터 벵골 최고법원 판사로 봉직하였으며, 1784년 인도의 문화·역사·사회를 연구하는 아시아 협회(Asiatic Society)를 창립하였다. 윌리엄 존스가 1786년 출간한 『산스크리트어』(The Sanskrit Language)는 비교언어학의 초석이 된 서적으로, 고대인도어인 산스크리트어가 '그리스어, 라틴어, 고트어, 켈트어, 독일어, 프랑스어, 영어' 등과 유사하다는 사실을 발견한 것으로 유명하다. 이 책에서 윌리엄 존스는 이 언어들이 어떤 하나의 공통언어에서 파생되었다는 가설을 제기하였는데, 윌리엄 존스가 제기한 이 공통언어는 이후 19세기 비교언어학자들에 의해 인도-유럽 공통조어(proto Indo-European language)로 재구성되었다.

> **더 알아두기**
>
> **인도-유럽 공통조어(proto Indo-European language)** 중요
>
> 인도-유럽어족에 속하는 언어들의 근간이 되었으리라고 여겨지는 언어이며, 이를 현대의 언어학자들이 재구성한 조어를 가리킨다.

> "Sanskrit language, whatever be its antiquity, is of wonderful structure; more perfect than the Greek, more copious than the Latin, and more exquisitely refined than either, yet bearing to both of them a stronger affinity, ... than could be possibly have been produced by accident; so strong indeed, that no philologer could examine them all three, without believing them to have sprung from some common source which, perhaps, no longer exists." (산스크리트어는 얼마나 오래되었는지 모르나 놀라운 구조를 갖추었다. 그리스어보다 완벽하고, 라틴어보다 풍부하며, 둘 모두보다 세련되게 다듬어졌으나, 동사의 어근과 문법의 형식 양면에서 우연의 결과라고는 믿을 수 없을 만큼 두 언어와 닮아 있다. 이 유사성은 너무나 강렬해서, 그 어떤 문헌학자도 이 세 언어를 모두 살펴본 뒤에 어쩌면 더 이상 존재하지 않을 어느 공통의 근원으로부터 이 언어들이 유래하였다고 믿지 않을 수 없을 것이다.)
>
> - 윌리엄 존스, 『Electronic Library of Historiography』의
> 3주년 기념 담화(The Third Anniversary Discourse) (1786년 2월 2일) 중에서

[산스크리트어와 유럽어의 유사성]

영어	유사단어
am	asmi(산스크리트어), eom(고대영어), im(고트어), sum(라틴어), eimi(그리스어)
is	asti(산스크리트어), ist(고트어), est(라틴어), esti(그리스어)
brother	bhratar(산스크리트어), frater(라틴어), bruder(독일어), bratu(슬라브어), brathair(아일랜드어)
father	pitar(산스크리트어), pater(라틴어), fathir(고대스칸디나비아어), fadar(고트어)

2 인도-유럽어족의 발원지 (종요)

인도-유럽어족의 최초 발원지에 대해서는 뚜렷하게 알려진 바가 없고 여러 학자들의 의견이 다르지만, 그중에서 인도-유럽 공통조어를 근거로 한 언어학적 접근법이 설득력이 있다. 이 접근법은 자연환경 및 동식물(fauna and flora)과 관련된 단어들이 제공하는 단서를 이용하여 인도-유럽어족의 발원지를 추정해 보는 것이다. 즉, 자연환경과 관련하여 'freezing cold, snow, winter'와 같은 단어들이 인도-유럽 공통조어에 존재하고, 'ocean, sea'와 같은 단어들은 존재하지 않는 것으로 보아, 인도-유럽어족의 발원지는 몹시 추운 겨울을 가진 유럽 내륙 지역이며, 해안가는 아닐 것으로 짐작해 볼 수 있다. 또한, 동식물과 관련하여 'bear, marten, oak, pine'과 같은 단어들이 인도-유럽 공통조어에 존재하는 반면, 'camel, crocodile, bamboo, banyan'과 같은 단어들은 존재하지 않는 것으로 보아, 인도-유럽어족의 발원지는 아열대 지역이 아닌 중앙유럽 지역이라고 추정해 볼 수 있다.

(1) 인도-유럽 공통조어에 존재하는 단어

① **자연환경** : freezing cold, snow, winter → 인도-유럽어족의 발원지는 몹시 추운 겨울을 가진 유럽 내륙 지역으로 추정

② **동식물** : ant, bear, beaver, bee, beech, birch, crab, deer, dog, eagle, goat, hawk, honey, horse, jay, marten, mouse, oak, otter, owl, ox, partridge, pheasant, pig, pine, polecat, rabbit, sheep, snake, tortoise, weasel, wild duck, wild goose, willow, woolf → 중앙유럽 대부분의 지역에서 서식

(2) 인도-유럽 공통조어에 존재하지 않는 단어

① **자연환경** : ocean, sea → 인도-유럽어족의 발원지는 해안가는 아닐 것으로 추정

② **동식물** : bamboo, banyan, camel, crocodile, elephant, lion, monkey, palm, parrot, rhinoceros, rice, tiger → 아열대 지역에 서식

제 **2** 장 │ 인도-유럽어족의 특징

---

1 문법체계

인도-유럽어는 6품사(parts of speech), 8격(cases), 6상(aspects), 3태(voices), 5법(moods) 체계를 갖추었다.

(1) 6품사(parts of speech)

동사(verb), 명사(noun), 대명사(pronoun), 형용사(adjective), 부사(adverb), 수사(numeral)

(2) 8격(cases)

주격(nominative), 대격(accusative, 직접목적어), 소유격(possessive), 여격(dative, 간접목적어), 도구격(instrumental), 호격(vocative), 처소격(locative), 탈격(ablative)

(3) 6상(aspects)

현재(present), 미래(future), 완료(perfect), 과거완료(past perfect), 미완료(imperfect), 부정과거(aorist)

(4) 3태(voices)

능동(active), 수동(passive), 중간(middle)

(5) 5법(moods)

직설법(indicative), 가정법(subjunctive), 명령법(imperative), 기원법(optative), 비현실적 명령법(injunctive)

2 유동악센트(free accent)

인도-유럽어는 음의 높낮이(pitch)에 바탕을 둔 유동악센트 언어였는데, 단어의 어떤 음절에도 강세가 올 수 있었고 이러한 악센트는 단어가 가진 의미를 구별하는 데 중요하게 사용되었다.

3 굴절(inflection)

인도-유럽어의 동사는 인칭(person), 시제(tense), 법(mood), 태(voice)에 따라 모음이나 어미가 변화하는 복잡한 굴절 언어였다.

[동사 **bear**의 굴절형태]

수	인칭	영어	라틴어	그리스어	산스크리트어
단수	1인칭	I bear	fero	phero	bharami
	2인칭	(thou bearest)	fers	phereis	bharasi
	3인칭	he bears	fert	pherei	bharati
복수	1인칭	we bear	ferimus	pheromes	bharamas
	2인칭	you bear	fertis	pherete	bharata
	3인칭	they bear	ferunt	pheronti	bharanti

제2절　사템어(Satem)와 켄툼어(Centum)

사템어와 켄툼어는 인도-유럽어족의 언어들을 음운변화에 따라 두 가지로 분류한 것이다. 사템어는 주로 유럽의 동쪽 지역에 분포한 언어로, 아베스타어(Avestan)의 '100'을 뜻하는 단어인 satem의 첫소리(word-initial sound)를 치경 마찰음(alveolar fricative)인 [s] 또는 경구개 마찰음(post-alveolar fricative)인 [ʃ]로 발음하는 음운 특징을 보였다. 대표적으로 인도-이란어(Indo-Iranian), 발토-슬라브어(Balto-Slavic), 아르메니아어(Armenian), 알바니아어(Albanian)가 사템어에 속한다.

켄툼어는 유럽의 서쪽 지역에 분포한 언어로, 라틴어(Latin)의 '100'을 뜻하는 단어인 centum의 첫소리를 연구개 폐쇄음(velar stop)인 [k]로 발음하였다. 대표적으로 게르만어(Germanic), 켈트어(Celtic), 고대이탤릭어(Italic), 고대그리스어(Hellenic or Greek), 아나톨리아어(Anatolian), 토카라어(Tocharian)가 켄툼어에 속한다.

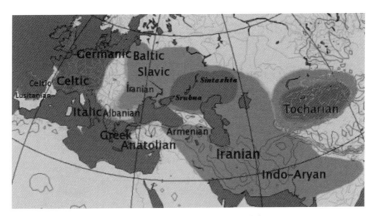

[사템어와 켄툼어의 지역적 분포]3)

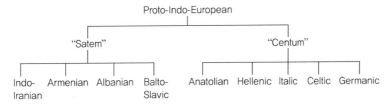

[사템어와 켄툼어]

3) https://en.wikipedia.org/wiki/Centum_and_satem_languages#/media/File:Centum_Satem_map.png

| 제3절 | 고대이탤릭어(Italic languages)와 켈트어(Celtic languages) |

고대이탤릭어와 켈트어는 게르만어(Germanic languages)와 함께 인도-유럽어(Indo-European languages)의 하위 어족이다.

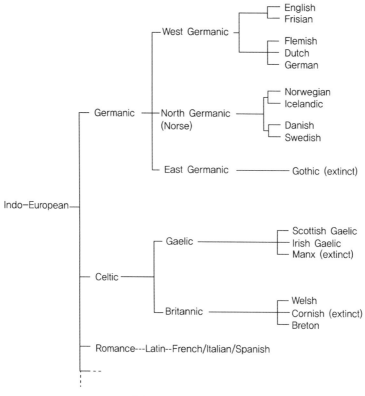

[인도-유럽어족의 계보]

1 고대이탤릭어(Italic languages)

고대이탤릭어는 로마를 중심으로 고대 이탈리아 반도에서 사용된 언어이다. 고대이탤릭어에 속하는 라틴어 (Latin)는 로마제국의 성장으로 유럽 전역에 확산되었고, 문어(고전) 라틴어(Classical Latin)와 구어(통속) 라틴어 (Vulgar Latin)로 나뉜다. 문어 라틴어는 고전 라틴 문헌에, 구어 라틴어는 일상생활에서 사용되었으며 특히 구어 라틴어는 로마제국의 식민지에서 널리 사용되었다. 구어 라틴어는 8세기부터 로맨스어(Romance languages)로 이 어져 현재의 불어(French), 이탈리아어(Italian), 스페인어(Spanish), 카탈로니아어(Catalan), 포르투갈어(Portuguese) 등의 기반이 되었다.

2 켈트어(Celtic languages)

켈트어는 기원전 1000년경(BCE 1000) 유럽 전역에 거주했던 켈트족(Celtic tribes)이 사용한 언어이다. 영국섬에 최초로 정착한 부족 또한 켈트족이었으며, 이들이 사용한 언어는 현재 영국섬의 일부 지명과 강 이름 정도에만 남아 있다.

(1) 켈트어 지명

Dover, Cardiff, Carlisle, Glasgow, London, Kent 등

(2) 켈트어 강 이름

Avon, Clyde, Exe, Severn, Thames, Wye 등

> **더 알아두기**
>
> BCE(Before the Common Era)
> BCE는 Before the Common Era의 약자로 '기원전'을 뜻한다. 좀 더 흔히 사용되는 BC 또한 동일한 의미를 가지며 Before Christ의 약자이다.

켈트어는 게일어(Gaelic)와 브리튼어(Britannic)로 나눌 수 있다. 게일어에는 스코틀랜드 게일어(Scottish Gaelic), 아일랜드 게일어(Irish Gaelic), 맨섬어(Manx)가 포함되는데, 이 중 스코틀랜드 게일어는 영국섬의 북부 지역인 스코틀랜드(Scotland)에서, 아일랜드 게일어는 아일랜드(Ireland)에서 사용되는 언어이다. 맨섬어는 맨섬(Isle of Man)에서 사용되던 언어였는데, 1970년대에 마지막 맨섬어 화자가 세상을 떠남으로써 사어(extinct language)가 되었다.

브리튼어는 웨일스어(Welsh), 콘월어(Cornish), 브르타뉴어(Breton)로 나눌 수 있다. 웨일스어는 영국섬의 남부 지역인 웨일스(Wales)에서, 브르타뉴어는 영국섬 최남단과 인접한 프랑스의 브르타뉴(Brittany) 지역에서 사용된다. 콘월어는 콘월(Cornwall)에서 사용되던 언어였지만, 18세기 후반 역사의 뒤안길로 사라졌다.

[영국제도의 지도]4)

4) Svartvik, J., Leech, G. & Crystal, D. 『English: One Tongue, Many Voices』 (2nd ed. 2016). New York: Palgrave Macmillan.

제3장 | 게르만어(Germanic languages)

제1절 | 게르만어

게르만어는 인도-유럽어족의 하위 어족이며, 고대이탤릭어 및 켈트어와 함께 켄툼어에 속하는 언어이다. 5세기 초반 로마군이 영국섬에서 철수하고 난 이후, 북해(North Sea) 건너에 살던 게르만족이 영국섬으로 이동하였는데, 이들 게르만족을 일반적으로 앵글족(Angles), 색슨족(Saxons), 주트족(Jutes)이라 칭한다.

게르만어는 서게르만어(West Germanic), 북게르만어(North Germanic), 동게르만어(East Germanic)로 나뉜다. 서게르만어에 속하는 언어들로는 '영어(English), 프리지아어(Frisian), 플라망어(Flemish), 네덜란드어(Dutch), 독일어(German)'가 있고, 북게르만어에 속하는 언어들로는 '노르웨이어(Norwegian), 아이슬란드어(Icelandic), 덴마크어(Danish), 스웨덴어(Swedish)' 등이 있다. 동게르만어에는 고트어(Gothic)가 속하지만, 현재는 사어이다.

> **더 알아두기**
>
> **북게르만어(North Germanic)**
> 북게르만어는 'Norse'라는 용어로도 불린다. 'Norse'는 바이킹(Viking)들이 사용하던 고대노르웨이어 또는 고대스칸디나비아어를 뜻한다.

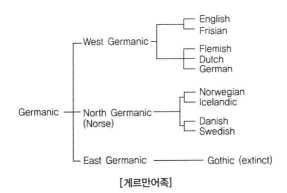

[게르만어족]

제2절   게르만어의 특징 중요

1 고정강세(fixed stress)

인도-유럽어는 유동악센트(free accent)를 가진 반면, 게르만어는 강세가 첫 음절에 고정되어 있다.

2 굴절체계의 단순화(simplification of inflectional system)

인도-유럽어는 '인칭, 시제, 법, 태' 등에 따라 모음이나 어미가 변화하는 복잡한 굴절어인 반면, 게르만어에서는 굴절체계가 상당 부분 단순화되었다. 6개의 상이 2개의 시제(현재, 과거)로 단순화되었고, 동사변화는 약변화(weak conjugation)와 강변화(strong conjugation)로 나누어졌다. 약변화는 소위 규칙변화를 일컫는 것으로, 규칙 동사를 만드는 어미로 '-ed'를 이용한다. '-ed'의 발음은 어말자음(word-final consonant)의 유・무성성(voicing)에 따라 치경음(alveolar)인 [t], [d], [ɪd]로 달라진다. 규칙 동사의 예로는 talk-talked[t], beg-begged[d], pat-patted[ɪd]가 있다. 강변화는 동사의 불규칙변화를 가리키는 것으로 go-went, be-am/are/is 등의 불규칙 동사가 이에 해당된다.

3 모음변화

인도-유럽어에서 게르만어로 넘어오는 과정에서 모음은 큰 변화를 겪지 않았다.

- 인도-유럽어 [ā] → 게르만어 [ō]
- 인도-유럽어 [o, a] → 게르만어 [a]

4 자음변화 : 그림의 법칙(Grimm's Law) 중요

모음과 달리 자음은 인도-유럽어에서 게르만어로 넘어오면서 큰 변화를 겪었다. 인도-유럽어와 게르만어의 자음추이 법칙은 1822년 야코프 그림(Jacob Grimm)에 의해 체계화되었다. 야코프 그림과 아우인 빌헬름 그림(Wilhelm Grimm)은 독일의 언어학자 겸 중편소설 작가로, '『백설공주』, 『잠자는 숲속의 미녀』, 『헨젤과 그레텔』, 『라푼젤』, 『개구리 왕자』, 『브레멘 음악대』, 『늑대와 일곱 마리 아기염소』' 등의 유명한 작품을 창작했다. 인도-유럽어의 자음은 게르만어에서 세 가지 변화를 겪었고, 이를 '그림의 법칙'이라 일컫는다.

(1) 비기식음화(deaspiration)

비기식음화는 인도-유럽어의 유성기식폐쇄음(voiced aspirated stops)인 [bʰ, dʰ, gʰ]가 기식성(aspiration)을 잃고 게르만어에서 유성폐쇄음(voiced stops)인 [b, d, g]로 변화하는 것을 뜻한다.

> 인도-유럽어 : 유성기식폐쇄음 [bʰ, dʰ, gʰ] → 게르만어 : 유성폐쇄음 [b, d, g]

(2) 무성음화(devoicing)

무성음화는 인도-유럽어의 유성폐쇄음인 [b, d, g]가 유성성을 잃고 게르만어에서 무성폐쇄음(voiceless stops)인 [p, t, k]로 변화하는 것을 뜻한다.

> 인도-유럽어 : 유성폐쇄음 [b, d, g] → 게르만어 : 무성폐쇄음 [p, t, k]

(3) 마찰음화(spirantization)

마찰음화는 인도-유럽어의 무성폐쇄음인 [p, t, k]가 조음 방식(manner of articulation)이 달라져 게르만어에서 무성마찰음(voiceless fricatives)인 [f, θ, x(or h)]로 변화하는 것을 뜻한다. 예를 들어, cordial과 hearty의 단어쌍에서 어두자음인 [k]와 [h]의 관계를 마찰음화로 설명할 수 있다.

> 인도-유럽어 : 무성폐쇄음 [p, t, k] → 게르만어 : 무성마찰음 [f, θ, h]

예 cordial vs. hearty, pedal vs. foot

[자음변화 : 그림의 법칙(Grimm's Law)]

구분	인도-유럽어	게르만어
비기식음화	[bʰ, dʰ, gʰ]	[b, d, g]
무성음화	[b, d, g]	[p, t, k]
마찰음화	[p, t, k]	[f, θ, h]

5 그림의 법칙(Grimm's Law)에 대한 예외사항

(1) 무성폐쇄음 뒤

그림의 법칙에 대한 첫 번째 예외사항으로는 무성폐쇄음인 [p, t, k] 뒤에서 마찰음화 현상이 일어나지 않는 경우를 들 수 있다. 예를 들어, 라틴어의 octo에서 밑줄 친 부분의 발음은 *[kθ]가 아닌 [kt]로 폐쇄음이 그대로 유지된다.

예

- 라틴어 oc<u>t</u>o, *oc<u>Θ</u>o
- 고대영어 eah<u>t</u>a, *eah<u>Θ</u>a

> **더 알아두기**
>
> **위 첨자(superscript) ***
> 언어학에서 단어 앞의 왼쪽 위 첨자로 된 * 표시는 그 언어에서 허용되지 않는(unacceptable, impossible) 형태를 뜻한다.

(2) 무성마찰음 뒤

무성마찰음인 [h, s] 뒤에서도 마찰음화가 일어나지 않는 경우가 있는데, 가령 영어의 spit에서 밑줄 친 부분의 발음은 *[sf]가 아닌 [sp]로 폐쇄음이 유지된다.

예

- 라틴어 s<u>p</u>uo, *s<u>f</u>uo
- 영어 s<u>p</u>it, *s<u>f</u>it

(3) 베르너의 법칙(Verner's Law) : 무성마찰음 앞에 강세가 없을 때 유성음화 중요

그림의 법칙에 대한 또 다른 예외사항으로서, 어중 무성마찰음(인도-유럽어의 무성폐쇄음에 해당) 앞에 강세가 없을 때 유성음이 되는 경우를 '베르너의 법칙'(Karl Verner가 발견)이라고 한다. 예를 들어, 라틴어의 pater와 고트어의 fadar를 비교해 보면, pater의 어두음인 무성폐쇄음 [p]가 fadar에서 무성마찰음 [f]로 변화하여 그림의 법칙을 준수한 반면, 어중자음의 경우 그림의 법칙을 따르지 않는다. 만일 그림의 법칙을 그대로 따른다면 pa<u>t</u>er가 *fa<u>Θ</u>er가 되겠지만, 앞 음절에 강세가 없으므로 유성음인 fa<u>d</u>er가 된다. 이처럼 무성마찰음 앞에 강세가 없을 때 일어나는 유성음화를 베르너의 법칙이라고 한다.

> 인도-유럽어 : 무성폐쇄음 [p, t, k] → 게르만어 : 무성마찰음 [f, Θ, h]
> → 게르만어 : 유성자음 [ß, ð, ɣ, b, d, g]

예

'father'를 뜻하는 라틴어 pater vs. 고트어 fadar

- 어두자음 <u>p</u>ater → <u>f</u>adar : 그림의 법칙(마찰음화)
- 어중자음 pa<u>t</u>er → fa<u>d</u>ar : 베르너의 법칙(유성음화)

01 다음 중 영어가 속한 어족은?

① Oceanic

② Sino-Tibetan

③ Ural-Altaic

④ Indo-European

02 다음 설명에 해당하는 개념은?

> 비교 방법을 통하여 친족 관계에 있는 여러 언어들이 갈라
> 져 나온 것으로 추정되는 언어

① Language family

② Protolanguage

③ Indo-European

④ Afro-Asiatic

03 인도–유럽어족의 하위 언어가 <u>아닌</u> 것은?

① Hellenic

② Indo-Iranian

③ Germanic

④ Hungarian

---

01 영어가 속한 어족은 인도–유럽어족(Indo-European)이다.

02 친족 관계에 있는 여러 언어들이 갈라져 나온 것으로 추정되는 언어는 공통조어(Protolanguage)이다.

03 인도–유럽어족의 하위 분류로는 '게르만어, 켈트어, 고대그리스어, 인도–이란어, 고대이탤릭어, 발토–슬라브어, 알바니아어, 아르메니아어' 등의 언어가 있다. 헝가리어는 우랄–알타이어족에 속하는 언어이다.

정답 (01 ④ 02 ② 03 ④)

04 영어는 게르만어에 속하는 언어이다.

04 다음 중 영어가 속한 어족은?

① Celtic

② Germanic

③ Hellenic

④ Balto-Slavic

05 아시아 협회를 창립하고, 산스크리트어와 유럽어 간 유사성을 발견한 학자는 윌리엄 존스(William Jones)이다.

05 다음 설명은 어떤 인물에 대한 소개인가?

> • 인도의 문화와 역사를 연구하는 아시아 협회를 창립하였다.
> • 벵골 최고법원 영국인 판사였다.
> • 비교언어학의 초석이 된 『산스크리트어』를 출간하였다.
> • 고대인도어인 산스크리트어가 라틴어, 그리스어 등과 유사하다는 사실을 발견하였다.

① Karl Verner

② Jacob Grimm

③ William Jones

④ Wilhelm Grimm

06 산스크리트어는 '그리스어, 라틴어, 고트어' 등과 유사하다고 알려져 있고, 핀란드어는 우랄-알타이어족에 속하는 언어로 인도-유럽어와 계통이 다르다.

06 다음 중 산스크리트어와 비슷하다고 알려진 언어가 <u>아닌</u> 것은?

① Greek

② Latin

③ Finnish

④ Gothic

정답 (04 ② 05 ③ 06 ③)

07 다음 중 인도-유럽 공통조어에 존재하지 <u>않는</u> 단어는?

① rhinoceros

② woolf

③ winter

④ honey

08 다음 중 인도-유럽어족의 특징이 <u>아닌</u> 것은?

① 고정악센트 언어이다.

② 복잡한 굴절어이다.

③ '주격, 대격, 소유격, 여격, 도구격, 호격, 처소격, 탈격'의 8가지 격을 가진다.

④ '현재, 미래, 완료, 과거완료, 미완료, 부정과거'의 6가지 상을 가진다.

09 다음 중 satem과 centum이 의미하는 바는 무엇인가?

① 1

② 10

③ 100

④ 1000

07 코뿔소(rhinoceros)는 아프리카와 같은 열대 지역에 서식하는 동물로, 겨울이 있는 유럽 내륙 지방에서 찾아보기 어렵다.

08 인도-유럽어족은 유동악센트 언어를 갖추고 있다.

09 satem과 centum은 어두자음의 발음 차이가 있을 뿐, 둘 다 '백(100)'이라는 뜻을 가진다.

정답 07 ① 08 ① 09 ③

10 켄툼어에 속하는 언어들로는 '게르만어, 켈트어, 고대이탈릭어, 고대그리스어, 아나톨리아어, 토카라어'가 있다.

10 다음 중 켄툼어에 속하지 <u>않는</u> 언어는?

① Italic
② Celtic
③ Germanic
④ Indo-Iranian

11 켄툼어의 첫소리인 [k]는 연구개 폐쇄음(velar stop)이며, ②·③·④는 모두 사템어의 특징이다.

11 다음 중 켄툼어에 대한 설명으로 옳은 것은?

① 첫소리를 연구개 폐쇄음으로 발음하였다.
② 유럽 동쪽 지역에 분포한 언어이다.
③ 아르메니아어, 발토–슬라브어 등이 속한다.
④ 첫소리를 치경 경구개음으로 발음하였다.

12 문어(고전) 라틴어는 주로 고전 라틴 문헌에 사용되었고, 로마제국의 식민지에서 널리 사용된 비교적 쉬운 라틴어는 구어(통속) 라틴어이다.

12 다음 중 설명이 옳지 <u>않은</u> 것은?

① 게르만어는 켈트어, 고대이탈릭어와 함께 인도–유럽어에 속하는 하위 어족이다.
② 고전 라틴어는 로마제국의 식민지에서 널리 사용되었다.
③ 고대이탈릭어는 로마를 중심으로 고대 이탈리아 반도에서 사용된 언어이다.
④ 로맨스어는 불어, 스페인어, 포르투갈어, 이탈리아어의 기반이 되었다.

정답 10 ④ 11 ① 12 ②

13 다음 켈트어 중 사어는?

① Cornish

② Irish Gaelic

③ Welsh

④ Breton

14 다음 중 켈트어에 대한 설명으로 적절하지 <u>않은</u> 것은?

① 영국에 최초로 정착한 부족이 사용한 언어이다.

② 게일어와 브리튼어로 나뉜다.

③ 게일어는 스코틀랜드와 아일랜드에서 사용되는 언어이다.

④ 브리튼어는 영국의 북부 지역에서 사용되는 언어이다.

15 다음 중 게르만족에 해당되지 <u>않는</u> 부족은?

① Saxons

② Jutes

③ Celts

④ Angles

16 고트어는 동게르만어, 독일어는 서게르만어, 덴마크어와 아이슬란드어는 북게르만어에 속한다.

16 영어와 함께 서게르만어에 속하는 언어는?

① Gothic
② German
③ Danish
④ Icelandic

17 북게르만어는 Norse라는 용어로도 불리며, 바이킹들이 사용하던 고대노르웨이어 또는 고대스칸디나비어를 뜻한다.

17 다음 중 가리키는 것이 다른 하나는?

① West Germanic
② Norse
③ Norwegian
④ North Germanic

18 게르만어는 굴절체계가 상당 부분 단순화되었고, 모음변화가 거의 없었으며, 대표적인 자음의 변화는 그림의 법칙으로 설명된다.

18 다음 중 게르만어의 특징으로 옳은 것은?

① 매우 복잡한 굴절어이다.
② 모음변화가 다양하게 나타난다.
③ 강세가 첫 음절에 고정되어 있다.
④ 대표적인 자음의 변화는 존스의 법칙으로 설명된다.

정답 16 ② 17 ① 18 ③

19 게르만어가 겪은 자음변화, 즉 그림의 법칙이 <u>아닌</u> 것은?

① Spirantization

② Devoicing

③ Deaspiration

④ Stopping

19 그림의 법칙은 '마찰음화(Spiranti-zation), 무성음화(Devoicing), 비기식음화(Deaspiration)'의 세 가지 변화를 일컫는다.

20 다음 중 마찰음화를 나타내는 도식은?

① b, d, g → p, t, k

② p, t, k → b, d, g

③ b^h, d^h, g^h → b, d, g

④ p, t, k → f, Θ, h

20 마찰음화는 인도-유럽어의 무성폐쇄음이 게르만어의 무성마찰음으로 변화하는 것을 뜻한다.

주관식 문제

01 영어가 속해 있는 어족은 무엇인지 괄호 안에 들어갈 말을 영어로 쓰시오.

(㉠) - (㉡) - (㉢)

01 **정답**
㉠ Indo-European
㉡ Germanic
㉢ West Germanic

정답 19 ④   20 ④

02 정답

약변화는 규칙 동사를 만드는 어미인 '-ed'를 이용한 동사변화를 뜻하며, 'talk-talked, beg-begged, pat-patted' 등의 규칙 동사가 이에 해당한다. 강변화는 동사의 불규칙변화를 가리키는 것으로, 'go-went, be-am/are/is' 등의 불규칙 동사가 이에 해당한다.

03 정답

pedal의 어두자음인 무성폐쇄음 [p]가 foot에서 조음 방식이 바뀌어 무성마찰음인 [f]로 변화하였고, 이는 그림의 법칙 중 마찰음화에 해당한다.

04 정답

Verner's Law

02 동사변화의 약변화와 강변화에 대해 구체적인 예를 들어 설명하시오.

03 다음에 주어진 단어쌍을 이용하여 그림의 법칙을 설명하시오.

> pedal vs. foot

04 다음 설명에 해당하는 명칭을 영어로 쓰시오.

> 이것은 그림의 법칙에 대한 예외사항으로서, 어중 무성마찰음 앞에 강세가 없을 때 유성음이 되는 경우를 뜻한다. 라틴어 pater와 고트어 fadar를 비교했을 때, 어중자음의 경우 그림의 법칙을 따르지 않고, 무성음 [t]가 [d]로 유성음화된다.

05 인도-유럽어족의 최초 발원지를 인도-유럽 공통조어에 존재하는 단어와 존재하지 않는 단어의 예를 이용하여 추정해 보시오.

05 **정답**

자연환경과 관련하여 'freezing cold, snow, winter'와 같은 단어들이 인도-유럽 공통조어에 존재하고, 'ocean, sea'와 같은 단어들은 존재하지 않는 것으로 보아, 인도-유럽어족의 발원지는 몹시 추운 겨울을 가진 유럽 내륙 지역이며, 해안가는 아닐 것으로 추정해 볼 수 있다. 또한, 동식물과 관련하여 'bear, marten'과 같은 단어들이 인도-유럽 공통조어에 존재하고, 'camel, bamboo'와 같은 단어들은 존재하지 않는 것으로 보아, 인도-유럽어족의 발원지는 아열대 지역이 아닌 중앙유럽 지역이라고 짐작해 볼 수 있다.

06 다음 단어들로 미루어 짐작할 수 있는 사실을 기술하시오.

- 'brother'를 뜻하는 단어
  bhratar(산스크리트어), frater(라틴어), bruder(독일어), bratu(슬라브어), brathair(아일랜드어)
- 'is'를 뜻하는 단어
  asti(산스크리트어), ist(고트어), est(라틴어), esti(그리스어)

06 **정답**

고대인도어인 산스크리트어가 '영어, 라틴어, 독일어, 슬라브어, 아일랜드어, 고트어, 그리스어' 등의 언어들과 유사한 단어들이 많은 것으로 보아, 이 언어들이 어떤 하나의 공통언어에서 파생되었을 가능성이 크고, 이 공통언어는 인도-유럽 공통조어인 것으로 여겨진다.

07 **정답**
사템어를 뜻하는 satem의 첫소리는 치경 마찰음 [s]로 발음하는 반면, 켄툼어를 뜻하는 centum의 첫소리는 연구개 폐쇄음 [k]로 발음한다.

07 사템어와 켄툼어를 구분해 주는 음운변화 기준에 대해 서술하시오.

08 **정답**
inflection

08 다음 표에서 확인할 수 있듯이 인도−유럽어는 '인칭, 시제, 법, 태'에 따라 동사의 어미가 변화하는 언어이다. 이와 같은 현상을 무엇이라고 부르는지 그 명칭을 영어로 쓰시오.

Number	Person	English	Latin	Greek	Sanskrit
Singular	1st person	I bear	fero	phero	bharami
	2nd person	(thou bearest)	fers	phereis	bharasi
	3rd person	he bears	fert	pherei	bharati
Plural	1st person	we bear	ferimus	pheromes	bharamas
	2nd person	you bear	fertis	pherete	bharata
	3rd person	they bear	ferunt	pheronti	bharanti

09 인도-유럽어에 속하는 하위 어족 중 두 가지를 영어로 쓰시오.

09 **정답**
인도-유럽어에 속하는 하위 어족에
는 Germanic, Celtic, Hellenic,
Indo-Iranian, Italic, Balto-Slavic,
Albanian, Armenian 등이 있다.

10 게르만어가 가지는 언어적 특징 중 두 가지를 기술하시오.

10 **정답**
- 강세가 첫 음절에 고정되어 있다.
- 인도-유럽어의 복잡한 굴절체계
  가 단순화되었다.
- 그림의 법칙이라 일컬어지는 세
  가지 자음변화인 '비기식음화, 무
  성음화, 마찰음화'가 일어났다.
- 그림의 법칙에 대한 예외로서, 무
  성폐쇄음 또는 무성마찰음 뒤에서
  마찰음화가 일어나지 않았다.
- 그림의 법칙에 대한 또 다른 예외
  로서, 무성마찰음 앞에 강세가 없
  을 때 유성음화가 일어나는 베르
  너의 법칙이 있다.

SD에듀와 함께, 합격을 향해 떠나는 여행

제 2 편

고대영어 시대 (449~1100)

| 단원 개요 |

본 편은 다음과 같은 내용으로 구성된다. 제1장에서 영국의 외면사를 알아본다. 제2장에서 고대영어의 문자와 발음을 살펴본다. 제3장에서 고대영어의 단어를 알아본다. 제4장에서 고대영어의 구와 문장을 알아본다. 제5장에서 고대영어 대표 문헌을 살펴본다.

| 출제 경향 및 수험 대책 |

- 고대영어 이전 시기인 켈트족의 시대와 로마 통치 시대를 살펴본다.
- 고대영어 시기인 앵글로색슨 시대와 바이킹 시대를 살펴본다.
- 게르만족의 입성과 7왕국의 건설을 살펴본다.
- '영국'과 '영어'의 유래를 살펴본다.
- 영국의 기독교화 과정을 살펴본다.
- 바이킹 시대의 세 단계를 알아본다.
- 고대영어의 네 가지 방언을 살펴본다.
- 고대영어의 문자를 살펴본다.
- 고대영어의 발음을 모음, 자음, 강세별로 알아본다.
- 고대영어의 단어를 각 품사별로 알아본다.
- 고대영어 명사의 강변화와 약변화를 알아본다.
- 고대영어 동사의 강변화와 약변화를 알아본다.
- 고대영어의 명사구와 동사구를 살펴본다.
- 고대영어 문장의 어순을 알아본다.
- 고대영어의 대표 문헌인 베오울프와 창세기를 살펴본다.

제 1 장 | 외면사

제1절 | 고대영어 이전(~449)

고대영어에 해당하는 시기를 449년부터 1100년으로 볼 때, 고대영어 이전 시기는 고대영어가 시작되는 449년 이전의 시대를 뜻한다. 이 시기는 켈트어(Celtic languages)를 사용한 켈트족(Celts)의 시기이다.

[주요 사건이 일어난 연도]

시기	주요 사건
BCE 55	시저의 침입
43년	클라우디우스 황제의 침입
410년	로마군 철수
449년	주트족 침입
597년	성 오거스틴과 선교사 파견
787년	바이킹의 침입
871년	알프레드 즉위
878년	웨드모어 조약 체결
899년	알프레드 사망
991년	몰든 전투 패배
1016년	크누트 즉위
1042년	에드워드 왕 즉위
1066년	노르만 정복

> **더 알아두기**
>
> **외면사(external history)**
>
> 언어의 역사를 연구하는 방법론으로 외면사(external history)와 내면사(internal history)가 있다. 외면사는 언어의 역사를 주로 외부적인 증거와 자료에 기반하여 연구하는 방식으로, 언어 자체가 아닌 언어의 발전에 영향을 미친 역사적 사건 등을 다룬다. 반면에 내면사는 언어 자체의 내부적인 변화와 발전에 초점을 맞추어 연구하는 접근 방법으로, '언어 체계의 변화, 음운, 형태, 통사, 의미' 등 언어적 측면을 연구한다.

1 켈트족의 시대

영국에 들어온 최초의 인도-유럽어는 영국섬의 원주민이던 켈트족이 사용한 켈트어이다. 청동기 시대(Bronze Age, BCE 1800~1000) 무렵부터 서북 유럽에 살던 켈트족이 기원전(BCE) 7~3세기에 영국을 비롯한 유럽의 여러 지역으로 흩어졌다. 이때 영국에 들어온 켈트족의 대부분은 켈트족의 일파인 게일족(Gaels)으로, 이들은 기원전 600년경 스코틀랜드와 아일랜드에 정착하였고, 이후 또 다른 일파인 브리튼족(Britons)이 웨일스 (Wales)와 콘월(Cornwall) 등지에 자리를 잡았다. 켈트족은 바다에 둘러싸인 영국섬에서 여러 세기에 걸쳐 부족 중심의 사회체제를 이루었고, 농업을 발전시켰으며, 가축을 이용해 물물교환의 경제체제를 갖추었다. 한동안 영국에는 켈트인, 북유럽에는 게르만인, 로마제국을 중심으로 한 지중해 연안에는 로마인이 거주하였다.

2 로마 통치 시대(Roman Britain)

기원전 1세기 무렵부터 영국에 대한 로마인의 간헐적인 공격이 시작되었다. 기원전 55년 줄리어스 시저(Julius Caesar)는 골(Gaul) 지방을 정복한 뒤, 영국해협 바로 너머에 있는 영국을 침입하였다(그림 [로마 통치기의 영국] 참고). 이듬해인 기원전 54년, 시저는 영국을 재침입하여 템스강 건너 영국 동남부까지 진출하지만 영국 원주민들의 거센 반발과 로마의 국내 사정으로 후퇴하였다. 그 후 영국은 100여 년간 로마의 침입을 받지 않았으나, 기원후(서기, AD) 43년 클라우디우스(Claudius) 황제에 의해 스코틀랜드 고지대와 웨일스 산악지대를 제외한 전 국토가 정복되었다. 이후 영국은 로마제국의 속령이 되어 400여 년간 로마의 통치하에 놓이게 되었다. 로마인은 영국에 도시를 건설하고, 이를 군사적으로 뒷받침하는 행정체제를 수립하여 규율과 치안을 토대로 하는 로마식 평화(Pax Romana)를 유지하였다. 일례로, 스코틀랜드 지역에서 지속적으로 발생하는 스코트족 (Scots)과 픽트족(Picts)의 침입을 막기 위해 동서를 가로지르는 성벽을 세웠다. 이 성벽은 당시 황제인 하드리아누스의 이름을 따서 하드리아누스 성벽(Hadrian's Wall)으로 불리었고, 현재 세계문화유산(World Heritage Site) 으로 지정되어 있다(그림 [하드리아누스 성벽(Hadrian's Wall)] 참고).

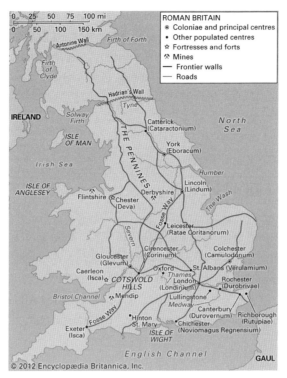

[로마 통치기의 영국][1]

[하드리아누스 성벽(Hadrian's Wall)][2]

영국이 로마의 통치하에 400년간 있었음에도 불구하고 켈트어로 유입된 라틴어 단어가 영어에 남아 있는 경우는 일부 지명을 제외하고 거의 없다. 가령, '랭커스터(Lancaster), 레스터(Leicester), 체스터(Chester), 맨체스터(Manchester), 윈체스터(Winchester), 콜체스터(Colchester)' 등의 지명에 공통으로 들어가는 접미사 -caster/

1) https://cdn.britannica.com/27/4827-050-4FD51837/Ancient-Britain.jpg
2) https://www.britannica.com/topic/Hadrians-Wall

-cester/-chester는 '야영지'(camp)를 뜻하는 라틴어인 castra에서 왔는데, 이들 도시가 로마군에 의해 형성된 곳임을 알 수 있다. 또한, 영어 단어 street은 독일어 strasse, 이탈리아어 strada와 함께 로마의 '포장도로'를 의미하는 라틴어 via strata에서 왔다. 영국에서 켈트어의 지위는 400년간의 로마 지배에도 굳건하였지만 이후 유럽 대륙에서 건너온 앵글로색슨족의 침입으로 말미암아 위협을 받게 되었다.

| 제2절 | 고대영어 시대(449~1100) |

고대영어 시기 전후의 역사는 두 편의 저술에 기반을 두고 있다. 첫째, 역사가이자 종교학자인 비드(Bede, 672/673~735)가 라틴어로 쓴 『영국교회사』(Ecclesiastical History of the English People)는 고대영어 이전 시기부터 731년까지의 기독교 관련 사건들을 기록하고 있는데, 특히 449년 앵글로색슨족의 영국 침입에 대해 자세히 다루고 있다. 또 다른 저술은 웨식스(Wessex)의 알프레드 대왕(King Alfred the Great, 871~899 재위) 때 편찬된 『앵글로색슨 연대기』(Anglo-Saxon Chronicle)로, 고대영어로 써졌으며 기원후 1년부터 초기 중세영어 시대인 1154년까지의 역사적 사건들을 연대기 형식으로 기록하였다.

[영국교회사][3]

---

3) https://www.amazon.co.uk/Bedes-Ecclesiastical-History-English-People-ebook/dp/B0BP88Q9M4

[앵글로색슨 연대기][4]

1 앵글로색슨 시대

『영국교회사』와 『앵글로색슨 연대기』에 따르면, 게르만족이 영국에 공식적으로 입성한 시기는 449년이다. 로마 통치기 지배자였던 로마인도 영국을 완전히 로마화하지 못했지만, 게르만족은 원주민이던 켈트족을 몰아내고 명실공히 영국의 주인이 되었다.

5세기 초(410년) 로마군이 철수하자 그동안 로마에 의한 평화(Pax Romana)가 유지되던 영국의 치안은 공백상 태에 빠지게 되었고, 켈트족의 일파인 브리튼족은 영국 북부의 픽트족, 서부의 스코트족 등으로부터 침략을 받 게 되었다. 이들의 침입은 오래전부터 있어왔으나 로마군이 철수한 후 더 대담해졌고, 이에 브리튼족 족장인 보티건(Vortigern)은 로마에 도움을 요청하지만, 자국의 방어에 급급했던 로마는 큰 도움을 주지 못하였다. 보 티건은 바다 건너 게르만족들에게 도움을 요청하기에 이르렀고 이에 영국에 들어오게 된 게르만족이 바로 앵글 로색슨족이다.

(1) 게르만족의 입성 종요

보티건의 요청에 따라 영국에 들어온 게르만족은 앵글족(Angles), 색슨족(Saxons), 주트족(Jutes)이다. 세 부족 중 헹기스트(Hengist)와 호사(Horsa) 형제가 이끄는 주트족이 가장 먼저 영국에 도착하여 켄트 지역에 정착하였다(449년). 주트족의 소식을 전해들은 다른 게르만족도 속속 영국에 도착하였는데, 색슨족이 서식 스(Sussex)를 차지하고, 뒤이어 앵글족은 동쪽 해안에 상륙하여 험버(Humber)강까지 진출하였다.

게르만족에 대항하던 브리튼족은 서부 산악지대인 웨일스(Wales)로 쫓겨났고, 침입자인 앵글로색슨족에 의해 이방인(Welsh)이라 불리게 되었다. 또 다른 켈트족은 영국 서남쪽 콘월(Cornwall)로 쫓겨났고, 또 다른 일파 는 프랑스의 브르타뉴(Bretagne)로 건너갔다. 이들이 사용한 켈트어가 '웨일스어(Welsh), 콘월어(Cornish), 브르타뉴어(Breton)'이고, 이 중 콘월어는 사어가 되었다.

---

4) https://www.amazon.com/Anglo-Saxon-Chronicle-Old-English-Books/dp/1540579611

(2) '영국'(England)과 '영어'(English) 종요

『영국교회사』의 기록에 따르면, England와 English라는 단어는 게르만족 중의 하나인 앵글족(Angles)의 이름을 따서 만든 것이다. 고대영어로 '앵글인'이란 의미를 가진 Engla(Angle의 속격복수)와 '땅'이란 의미를 가진 land가 합쳐져 '앵글인의 땅'이란 뜻의 England가 되었고, 여기에 접미사 -isc가 붙은 고대영어 Englisc가 이후 철자변화를 거쳐 English가 되었다. 9세기 말 알프레드 대왕도 자신이 사용하는 언어를 가리켜 Englisc라 불렀다.

5세기 앵글로색슨 세 부족의 본격적인 영국 이주 전, 이미 4세기 초 색슨족이 영국 해안에 침입하였다. 켈트족 원주민과 마주친 첫 게르만족이 색슨족이었기에 이들은 자신들을 침입한 게르만족을 가리켜 색슨족이라 불렀다. Angli와 Anglia라는 이름은 7세기부터 일반적으로 사용되었는데, 이 시기 앵글족이 세운 왕국이 영국의 패권을 쥐고 있었기 때문일 것으로 짐작된다.

(3) 7왕국

영국의 원주민이던 켈트족을 몰아낸 게르만족의 세 부족은 독립된 왕국을 건설하였다. 『영국교회사』에 따르면, 주트족은 켄트(Kent) 지역과 와이트(Wight)섬에 정착하였고, 색슨족은 에식스(Essex), 웨식스(Wessex), 서식스(Sussex) 왕국을 이루었으며, 앵글족은 템스강 북부인 동앵글리아(East Anglia), 머시아(Mercia), 노섬브리아(Northumbria) 왕국을 형성하였다. 따라서 7세기에는 앵글로색슨 7왕국(Anglo-Saxon Heptarchy)인 '켄트, 에식스, 웨식스, 서식스, 동앵글리아, 머시아, 노섬브리아'가 성립되었다. 이들은 모두 저지대 서게르만어(Low West Germanic) 방언을 사용하였기 때문에 서로 의사소통이 가능하였고, 고대영어(Old English)는 이 세 부족의 방언을 융합한 언어이다.

앵글로색슨 7왕국은 차례로 종주권을 행사하였다. 켄트는 5~6세기, 노섬브리아는 7세기, 머시아는 8세기에 전국의 주도권을 장악하였고, 825년 웨식스의 에그버트(Egberht) 왕이 머시아를 몰아내고 켄트, 에식스, 서식스를 합병하였다. 829년 머시아 왕국을 통합하고 노섬브리아도 그의 종주권을 인정함으로써, 웨식스는 9~10세기 정치·경제·군사·학문의 중심지가 되었고, 특히 알프레드 대왕 때 전성기를 맞이하였다.

[앵글로색슨 왕국]5)

(4) 기독교화

본래 게르만족은 워든(Woden/Wotan/Odinn), 토르(Thor) 등의 다신을 믿는 이교도였지만 597년 이후 기독교로 개종하게 되었다. 영국에서의 기독교화는 비교적 수월하게 이루어졌지만 게르만 종교의 영향이 완전히 소멸되지는 않았다. 가령 현대영어의 요일명 중 'Tuesday, Wednesday, Thursday, Friday'는 각각 게르만 신인 'Tiw(법의 신), Woden(정신의 신), Thor(천둥의 신), Frig(미의 신)'에서 유래한다.

게르만족이 기독교로 개종한 것은 성 패트릭(St. Patrick), 성 콜럼바(St. Columba), 성 아우구스티누스(St. Augustine) 등이 이끄는 선교단의 힘이 컸다. 성 패트릭은 아일랜드에 기독교를 전파했는데 6~7세기에 골(Gaul), 스코틀랜드, 노섬브리아 등으로 선교단을 보내는 등 활발한 포교활동을 하였다. 563년 아일랜드 왕실의 핏줄인 성 콜럼바는 스코틀랜드의 아이오나(Iona)섬에 수도원을 짓고 픽트족 개종에 힘썼다. 633년 노섬브리아의 오스왈드(Oswald) 왕이 켈트기독교를 받아들였고, 그의 뒤를 이은 오스위(Oswy) 또한 노섬브리아의 교회 확장을 위해 노력하였다.

아일랜드와 스코틀랜드에서 건너온 선교사들에 의해 어느 정도 기독교의 영향을 받았지만 영국의 전면적인 기독교화는 로마 교황이 파견한 선교사들에 의해 이루어졌다. 597년 교황 그레고리 1세(Gregory I)가 파송한 성 아우구스티누스와 40명의 선교사 일행이 켄트에 상륙하였고, 이미 프랑크계 기독교인 버사(Bertha)를 왕비로 맞았던 켄트 왕국의 에델버트(Ethelbert) 왕은 세례를 받고 기독교로 개종하였다. 601년 성 아우구스티누스가 캔터베리(Canterbury)의 초대 대주교로 임명됨으로써 캔터베리는 영국 기독교의 본산지가 되었다.

---

5) Svartvik, J., Leech, G. & Crystal, D. 『English: One Tongue, Many Voices』 (2nd ed. 2016). New York: Palgrave Macmillan.

북부의 켈트기독교와 남부의 로마기독교는 서로 다른 관습을 따랐다. 서로 다른 날짜에 부활절을 경축하는 등 갈등을 겪던 두 교파는 664년 공식적으로 단일화되었다. 노섬브리아의 오스위 왕이 휘트비(Whitby) 성당에서 종교회의를 소집하여 켈트기독교 대신 로마교회를 선택하였기 때문이다. 이후 로마교회의 영향력은 점점 더 커지게 되었고, 7세기 말 영국은 중요한 기독교 국가가 되었다.

기독교의 본격적인 도입으로 영국 전역에 세워진 교회와 수도원은 그리스어 · 라틴어 강의, 교리와 문학 연구 등 고대영어 시기 학문연구 발전에 지대한 역할을 하였다. 영국의 기독교화는 언어 자체에도 큰 변화를 가져왔다. 기독교의 모든 의식에 라틴어가 사용되었기 때문에, 기존에 게르만족이 쓰던 룬 문자(Runic alphabet)를 대신하여 로마 철자(Roman alphabet)가 영어에 도입되었다. 그 결과 400여 개의 라틴어 차용어가 생기게 되었고, 차용어 중 현대영어에 남아 있는 단어들의 대부분은 기독교와 관련이 있다.

[라틴어 차용어]

Latin	Old English	Modern English
abbas	abbod, abbud	abbot
apostolus	apostol	apostle
candela	candel	candle
cyriacum	cyrice	church
diabolus	dēofol	devil
discipulus	discipul	disciple
episcopus	biscop	bishop
martyr	martir	martyr
monachus	munuc	monk
nonna	nunne	nun
papa	papa	pope
presbyter	prēost	priest
templum	tempel	temple

당시 기독교를 대표했던 인물 중 비드(Bede, 672/673~735)는 노섬브리아에서 태어났다. 그는 웨어머스 (Wearmouth) 및 재로우(Jarrow) 수도원에서 일생을 보내며 과학 · 역사 · 신학에 관한 글을 집필하였다. '영국 역사의 아버지'(The Father of the English History)라 일컬어지는 비드의 가장 유명한 라틴어 저서가 바로 731년 완성된 『영국교회사』이다.

2 바이킹 시대

8세기 후반, 북해를 두고 마주보던 바이킹이 침략함으로써 앵글로색슨 영국의 정치·경제 판도에 큰 변화가 일어났다.

더 알아두기

바이킹(Viking)

바이킹은 고대노르웨이어(Old Norse)인 vik 'bay'에 유래를 둔다. 즉, '만(bay)에 출몰하는 사람들'이란 의미를 지니고 있었다. 본래 스칸디나비아 지역에 살던 바이킹은 8세기 무렵부터 유럽 여러 나라를 약탈하기 시작했고, 9세기경 고대영어에 wicing이란 단어가 처음 등장하는데 이때부터 '해적'이란 부정적인 의미로 사용되었다.

『앵글로색슨 연대기』에 따르면, 바이킹의 침략은 787년에 시작하여 250여 년간 지속되었고, 이들의 침략 양상은 다음과 같이 크게 세 단계를 거친다.

(1) 첫 번째 단계 : 간헐적 침략(sporadic raids)

8세기 후반에서 9세기 초반까지의 시기로, 주로 해안 근처의 마을과 수도원을 기습적으로 공격한 후 도망가는 양상을 띠었다. 『앵글로색슨 연대기』에 의하면, 793년 린디스판(Lindisfarne) 수도원, 794년 재로우(Jarrow) 수도원을 약탈하고 방화하였으며, 835년 이후 공격이 더욱 강렬해져 앵글로색슨 왕국의 심장부까지 약탈하는 공격이 거의 매년 이루어졌다.

(2) 두 번째 단계 : 영구적 식민지화(permanent colonization)

9세기 중후반, 바이킹은 첫 번째 단계에서 보였던 기습 공격 후 도주가 아닌 영국에서의 영구적인 식민지화를 꾀하였다. 865년 할프단(Halfdan)과 이바르(Ivarr the Boneless)가 지휘하는 덴마크 대군이 동앵글리아에 상륙하였고, 867년 노섬브리아의 요크, 869년 동앵글리아, 877년 머시아를 차례로 점령함으로써, 웨식스를 제외한 앵글로색슨 전 왕국이 바이킹에 항복하게 되었다.

동부 지역 대부분을 차지한 후 남하하던 바이킹의 세력 확장은 웨식스의 **알프레드 대왕**에 의해 저지되었다. 878년 구스럼(Guthrum)이 이끄는 덴마크 군대가 웨식스를 공격하자 알프레드 대왕은 에딩턴(Edington)에서 맞서 싸워 승리를 거두었고, 백기를 든 바이킹은 웨식스와 웨드모어 조약(Treaty of Wedmore)을 맺었다. 이 조약에 따라 모든 바이킹은 웨식스에서 철수하였고, 웨식스와 바이킹 영토 사이에 국경선이 생기게 되었다. 데인로(Danelaw)라고 알려진 이 국경선은 대략 런던에서 체스터(Chester)까지 그어졌고, 바이킹은 이 국경선을 넘어 웨식스를 침략할 수 없게 되었다(그림 [데인로(Danelaw)] 참고). 구스럼은 데인로 안에서 독립된 왕으로 인정되었고, 이교도였던 그는 기독교로 개종하고 애설스탠(Atherlstan)이라는 영어이름도 갖게 되었다.

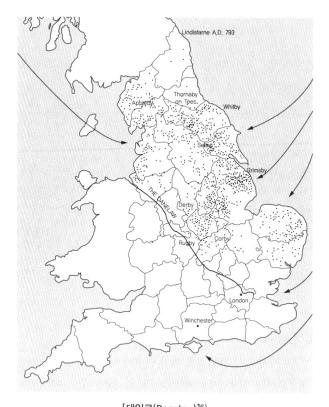

[데인로(Danelaw)]6)
(화살표는 바이킹의 침략경로를, 점은 스칸디나비아어로 된 지명을 나타낸다)

더 알아두기 중요

알프레드 대왕(King Alfred the Great, 871~899 재위)

'대왕'(the Great) 칭호를 받은 유일한 영국 군주로, 행정력 강화를 위해 직제 및 군 조직을 개편하여 요새화된 도시를 건설하는 등 바이킹의 침공을 막기 위해 노력하였다. 궁정학교 설립, 해외학자 초빙, 라틴어 번역, 학식 있는 성직자 고용 등 교육과 학문의 부흥에도 힘썼는데, 특히 중요 문헌을 영어로 번역하는 사업을 수행함에 있어 자신이 직접 라틴어 문헌을 영어로 번역하였다. 『앵글로색슨 연대기』, 비드의 『영국 교회사』, 그레고리 교황의 『사제의 계율』(Pastoral Care), 보에티우스(Boethius)의 『철학의 위안』(The Consolations of Philosophy) 등의 산문 역서를 출간하여, 영어 산문의 창시자로도 불린다.

---

6) Svartvik, J., Leech, G. & Crystal, D. 『English: One Tongue, Many Voices』 (2nd ed. 2016). New York: Palgrave Macmillan.

(3) 세 번째 단계 : 정치적 정복(political conquest)

10세기 이후는 바이킹 침략의 마지막 단계인 정치적 정복의 단계이다. 991년 올라프(Olaf Tryggvason)가 이끄는 노르웨이군이 비르히트노스(Byrhtnoth)가 지휘하는 영국군을 몰든(Maldon)에서 전멸시켰다. 이 전투를 묘사한 고대영시 『몰든 전투』(Battle of Maldon)는 지도자에 대한 부하들의 충성과 영웅정신을 문학적으로 승화시킨 것으로 유명하다. 당시 웨식스는 소위 '준비되지 않은 왕' 애설레드(Æthelred the Unready, 978~1016 재위)의 통치하에 있었는데, 그는 바이킹의 침략을 막기 위해 백성들로부터 데인겔드(Danegeld)라는 세금을 거둬들여 바이킹 회유를 시도하였으나 전혀 효과가 없었다. 1013년 덴마크의 스웨인(Sweyn) 왕이 이끄는 군대가 쳐들어오자 '준비되지 않은 왕'은 노르망디로 도망쳤고, 결국 덴마크 왕이 영국의 왕을 겸하게 되었다. 스웨인의 뒤를 이어 아들인 크누트(Cnut, 1016~1035 재위)가 왕위에 올랐고, 크누트는 애설레드 왕의 미망인이던 엠마(Emma of Normandy)와 결혼하였다. 효율적인 통치를 위해 크누트는 영국을 네 개의 백작령으로 나누었는데, 그중 웨식스 백작인 고드윈(Godwin)이 막강한 귀족으로 부상하였다. 크누트 사후 그의 두 아들이 후사 없이 죽자 덴마크 왕조의 혈통이 끊기게 되었고, 이에 영국인들은 웨식스 왕조의 부활을 꿈꾸며, 애설레드와 엠마 사이의 아들인 에드워드(Edward the Confessor, 1042~1066 재위)를 왕으로 추대하였다. 에드워드 왕은 정치력이 뛰어나진 않았지만 신앙심이 깊어 영국 왕실의 최고 성자로 인정되어 '참회왕'이란 별칭을 갖게 되었다. 에드워드 왕의 통치기에 막강한 권력을 가지고 있던 웨식스 백작 고드윈은 에드워드 왕이 후사 없이 죽자 자신의 아들 해롤드(Harold)를 왕위에 앉혔다. 1066년 해롤드가 보위에 올랐다는 소식을 듣고, 격노한 이가 있었으니 그가 바로 노르망디 공작 윌리엄(William, Duke of Normandy)이었다. 윌리엄 공은 과거 에드워드 왕이 노르망디에서 망명 중일 때 자신에게 왕위 계승을 약속했으므로 자신이 영국의 왕이 되어야 한다고 주장하며 영국을 침공하게 된다. 이것이 노르만 정복(Norman Conquest)의 시작이고, 이로써 앵글로색슨 시대는 막을 내리게 되었다.

3 고대영어의 방언

영국에 정착한 앵글로색슨족이 사용한 고대영어는 크게 네 가지로, '켄트 방언, 웨스트색슨 방언, 머시아 방언, 노섬브리아 방언'으로 구분된다.

(1) 켄트 방언

켄트 지역에 거주한 주트족이 사용했던 방언으로, 시간이 지나면서 웨스트색슨 방언에 흡수되었다.

(2) 웨스트색슨 방언 [중요]

색슨족의 대표적인 방언으로, 현존하는 고대영어 문헌 대부분이 웨스트색슨 방언으로 기록되어 있다. 9세기에서 10세기 영국의 종주국은 웨식스였고, 수도 윈체스터는 정치·문화의 중심지였기 때문에 이들의 언어인 웨스트색슨 방언으로 기록된 문헌이 많이 남아 있다. 알프레드 대왕의 라틴어 번역 등 학문진흥을 위한 노력 또한 이에 큰 공헌을 하였다.

(3) 머시아 방언

험버강과 템스강 사이 중부 지역의 앵글족이 사용했던 방언이다. 알프레드 대왕 때부터 웨스트색슨 방언의 영향을 받아, 순수하게 머시아 방언으로 기록된 문헌은 거의 남아 있지 않다.

(4) 노섬브리아 방언 중요

험버강 이북의 북부 지역에서 사용된 방언으로, 초기 고대영어 시기에 중요한 역할을 하였다. 비드(Bede)를 포함한 여러 학자들이 노섬브리아의 재로우, 휘트비에서 활동하였고, 초기 고대영시인 『캐드먼의 찬가』 (Cadmon's Hymn)가 노섬브리아 방언으로 써졌다. 머시아 방언과 노섬브리아 방언은 서로 유사한 점이 많아 두 방언을 합쳐 앵글(Anglian) 방언이라 부른다.

제 2 장 | 고대영어의 문자와 발음

제1절 | 고대영어의 문자

앵글로색슨족은 유럽대륙에서 사용하던 룬 문자(Runes)를 영국에 가지고 들어와 기독교 개종 후에도 한동안 사용하였다. 룬 문자는 게르만족이 사용했던 것으로, 나무나 돌 등 단단한 물체에 새기기 편한 각진 형태를 띠고 있다. 룬 문자가 새겨진 대표적인 유물로 **루스웰 십자가**(Ruthwell Cross)가 있는데, 이 십자가에는 『십자가의 꿈』(The Dream of the Rood)이라는 유명한 고대영시가 새겨져 있다.

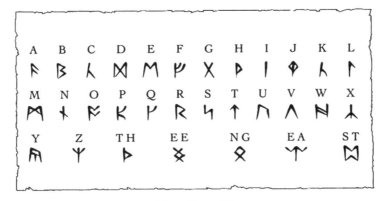

[룬 문자(Runes)][7]

[루스웰 십자가(Ruthwell Cross)][8]

---

7) https://wiki.ultimacodex.com/wiki/Runic_alphabet
8) https://www.britannica.com/topic/Ruthwell-Cross

현대영어의 문자인 'j, q, v'는 고대영어 시기에 사용되지 않았고 'k, x, z'는 드물게 사용되었다. 현대영어의 26개 문자 중에서 전혀 쓰이지 않은 문자 세 개를 제외하면 23개의 문자가 남는데, 이 문자들로는 고대영어의 모든 음을 표기하기에 부족하였고, 이에 'Þ(thorn), p(wynn), ð(eth), æ(ash)' 네 개의 문자를 추가하였다. Þ와 p는 룬 문자에서 차용하였고, ð와 æ는 로마 문자를 수정하였는데, ð는 d를 수정한 것이고, æ는 a와 e의 합자(ligature)이다.

Aa	Ææ	Bb	Cc	Dδ	Ðð	Ee	Ff
a	ash	be	ce	de	eth	e	eff
a	æ	b	c	d	ð	e	f
[ɑ/ɑː]	[æ/æː]	[b/v]	[k/tʃ]	[d]	[θ/ð]	[e/eː]	[f/v]

Ᵹ�	hh	Iı	Ll	Mm	Nn	Oo	Pp
yogh	há	i	ell	emm	enn	o	pe
ʒ (g)	h	i	l	m	n	o	p
[g/ɣ/j/ʤ]	[h/ç/x]	[ɪ/iː]	[l]	[m]	[n/ŋ]	[o/oː]	[p]

Rp	Sꞇ ſs	Tτ	Uu	Pp	Xx	Yẏ	þþ
err	ess	te	u	wynn	eks	yr	thorn
r	s	t	u	p (w)	x	y	þ
[r]	[s/z]	[t]	[u]	[w]	[ks/xs/çs]	[y/yː]	[θ/ð]

[고대영어의 문자][9]

---

9) https://www.omniglot.com/writing/oldenglish.htm

제2절 고대영어의 발음

1 고대영어의 모음

고대영어의 모음은 현대영어의 모음과 달리 장단의 구별이 있었다. 단순모음(monophthongs)은 7개의 단모음 (short vowels)과 7개의 장모음(long vowels)으로 이루어졌고, 이중모음(diphthongs) 또한 장단의 구별이 있었다.

[고대영어 모음의 문자와 발음]

구분		문자	발음	단어
단순모음	단모음	a	[a]	habban 'to have'
		æ	[æ]	æt 'at'
		e	[ɛ]	etan 'to eat'
		i	[ɪ]	hit 'it'
		o	[ɔ]	god 'god'
		u	[ʊ]	lufu 'love'
		y	[ü]	cynn 'kin'
	장모음	ā	[aː]	stān 'stone'
		ǣ	[æː]	Þǣr 'there'
		ē	[ɛː]	wē 'we'
		ī	[ɪː]	fīf 'five'
		ō	[ɔː]	mōdor 'mother'
		ū	[ʊː]	hūs 'house'
		ȳ	[üː]	mȳs 'mice'
이중모음		ea	[æə]	heard 'hard'
		eo	[ɛə]	heofon 'heaven'
		io/ie	[iə]	giefan 'to give'
		ēa	[æːə]	nēah 'near'
		ēo	[eːə]	frēond 'friend'
		īo/īe	[iːə]	Þrīe 'three'

2 고대영어의 자음 중요

고대영어에는 총 19개의 단자음 문자가 있었다. 이 중 일부는 현대영어의 음가와 동일하다(b, d, k, l, m, n, p, t, w, x). 현대영어 문자의 'j, q, v'는 고대영어에서 사용되지 않았으며, 현대영어 철자와 달리 고대영어에는 묵음이 없었다.

고대영어 문자 중 c, f, g, h, r, s, þ/ð는 음운환경에 따라 두 가지 이상의 발음을 가졌다(표 [고대영어 자음의 문자와 발음] 참고). 첫째, c는 자음이나 후설모음(a, o, u) 앞에서 [k]로 발음되었고, 전설모음(i, e, æ) 앞에서 [ʧ]로 발음되었다. 둘째, f는 음운환경에 따라 [f]와 [v] 두 가지 다른 발음을 나타냈는데, 유성음 사이에 위치할 때 유성음 [v]로, 그 외 환경에서는 무성음 [f]로 발음되었다. 셋째, g는 어두 자음이나 후설모음 앞에 위치할 때 [g]로, 어두 전설모음 앞에서 [j]로, 그 외 환경에서는 [ɣ]로 발음되었다. 넷째, h는 어두에서 [h]로, 어중이나 어말의 전설모음 뒤에서 [ç]로, 그 외의 위치에서는 [x]로 발음되었다. 다섯째, r은 어두에서 전동음(trill)으로, 모음 뒤에서는 미국영어에서 나타나는 권설음(retroflex)으로 발음되었다. 여섯째, s는 유성음 사이에서 [z]로, 그 외 환경에서는 [s]로 발음되었다. 일곱째, þ/ð는 유성음 사이에서 [ð]로, 그 외 환경에서는 [þ]로 발음되었다. 고대영어의 이중자(digraphs) 중 ng는 현대영어에서처럼 [ŋ]로 발음되지 않고, 두 개의 소리인 [ŋg]로 발음되었다. 반면, cg와 sc는 두 개의 연속된 문자가 하나의 소리를 가졌다. cg는 현대영어의 dg로 발전한 것이며 [ʤ]로 발음이 되었고(예 ecg 'edge'), sc는 현대영어의 sh에 해당되며 [ʃ] 발음을 가졌다(예 biscop 'bishop', fisc 'fish', scip 'ship'). 단, sc 문자 중 라틴어에서 차용된 어휘의 경우 [sk]로 발음되었다(예 ascian 'ask', scol 'school').

[고대영어 자음의 문자와 발음]

구분	문자	발음	단어
단자음	b	[b]	bedd 'bed'
	c	• 자음·후설모음 앞 : [k] • 전설모음 앞 : [ʧ]	• clǣne 'clean', cū 'cow' • cēosan 'to choose'
	d	[d]	dǣl 'deal'
	f	• 유성음 사이 : [v] • 그 외 : [f]	• hæfde 'had' • wulf 'wolf'
	g	• 어두 자음·후설모음 앞 : [g] • 어두 전설모음 앞 : [j] • 그 외 : [ɣ]	• glæd 'glad', gōd 'good' • ge 'ye' • beorg 'barrow'
	h	• 어두 : [h] • 어중·어말 전설모음 뒤 : [ç] • 그 외 : [x]	• hāl 'whole' • sihþ 'sight' • eahta 'eight'
	k	[k]	cockalorum 'to crow'
	l	[l]	lēof 'beloved'
	m	[m]	drēam 'dream'
	n	[n]	nēah 'near'

p	[p]	pytt 'pit'
r	• 어두 전동음 : [r] • 모음 뒤 권설음 : [ɹ]	• riht 'right' • heard 'hard'
s	• 유성음 사이 : [z] • 그 외 : [s]	• bōsm 'bosom' • mūs 'mouse'
t	[t]	stān 'stone'
þ/ð	• 유성음 사이 : [ð] • 그 외 : [þ]	• brōðor 'brother' • þorn 'thorn'
w	[w]	writan 'to write'
x	[ks]	axian 'to ask'
z	[ts]	zwodder 'drowsy'
겹(장)자음		
cg	[ʤ]	bricg 'bridge'
sc	[ʃ]	fisc 'fish'
ng	[ŋg]	singan 'to sing'

3 고대영어의 강세

제1편 제3장에서 언급하였듯이 게르만어는 강세가 **첫 음절에 고정된 고정강세** 체계를 가졌다. 즉, 게르만어의 주강세(primary stress)는 항상 어근의 첫 음절에 위치하였다. 이러한 게르만어의 특징을 그대로 이어받은 고대 영어 또한 주강세가 어근의 첫 음절에 오는 경우가 대부분이었으며, 단어가 파생되거나 활용해도 강세의 위치에 는 변함이 없었다. 가령, héafod 'head'에서 파생한 형용사 héafodlic 'deadly'도 강세 위치에 변함없이 주강세 가 첫 음절에 온다.

다만, 접두사가 붙는 경우는 품사에 따라 강세의 위치가 달라졌다. 명사·형용사의 경우 접두사에 강세가 오 고(⑩ ánsund 'safe'), 동사의 경우 접두사가 아닌 어근의 첫 음절에 강세를 두며(⑩ underwrítan 'to subscribe'), 접두사 be-, for-, ge-의 경우는 품사와 상관없이 항상 어근 첫 음절에 강세가 온다(⑩ bebód 'command', forwýrd 'ruin', geséllen 'to give').

제 **3** 장 | 고대영어의 단어

고대영어는 현대영어에 비해 상대적으로 **굴절**(inflection)이 발달하였다. 굴절이란 '성(gender), 수(number), 격 (case), 인칭(person), 시제(tense), 상(aspect), 법(mood), 비교(comparison)' 같은 문법적 기능을 표현하기 위 해 단어의 형태를 변화시키는 것을 가리키며, 어간모음을 교체하거나 어간에 접사를 붙여서 표현한다. 고대영어 의 '명사, 대명사, 형용사'는 '성, 수, 격'에 따라 굴절하였는데, 이러한 굴절방식을 '격변화'(declension)라 일컫 는다. 한편, 고대영어의 동사는 '수, 인칭, 시제, 상, 법'에 따라 굴절하였는데, 이러한 굴절을 '활용'(conjugation) 이라 부르고, 동사의 유형(강동사·약동사)에 따라 활용 방식이 달랐다.

제1절 명사

고대영어의 명사는 성, 수, 격에 따라 어미변화를 하였다. 성은 남성(masculine)·중성(neuter)·여성(feminine), 수는 단수(singular)·복수(plural), 격은 주격(nominative)·소유격(또는 속격, genitive)·대격(accusative)· 여격(dative)으로 나누어진다. 언뜻 생각하기에 성이 3개, 수가 2개, 격이 4개이므로 모든 굴절이 다른 형태의 어미를 가진다면 24개의 어미가 필요했을 것 같지만, 실제로는 굴절어미가 서로 중복되는 것이 많았다. 고대영 어에서 명사의 격변화는 크게 **강변화**(strong declension)와 **약변화**(weak declension)로 나누어진다.

1 명사의 강변화 : -a stem 중요

대부분의 남성명사 및 중성명사가 속하던 명사의 굴절형태는 강변화의 -a stem이다. -a stem이란 용어는 게르만 어에서 어간이 -a로 끝났기 때문에 붙여진 이름이다. 남성 -a stem과 중성 -a stem은 주격과 대격 단수가 동일 어미를 지니고, 주격과 대격 복수 어미 또한 동일하다. 소유격 단수 어미 -es, 여격 단수 어미 -e, 소유격 복수 어미 -a, 여격 복수 어미 -um이 붙는다는 공통점이 있다.
고대영어 강변화 남성 -a stem은 현대영어의 관점에서 중요한 굴절체계이다. 명사의 단수 소유격 어미 -es와 복수 주격/대격 어미 -as는 현대영어의 일반명사에 유일하게 남아 있는 소유격 어미(-'s)와 복수형 어미(-s)의 역사적인 기원이기 때문이다. 남성 -a stem에 속하는 명사로는 hund 'hound' 외에 stān 'stone', cyning 'king', cniht 'boy' 등이 있다.

[남성 -a stem 명사 hund 'dog'의 격변화]

구분	단수	복수
주격	hund	hundas
대격	hund	hundas
소유격	hundes	hunda
여격	hunde	hundum

강변화 중성 -a stem은 복수 주격에 어미가 붙지 않았고, 이러한 중성 복수형 어미 ф는 현대영어의 불규칙 복수형인 단수·복수 동형(deer, fish, sheep, salmon 등)의 기원이 된다.

[중성 -a stem 명사 dēor 'deer'의 격변화]

구분	단수	복수
주격	dēor	dēor
대격	dēor	dēor
소유격	dēores	dēora
여격	dēore	dēorum

2 명사의 강변화 : -ō stem

전체 고대영어 명사의 30% 정도가 여성명사였고, 대부분의 여성명사는 -ō stem 굴절을 하였다. -ō stem에서 여성명사의 굴절에는 주로 어미 -e와 -a가 사용되었다. 여성명사 giefu 'gift'의 단수 주격 어미는 -u이지만 나머지 격의 어미는 -e이고, 여격을 제외한 복수 어미는 -a이다. 이와 같은 방식으로 격변화하는 여성명사로는 lufu 'love', faru 'journey', talu 'tale' 등이 있다.

[여성 -ō stem 명사 giefu 'gift'의 격변화]

구분	단수	복수
주격	giefu	giefa
대격	giefe	giefa
소유격	giefe	giefa
여격	giefe	giefum

3 명사의 약변화 : -n stem 중요

명사의 약변화는 격변화 어미에 -n이 들어가 굴절하는 형태로, 현대영어의 불규칙 복수 어미 -en의 기원이 된다. 약변화 명사는 고대영어에서 ēage 'eye', ēare 'ear', tunge 'tongue' 등이 현대영어 초기까지 사용되었으나 오늘날 남아 있는 -n 어미는 oxen과 children뿐이다.

[남성 -n stem 명사 nama 'name'의 격변화]

구분	단수	복수
주격	nama	naman
대격	naman	naman
소유격	naman	namena
여격	naman	namum

4 소수의 굴절체계

(1) -r stem

고대영어에는 강변화와 약변화 외에도 소수의 굴절체계가 있었는데 그중 주목할 만한 것이 -r stem 명사이다. 게르만어에서 -z 어간이었던 명사는 고대영어로 오면서 -z가 -r로 변화하였는데, 이 현상을 r음전환(rhotacism)이라 일컫는다. 이들 중성명사는 주격·대격 복수에 -ru 어미가 있었기 때문에 -ru 복수형으로 불리기도 한다. -ru 복수형으로 굴절된 고대영어 명사로는 lamb 'lamb' 이외에도 cild 'child', ǣg 'egg' 등이 있었으나 현대영어에는 children에만 그 흔적이 남아 있다.

[중성 -r stem 명사 lamb 'lamb'의 격변화]

구분	단수	복수
주격	lamb	lambru
대격	lamb	lambru
소유격	lambes	lambra
여격	lambe	lambrum

(2) 모음변이(umlaut) 중요

또 다른 소수 명사군으로 모음의 변화를 수반하는 경우가 있다. 게르만어에 있던 굴절어미 -i의 영향을 받아, 단수 여격과 복수 주격·대격에서 후설모음이 전설모음으로 변하는 움라우트(umlaut) 현상을 겪었다. -i는 6~7세기 이후 탈락되었으므로 고대영어 시기에 어미가 있었다는 사실이 외면상 나타나지는 않는다. 이처럼 별도의 굴절어미 없이 어근 모음의 변화를 통해 복수를 나타내는 고대영어 명사는 man/men 이외에도 현대영어에 적지 않게 남아 있다(예 foot/feet, goose/geese, tooth/teeth, woman/women, mouse/mice, louse/lice).

[남성 모음변이 명사 mann 'man'의 격변화]

구분	단수	복수
주격	mann	menn
대격	mann	menn
소유격	mannes	manna
여격	menn	mannum

제2절　대명사

1　인칭대명사

고대영어의 인칭대명사가 현대영어의 인칭대명사와 다른 점은 단수와 복수 외에 **양수(또는 쌍수, dual)**가 있었다는 점이다. 양수는 1·2인칭에 한해 정확히 두 사람을 지칭할 때 사용되었지만, 고대영어 후기에 들어오면서 사라졌다. 각각의 인칭과 수에 따라 '주격, 대격, 소유격, 여격' 형태가 있으며, 인칭대명사의 성 구별은 현대영어에서처럼 오직 3인칭 단수에만 존재하였다. 고대영어의 인칭대명사는 현대영어로 대부분 계승되었으나, 3인칭 여성 단수형 she는 고대영어 hēo에서 유래된 것이 아니고, 3인칭 복수형인 'they, their, them' 또한 고대영어 'hīe, hira, him'에서 유래되지 않았다. 2인칭 단수형인 'thou, thy, thee'와 2인칭 주격 복수 ye는 고대영어에서 유래하였고, 18세기까지 표준영어로서 사용되었다.

[고대영어 1인칭 및 2인칭 대명사]

수	격	1인칭	2인칭
단수	주격	ic 'I'	þū 'you'
	대격	mē, mec 'me'	þē, þec 'you'
	소유격	mīn 'my'	þīn 'your'
	여격	mē 'me'	þē 'you'
복수	주격	wē 'we'	gē 'you'
	대격	ūs 'us'	ēow 'you'
	소유격	ūre 'our'	ēower 'your'
	여격	ūs 'us'	ēow 'you'

양수	주격	wit 'we two'	git 'you two'
	대격	unc 'us two'	inc 'you two'
	소유격	uncer 'of us two'	incer 'of you two'
	여격	unc 'us two'	inc 'you two'

[고대영어 3인칭 대명사]

수	격	남성	여성	중성
단수	주격	hē 'he'	hēo 'she'	hit 'it'
	대격	hine 'him'	hīe 'her'	hit 'it'
	소유격	his 'his'	hire 'her'	his 'its'
	여격	him 'him'	hire 'her'	him 'it'
복수	주격	hīe 'they'		
	대격	hīe 'them'		
	소유격	hira 'their'		
	여격	him 'them'		

2 의문대명사

고대영어의 의문대명사 또한 격변화를 하였지만 여성과 복수에 해당하는 형태가 따로 존재하지 않았다. 남성·여성 주격인 hwā는 현대영어의 who로, 여격 hwǣm은 whom으로, 도구격(instrumental) hwȳ는 why로 발전하였다. 남성·여성 대격인 hwone은 소멸되어 현대영어에서는 찾아볼 수 없다.

[고대영어의 의문대명사]

격	남성·여성	중성
주격	hwā	hwæt
대격	hwone	hwæt
소유격	hwæs	hwæs
여격	hwām	hwām
도구격	hwȳ	hwȳ

제3절 | 지시사

고대영어에는 두 종류의 지시사인 se 'that'과 þes 'this'가 있었고, 이 중 se는 현대영어의 정관사 'the'의 역할도 하였다. se와 þes는 '세 가지 성, 네 개의 격, 두 개의 수'에 따라 굴절변화를 하였고, 복수는 모든 성에서 동일 형태를 가졌다. 고대영어의 지시사에서 단수 주격 남성과 여성형인 se와 sēo를 제외하고 모든 형태의 두음이 þ-로 시작한다. 이는 동일 기능의 형태를 통일시키려는 유추작용(analogy) 때문으로, se, sēo도 고대영어 후기에 들어 þe, þēo로 대체되고, 이것은 현대영어의 the로 발전한다. 또한, 현대영어의 that은 고대영어의 단수 대격 중성형인 þæt에서 유래하였고, 현대영어의 this는 고대영어의 단수 주격·대격 중성형인 þis에서 온 것이다.

[고대영어 지시사 se 'the/that/those']

수	격	남성	여성	중성
단수	주격	se	sēo	þæt
	대격	þone	þā	þæt
	소유격	þæs	þǣre	þæs
	여격	þām	þǣre	þām
	도구격	þȳ, þon	þǣre	þȳ, þon
복수	주격	þā		
	대격	þā		
	소유격	þāra, þǣra		
	여격	þām		
	도구격	þām		

[고대영어 지시사 þes 'this/these']

수	격	남성	여성	중성
단수	주격	þes	þēos	þis
	대격	þisne	þās	þis
	소유격	þisses	þisse, þisre	þisses
	여격	þissum	þisse, þisre	þissum
	도구격	þȳs	þisse, þisre	þȳs
복수	주격	þās		
	대격	þās		
	소유격	þisra		
	여격	þissum		
	도구격	þissum		

제4절   형용사 (종요)

고대영어의 형용사는 현대영어와 달리 수식하는 명사의 성, 수, 격에 따라 격변화를 하였다. 형용사의 격변화는 강변화와 약변화로 나뉘었고, 이는 형용사의 통사적 위치에 따라 결정되었다. 즉, 형용사가 '지시형용사, 소유형용사, 부정형용사' 등의 한정사로서 기능하면 약변화를 하였던 반면, 서술적 용법으로 사용되어 한정사가 선행하지 않으면 강변화를 하였다. 다음 표는 고대영어 형용사 gōd 'good'의 약변화와 강변화를 보여준다.

고대영어 형용사의 비교급과 최상급은 각각 어미 -ra와 -ost를 이용하여 만들었다(예 heard-heardra-heardost 'hard'). 비교급은 항상 약변화하였고, 최상급도 대체로 약변화하였다. 일부 형용사는 모음변이(umlaut)를 보이기도 하였다(예 eald-ieldra-ieldest 'old', lang-lengra-lengest 'long', strang-strengra-strengest 'strong'). 또 일부 형용사는 원급과 전혀 다른 어근에서 비교급, 최상급을 만들었는데 이를 **보충법**(suppletion)이라 한다(예 gōd-betra-betst 'good', micel-māra-mǣst 'much', yfel-wiersa-wierst 'evil', lȳtel-lǣssa-lǣst 'little').

[고대어 형용사 gōd 'good'의 약변화]

수	격	남성	여성	중성
단수	주격	gōd	gōde	gōde
	대격	gōdan	gōdan	gōde
	소유격	gōdan	gōdan	gōdan
	여격	gōdan	gōdan	gōdan
복수	주격	gōdan		
	대격	gōdan		
	소유격	gōdra, gōdena		
	여격	gōdum		

[고대어 형용사 gōd 'good'의 강변화]

수	격	남성	여성	중성
단수	주격	gōd	gōd	gōd
	대격	gōdne	gōde	gōd
	소유격	gōdes	gōdre	gōdes
	여격	gōdum	gōdre	gōdum
	도구격	gōde	gōde	gōde
복수	주격	gōde	gōda, gōde	gōd, gōde
	대격	gōde	gōda, gōde	gōd, gōde
	소유격	gōdra	gōdra	gōdra
	여격	gōdum	gōdum	gōdum

제5절 부사 _{종요}

고대영어의 부사는 어미 -e와 -līce를 붙여 만들었다(예 dēop 'deep', dēope 'deeply', heard 'hard', hearde 'in a hard manner', sār 'painful', sārlīce 'painfully'). 또한 고대영어에서는 명사의 격변화가 부사의 기능을 하였는데, 특히 단수 속격 어미인 -es가 부사의 역할을 하는 경우가 많았다. 현대영어의 besides, towards, homewards, once, twice, thrice, since 등의 부사형에 붙은 어미 -s(또는 철자변형에 의한 -ce)의 유래를 속격에 의한 부사화에서 찾을 수 있다.

제6절 동사

고대영어의 동사는 형태상 범주가 크게 약변화 동사(weak verb)와 강변화 동사(strong verb)로 나누어졌다. 고대영어의 약변화 동사는 어간 끝에 치음접미사(dental suffix)인 -d/-ed/-od나 -t를 붙여 과거와 과거분사를 만들었다. 고대영어의 강변화 동사는 어간의 모음교체(ablaut)로 과거와 과거분사를 만들었다. 약변화 및 강변화 동사에 속하지 않는 기타 범주의 동사로는 변칙 동사(anomalous verb)와 과거−현재 동사(preterit-present verb)가 있었다.

1 약변화 동사

고대영어 약변화 동사는 과거와 과거분사를 만들 때 치음접미사 -d/-ed/-od 또는 -t를 붙인다. 고대영어 약변화 동사에는 세 가지 유형이 있었는데, 먼저 1군 약변화 동사는 원형부정사에 보통 접미사 -an이 붙고 과거형에 -(e)de, 과거분사형에 -(e)d가 붙는다. 2군 약변화 동사는 본래 명사·형용사에 접미사 -ian을 붙여 동사로 전성시킨 어휘로서, 과거형과 과거분사형에 각각 -ode와 -od를 붙인다. 3군 약변화 동사는 1·2군 약변화 동사의 굴절방식을 부분적으로 이용하며, 단 네 개의 동사만이 본 유형에 포함된다(habban 'to have', libban 'to live', hycgan 'to think', secgan 'to say').

[고대영어 약변화 동사]

구분	원형부정사	1·3인칭 단수과거	과거분사
1군 : -ed	fremman 'perform'	fremmede	(ge)fremmed
2군 : -od	bodian 'proclaim'	bodode	(ge)bodod
3군	habban 'have'	hæfde	(ge)hæfd

2 강변화 동사

고대영어 강변화 동사는 과거형이 두 가지로, 하나는 1·3인칭 단수의 과거형, 다른 하나는 복수의 과거형이다. 따라서 강변화 동사의 굴절은 '원형부정사, 1·3인칭 단수 직설법 과거, 복수 직설법 과거, 과거분사'의 네 가지 주요부로 이루어져 있고, 이들의 모음교체(ablaut) 방식에 따라 1군에서 7군까지 일곱 가지 유형으로 분류된다. 고대영어의 강변화 동사는 총 300여 개가 있었으나, 일부 동사는 시간이 흐름에 따라 단어자체가 소멸되거나, 약변화 동사로 바뀌었다. 1군 동사에 속하는 현대영어의 ride, rise, drive, write와 같은 동사들은 과거의 패턴을 비교적 잘 유지하고 있다. 2군 동사 중 scēotan 'shoot', cēosan 'choose' 등은 강변화의 특성을 유지하고 있으나, cēowan 'chew', smēocan 'smoke' 등의 동사는 이후 약변화로 바뀌었다. 3군 동사들이 강변화의 특성을 잘 보유하고 있는데, 여기에 속하는 동사들로는 'begin, bind, cling, drink, find, grind, run, sing, spring, swim, swing' 등이 있다. 4군 동사는 개수가 많지는 않으나 자주 쓰는 동사로, 오늘날 'bear, steal, break' 등의 동사가 이에 속한다. 5군 동사에 속하는 어휘로는 speak, tread 등이 있다. 6군 동사인 standan 'stand'은 여전히 강변화의 특성을 지니지만 과거·과거분사가 stood로 통일되었다. 7군 (i)에 속하는 많은 동사가 소멸하였는데, slǣpan 'sleep'은 약변화 동사로 바뀌었다. 7군 (ii)에 속하는 동사 중 'grow, blow, know'는 여전히 강변화의 특성을 지니고 있으나, 동사 flow는 약변화 동사로 바뀌었다.

[고대영어 강변화 동사]

구분	원형부정사	1·3인칭 단수과거	복수과거	과거분사
1군 : ī-ā-i-i	rīdan 'ride'	rād	ridon	(ge)riden
2군 : ēo-ēa-u-o	scēotan 'shoot'	ecēat	scuton	(ge)scoten
3군				
(i) i-a-u-u	swimman 'swim'	swamm	swummon	(ge)swummen
(ii) e-ea-u-o	helpan 'help'	healp	hulpon	(ge)holpen
(iii) eo-ea-u-o	feohtan 'fight'	feaht	fuhton	(ge)fohten
4군 : e-æ-ǣ-o	beran 'bear'	bær	bǣron	(ge)boren
5군 : e-æ-ǣ-e	specan 'speak'	spæc	spǣcon	(ge)specen
6군 : a-ō-ō-a	standan 'stand'	stōd	stōdon	(ge)standen
7군				
(i) V₁-ē-ē-V₁	slǣpan 'sleep'	slēp	slēpon	(ge)spǣpen
(ii) V₁-ēo-ēo-V₁	grōwan 'grow'	grēow	grēowon	(ge)grōwen

3 기타 동사 중요

고대영어에는 약변화와 강변화의 어느 부류에도 속하지 않는 동사들이 있었다. 그중 하나가 변칙 동사(anomalous verb)로, bēon/wesan 'to be', dōn 'to do', gān 'to go', willan 'to wish'의 4개 동사가 이에 속하였다. 이들은 불규칙하게 굴절하였는데, 이 중 be 동사의 직설법 현재 및 과거형은 다음과 같다.

[고대영어 동사 bēon/wesan 'to be'의 굴절]

시제 · 수 · 인칭				bēon/wesan
직설법	현재	단수	1	bēo/eom
			2	bist/eart
			3	biþ/is
		복수	1 · 2 · 3	bēoþ/sindon, sind, sint
	과거	단수	1 · 3	wæs
			2	wǣre
		복수	1 · 2 · 3	wǣron
현재분사				bēonde/wesende
과거분사				(ge)bēon

또 다른 기타 동사 부류에 과거-현재 동사(preterit-present verb)가 있다. 과거-현재 동사는 오늘날 법 조동사 (modal auxiliary verb)의 기원이 된다. 고대영어에 존재했던 과거-현재 동사 가운데 오늘날까지 남아 있는 조동사의 예는 다음과 같다.

[고대영어 과거-현재 동사]

원형부정사	현재 단수	현재 복수	과거 단수
āgan 'owe'	āh	āgon	āhte(ought)
cunnan 'know how to'	cann(can)	cunnon	cūþe(could)
durran 'dare'	dearr(dare)	durron	dorste
magan 'be able'	mæg(may)	magon	meahte(might)
mōtan 'be permitted'	mōt	mōton	mōste(must)
sculan 'be obliged'	sceal(shall)	sculon	sceolde(should)

제 4 장 | 고대영어의 구와 문장

제1절 | 고대영어의 구

1 명사구 중요

고대영어 명사구의 구조는 기본적으로 현대영어 명사구의 구조와 흡사하여 '지시사 + 형용사 + 명사'의 순서를 보였다(예 sē dola cyning). 하지만 다음 표에서 보다시피, 둘 이상의 형용사가 명사를 수식할 경우 두 형용사가 각각 명사의 앞뒤에서 수식하기도 하였다(예 micle meras fersce). 또한 eall 'all'이나 begen 'both' 같은 한정 사는 관사, 지시사 같은 또 다른 한정사 앞에 위치하였다(예 eall þes middangeard). 이 밖에 신분을 나타내는 명사는 일반적으로 고유명사 뒤에 자리하였다(예 Ælfred cyning).

[고대영어 명사구의 구조]

구조	예시
지시사 + 형용사 + 명사	sē dola cyning 'that foolish king'
형용사 + 명사 + 형용사	micle meras fersce big sea fresh 'big fresh-water sea'
all/both + 한정사 + 명사	eall þes middangeard all this world 'this entire world'
고유명사 + 신분	Ælfred cyning 'King Alfred'

현대영어의 관계대명사와 달리 고대영어에서는 의문대명사에서 유래한 hw-(현재의 wh-)형이 관계사로 쓰이지 않았다. 고대영어의 관계절은 선행사의 격과 인칭에 관계없이 불변화사인 þe를 사용하여 나타냈고, 이 방법이 고대영어에 가장 빈번하게 나타났다. 이 밖에 지시사를 이용하는 경우에는 선행사의 격, 성, 수에 일치시켰으며, 지시사와 þe를 합쳐 복합관계대명사로 사용하기도 하였다.

[고대영어의 관계절]

관계사		예시
불변화사 þe	목적격	He beheold þe ealle his weorc ðe he geworhte. 'He beheld all his work that he made.'
	주격	Sē guma þe wið Harold gefeaht wæs gefangen. 'The man who fought with Harold was caught.'
지시사 sē	주격	Sē man sē wæs þære slep. 'The man who was there slept.'
	대격	Sē mann þone ic fand for. 'The man that I found went.'
sē + þe	주격	Sē man sē þe wæs þære slep. 'The man who was there slept.'

2 동사구 (종요)

(1) 특징

① 일부 타동사의 경우 대격 목적어 대신 여격 목적어를 취하였다. 다음 예문의 동사는 여격 목적어인 monegum 과 mannum을 취하고 있다.

예

- þū   moneg**um**   helpast
  you   many   helped
  'you helped many'
- He   ætwindeð   þæm   mann**um**
  he   escaped   the   man
  'he escaped the man'

② 과거시제는 과거의 일을 나타내는 데 한정되어 쓰였지만 현재시제는 현재의 일뿐 아니라 과거, 미래, 습관에 모두 사용되었다. 과거-현재 동사(preterit-present verb)라 일컬어지는 동사 sculan 'shall'은 'to be obliged to'의 뜻으로 쓰였다.

예

- Hīe   seal   deað   swealtan.
  they   shall   death   suffer
  'They shall suffer death.'
- Hē   sceolde   hīe   hedan.
  he   should   them   feed
  'He should feed them.'

③ 상과 태를 나타내는 방식이 제한적이어서 동사 세 개가 동사구를 이루는 완료진행(have been V-ing), 완료수동(have been V-ed), 수동진행(be being V-ed)의 형태는 나타나지 않았다.

(2) 분사구문

현대영어의 진행형과 유사한 be + V-ing가 존재하였지만 이것이 뚜렷한 진행의 의미를 가졌다고 보기는 어렵다.

예

One	hīe	yum	þā	gatu	*feohtende*	*wǣron*.
and	they	around	the	gate	fighting	were

'And they went on fighting around the gates.'

한편, 과거분사의 경우는 본동사가 타동사일 때의 용법은 have + V-ed로 현대영어와 동일하였지만, 자동사일 때는 have 대신 be(come)가 조동사로 쓰였다.

본동사	용법	예문		
타동사	have + V-ed	Hē	*hafað*	hit	*onfunden*
		he	has	it	found
		'He has found it'			
자동사	be(come) + V-ed	Sē	man	*is*	*gefaren*
		the	man	is	departed
		'The man is departed'			

(3) 수동태

고대영어에서 수동의 의미를 나타내는 방법은 몇 가지가 있었는데, 우선 동사 hātan 'to order'를 이용하였다.

예

He	*het*	hīe	*hom*	on	hēam	gealgum.
he	ordered	them	hanged	on	high	gallows

'He ordered them to be hanged on high gallow.'

또한 현대영어와 유사하게 be + V-ed를 사용하여 수동을 나타내기도 하였다.

예

þær	*wearþ*	Alexander	*þurhscoten*	mid	ānre	flān.
there	became	Alexander	pierced	by	an	arrow

'There became Alexander pierced by an arrow.'

이 밖에도 현대영어라면 수동태가 사용될 문장에서 부정대명사 man 'one'을 주어로 하여 능동태가 사용되기도 하였다.

예

Hine	*man*	*hēng.*
him	one	hanged

'He was hanged.'

제2절 고대영어의 문장

1 어순 종요

어순이 고정되어 있는 현대영어와 달리 고대영어는 굴절이 발달한 언어였기 때문에 문장성분의 문법적 기능을 어미변화로써 파악하기 쉬웠고, 이에 현대영어에 비해 상대적으로 유동적인 어순을 가졌다.

(1) 평서문

① **주어 + 동사 + 목적어[S-V-O]**

고대영어에서 가장 기본적이고 흔하게 사용되었던 어순

예

Hīe	hulpon	þone	mann.
they	helped	the	man

'They helped the man.'

② **주어 + 목적어 · 보어 + 동사[S-O(C)-V]**

㉠ 타동사의 목적어가 대명사일 때

예

Sē	halga	Andreas	him	andswarode.
the	holy	Andrew	him	answered

'The holy Andrew answered him.'

㉡ 종속절의 어순

예

God	geseah	þā	þæt	hit	god	wæs.
God	saw	then	that	it	good	was

'Then God saw that it was good.'

③ 동사 + 주어 + 목적어[V-S-O]

부정어(ne 'not')나 부사어(þā 'then', þær 'there', hēr 'here')가 문두에 올 때

예

Ne	muhte	hē	gehealdan	heardne	mece.
not	might	he	hold	grim	sword

'He might not hold grim sword.'

(2) 부정문(ne + 동사)

부정어 ne를 동사 앞에 두어 부정문을 만들었으며, 현대영어에서처럼 조동사 do를 이용하지 않았다. 한 문장에 부정어를 두 개 이상 두어 부정의 의미를 표현하기도 하였다(이중부정, 다중부정).

예

Ic	*ne*	dyde.
I	not	did

  'I did not do.'

Ne	ondrǣde	ic	mē	*nān*	yfel.
not	fear	I	me	no	evil

  'I do not fear any evil.'

Ne	hit	*næfre*	*ne*	gewurðe.
not	it	not-ever	not	happen

  'It never happens.'

(3) 의문문(동사 + 주어)

동사가 주어보다 앞서는 VSO 어순이었고, 현대영어의 의문문에서 쓰이는 do 동사는 나타나지 않았다.

예

Eart	þu	sē	cyning?
are	you	the	king?

'Are you the king?'

(4) 비인칭구문

현대영어에는 존재하지 않는 고대영어의 구문으로, 주어를 필요로 하지 않는 동사일 때 사용되었다. 이러한 비인칭동사에는 주로 사람의 감정을 나타내는 동사(예 please, shame)가 포함되었고, 이 같은 동사들은 의미상 능동적인 행위의 결과가 아니므로 주어를 필요로 하지 않았다.

예

Hine	lyst	rǣdan.
him	pleases	read

'It pleases him to read.'

제 5 장 | 고대영어 문헌 예시

제1절 　베오울프(Beowulf) 중요

『베오울프』는 고대영어를 대표하는 영웅서사시로, 원문을 쓴 저자와 쓰인 시기에 대해서는 학자들마다 의견이 달라서 대략 6~11세기에 쓰였다고 본다. 『베오울프』의 배경은 앵글로색슨족이 영국으로 오기 전의 덴마크와 스웨덴이다. 『베오울프』 원문은 총 3,182행으로 구성되어 있고 1부와 2부로 나뉜다. 제1부는 2,199행까지로 '덴마크 왕가의 배경과 그렌델 모자의 격투, 베오울프의 귀국'에 대한 내용을 다루고 있으며, 제2부는 2,200~3,182행까지로 '베오울프의 통치기간 50년, 용과의 싸움, 베오울프의 죽음'을 묘사하고 있다. 여기서는 『베오울프』의 첫 4행을 소개한다.

1.	**Hwæt! We Gār-dena**	**in gēardagum,**
	Lo, we of Spear-Danes	in day of love
2.	**þēodcyninga,**	**þrym gefrūnon,**
	of kings	glory heard of,
3.	**hu þa æþelingas**	**ellen fremedon.**
	how the princes	vallor accomplishment
4.	**Oft Scyld Scēfing**	**sceaþena þrēatum,**
	Often Scyld-Scēfing	foes' troops,

제2절 　창세기(Genesis)

고대영어를 대표하는 또 다른 문헌으로 성경이 있으며, 여기서는 구약성서(Old Testament)의 창세기 1장 1~2절을 소개한다. 10세기 후반의 대표적 산문작가인 앨프릭의 번역물로서, 초기영어문헌학회(Early English Text Society) 구약성서 16호에 수록되어 있다.

1.	**On angynne gescēop God heofonan and eorðan.**
	In beginning, created God heaven and earth.
2.	**Sēo eorðe wæs sōðlīce īdel and ǣmtig,**
	the earth was truly void and empty,
	and þēostra wǣron ofer ðǣre nywelnysse brǣdnysse;
	and darknesses were over of-the deep surface;
	and Godes gāst wæs geferod ofer wæteru.
	and God's spirit was brought over water.

01 게르만어에서 -z 어간이었던 명사가 고대영어로 오면서 -z가 -r로 변화한 현상을 r음전환(rhotacism)이라 일컫고, 주격·대격 복수에 나타난 -ru 어미 때문에 -ru 복수형으로 불리기도 한다. 현대영어에는 children에만 그 흔적이 남아 있다.

01 다음 중 주어진 단수명사–복수명사의 어휘쌍에 나타난 음운 변화는?

> child-children

① assimilation
② deletion
③ umlaut
④ rhotacism

02 현대영어 철자와 달리 고대영어에는 묵음이 없었고, 모든 철자가 소리로 실현되었다.

02 다음 중 고대영어의 발음에 대한 설명으로 옳지 <u>않은</u> 것은?

① 고대영어의 문자 /b, d, k/는 현대영어의 음가와 동일하다.
② 현대영어 문자의 j, q, v는 고대영어에서 사용되지 않았다.
③ 현대영어 철자에 보이는 묵음이 고대영어에서도 나타났다.
④ 고대영어의 모음은 현대영어의 모음과 달리 장단의 구별이 있었다.

03 고대영어의 철자 c는 자음이나 후설모음 앞에서 [k]로, 전설모음 앞에서 [ʧ]로 발음되었다. cēlan, carfunes, cyning에서 c는 모두 [k]로, cēap에서 c는 [ʧ]로 소리 난다.

03 다음 중 밑줄 친 부분의 발음이 <u>다른</u> 하나는?

① <u>c</u>ēlan 'to cool'
② <u>c</u>arfunes 'anxiety'
③ <u>c</u>yning 'king'
④ <u>c</u>ēap 'cheap'

정답 (01 ④ 02 ③ 03 ④)

04 다음 중 고대영어의 대명사에 대한 설명으로 옳지 <u>않은</u> 것은?

① 고대영어의 의문대명사 도구격 hwȳ는 현대영어의 why로 발전하였다.

② 현대영어의 3인칭 여성 단수형 she는 고대영어 hēo에서 유래하였다.

③ 고대영어의 인칭대명사는 단수와 복수 외에 양수(dual)가 있었다.

④ 3인칭 복수형인 they는 고대영어 hīe에서 유래하지 않았다.

04 현대영어의 3인칭 여성 단수형 she는 고대영어 hēo에서 유래되지 않았고, 3인칭 복수형인 'they, their, them' 또한 고대영어 'hīe, hira, him'에서 유래된 것이 아니다.

05 다음 중 앵글로색슨 7왕국에 포함되지 <u>않는</u> 것은?

① Mercia
② Sussex
③ Bretagne
④ East Anglia

05 7세기에 성립된 앵글로색슨 7왕국은 '켄트, 에식스, 웨식스, 서식스, 동 앵글리아, 머시아, 노섬브리아'이다.

06 다음 중 고대영어의 자음에 대한 설명으로 옳지 <u>않은</u> 것은?

① 철자 c는 모든 음운환경에서 [k]로 발음되었다.

② 철자 s는 유성음 사이에서 [z]로, 그 외 환경에서는 [s]로 발음되었다.

③ 철자 r은 어두에서 전동음으로, 모음 뒤에서는 권설음으로 발음되었다.

④ 철자 f는 유성음 사이에서 [v]로, 그 외 환경에서는 [f]로 발음되었다.

06 철자 c는 자음이나 후설모음 앞에서 [k]로, 전설모음 앞에서 [ʧ]로 발음되었다.

정답 04 ② 05 ③ 06 ①

07 알프레드 대왕(King Alfred the Great)은 바이킹의 침공을 막기 위해 노력하였을 뿐 아니라, 중요 문헌을 영어로 번역하는 사업을 수행하여 영어 산문의 창시자로도 불린다.

07 다음 내용은 어떤 인물에 대한 설명인가?

> • 대왕 칭호를 받은 유일한 영국 군주이다.
> • 자신이 사용하는 언어를 가리켜 Englisc라 칭하였다.
> • 행정력 강화를 위해 직제 및 군 조직을 개편하였다.
> • 궁정학교 설립, 해외학자 초빙, 라틴어 번역 등 학문의 부흥에 힘썼다.

① William
② Alfred
③ Edward
④ Bede

08 고대영어에서는 한 문장에 부정어를 두 개 이상 두는 '이중부정, 다중부정'을 이용하여 부정의 의미를 표현하였다.

08 다음 중 고대영어의 문장에 대한 설명으로 옳지 <u>않은</u> 것은?

① 타동사의 목적어가 대명사일 때 '주어 + 목적어 + 동사'의 어순을 보였다.
② 부정어나 부사어가 문두에 올 때 '동사 + 주어 + 목적어'의 어순을 보였다.
③ 고대영어에서 가장 기본적이고 흔히 사용된 어순은 '주어 + 동사 + 목적어'의 어순이다.
④ 부정어를 두 개 이상 두어 강한 긍정의 의미를 표현하였다.

09 선지의 사건들을 연대순으로 나열하면 '줄리어스 시저 침입(기원전 55년) → 주트족 침입(449년) → 성 오거스틴과 선교사 파견(597년) → 알프레드 대왕 즉위(871년)'이다.

09 다음 중 세 번째로 일어난 역사적 사건은?

① 알프레드 대왕 즉위
② 주트족 침입
③ 성 오거스틴과 선교사 파견
④ 줄리어스 시저 침입

정답 (07 ② 08 ④ 09 ③)

10 다음 중 고대영어의 동사구에 대한 설명으로 옳지 <u>않은</u> 것은?

① 자동사의 과거분사형은 have 대신 be가 조동사로 사용되었다.

② 수동의 의미를 나타내기 위해 동사 hātan 'to order'를 이용하였다.

③ 동사 세 개가 동사구를 이루는 수동진행 형태가 사용되었다.

④ 과거-현재 동사 sculan은 현대영어 shall의 기원이다.

10 고대영어에서는 상과 태를 나타내는 방식이 제한적이어서 동사 세 개가 동사구를 이루는 완료진행(have been V-ing), 완료수동(have been V-ed), 수동진행(be being V-ed)의 형태는 나타나지 않았다.

11 다음 중 주어진 단수명사-복수명사의 어휘쌍에 나타난 음운변화는?

> • man-men
> • foot-feet
> • goose-geese
> • woman-women
> • mouse-mice
> • louse-lice

① epenthesis
② umlaut
③ conjugation
④ rhotacism

11 고대영어에서 단수 여격과 복수 주격·대격에서 후설모음이 전설모음으로 변하는 움라우트 현상이 나타났다.

정답 (10 ③ 11 ②)

12 오늘날 법 조동사의 기원이 되는 제시된 동사들은 고대영어에서 과거-현재 동사(preterit-present verb) 부류에 속하였다.

12 다음 동사들은 고대영어의 어떤 동사 부류에 속하는가?

- āhte 'ought'
- cūþe 'could'
- meahte 'might'
- mōste 'must'
- sceolde 'should'

① anomalous verb
② weak verb
③ strong verb
④ preterit-present verb

13 영국에서 켈트어의 지위는 400년간의 로마 지배에도 굳건하였다. 켈트어가 위협을 받은 것은 앵글로색슨족의 침입 이후이다.

13 다음 중 로마 통치 시대(Roman Britain)에 대한 설명으로 옳지 않은 것은?

① 스코트족과 픽트족의 침입을 막기 위해 하드리아누스 성벽을 세웠다.
② 로마인은 규율과 치안을 토대로 하는 로마식 평화를 유지하였다.
③ 400년간의 로마 지배로 영국 내 켈트어의 지위가 위협을 받았다.
④ 도시 Winchester는 로마군에 의해 형성되었다.

정답 12 ④ 13 ③

14 다음 중 밑줄 친 부분의 발음을 음성부호로 적절하게 표기한
   것은?

   ① ea<u>h</u>ta [h]
   ② bō<u>s</u>m [z]
   ③ <u>g</u>e [g]
   ④ hæ<u>f</u>de [f]

14 철자 s는 유성음 사이에서 [z]로, 그
   외의 환경에서 [s]로 발음되므로
   bōsm의 밑줄 친 s의 발음은 [z]이다.
   철자 h는 어두에서 [h]로, 어중·어
   말 전설모음 뒤에서 [ç]로, 그 외의
   음운환경에서 [x]로 발음된다. 철자
   g는 어두 자음·후설모음 앞에서
   [g]로, 어두 전설모음 앞에서 [j]로,
   그 외 환경에서는 [ɣ]로 발음된다.
   철자 f는 유성음 사이에서 [v]로, 그
   외 환경에서는 [f]로 발음된다.

15 고대영어의 형용사에 대한 설명으로 옳지 <u>않은</u> 것은?

   ① 비교급은 약변화하였고, 어미 -ra를 이용하여 만들었다.
   ② 일부 형용사에서는 모음변이(umlaut)가 나타났다.
   ③ 보충법을 이용하여 원급과 전혀 다른 어근에서 비교급을 만
     들기도 하였다.
   ④ 서술적 용법으로 쓰이면 약변화, 한정적 용법으로 쓰이면
     강변화를 하였다.

15 고대영어의 형용사는 지시형용사·
   소유형용사·부정형용사 등 한정사
   로서 기능하면 약변화를 하였고, 서
   술적 용법으로 사용되면 강변화를
   하였다.

16 다음 내용은 어떤 방언에 대한 설명인가?

   • 험버강 이북의 북부 지역에서 사용된 방언이다.
   • 초기 고대영어 시기에 중요한 역할을 하였다.
   • 고대영시인 『캐드먼의 찬가』가 이 방언으로 써졌다.

   ① 노섬브리아 방언
   ② 켄트 방언
   ③ 웨스트색슨 방언
   ④ 머시아 방언

16 노섬브리아 방언은 머시아 방언과
   유사한 점이 많아 두 방언을 합쳐 앵
   글(Anglian) 방언이라 부른다. 비드
   (Bede)를 포함한 여러 학자들이 노
   섬브리아의 재로우, 휘트비에서 활
   동하였다.

정답 14 ② 15 ④ 16 ①

17 바이킹의 침략은 250여 년간 지속되었고, 침략 양상은 '간헐적 침략, 영구적 식민지화, 정치적 정복'의 세 단계를 거친다.

17 다음 중 바이킹 시대에 대한 설명으로 적절하지 <u>않은</u> 것은?

① 애설레드 왕은 덴마크 군대가 쳐들어오자 노르망디로 망명하였다.

② 9세기경 알프레드 대왕에 의해 바이킹의 세력 확장이 저지되었다.

③ 바이킹의 침략은 100여 년간 지속되었고, 침략 양상은 크게 네 단계를 거친다.

④ 침략 초기에 린디스판 수도원, 재로우 수도원을 약탈하였다.

주관식 문제

01 **정답**
부정어(ne 'not')나 부사어(þā 'then', þær 'there', hēr 'here')가 문두에 올 때 '동사 + 주어 + 목적어[V-S-O]'의 어순을 취하였다.

01 다음 문장에 나타난 고대영어의 어순(word order)을 설명하시오.

| Ne | muhte | hē | gehealdan | heardne | mece. |
| not | might | he | hold | grim | sword |

'He might not hold grim sword.'

02 **정답**
어순이 고정되어 있는 현대영어와 달리 고대영어는 굴절이 발달한 언어였기 때문에 문장성분의 문법적 기능을 어미변화로써 파악하기 쉬웠고, 이에 현대영어에 비해 상대적으로 유동적인 어순을 가졌다.

02 고대영어와 현대영어의 어순(word order)의 차이점에 대해 간략하게 쓰시오.

정답 17 ③

03 다음 표현들을 이용하여 고대영어 명사구의 구조를 설명하시오.

> • sē dola cyning
>   'that foolish king'
> • Ælfred cyning
>   'King Alfred'

03 **정답**
고대영어 명사구의 구조는 sē dola cyning에서처럼 기본적으로 '지시사 + 형용사 + 명사'의 순서를 보였지만, Ælfred cyning에서처럼 신분을 나타내는 명사는 일반적으로 고유명사 뒤에 위치하였다.

04 다음 어휘들을 이용하여 고대영어의 접두사 강세에 대해 설명하시오.

> • ánsund 'safe'
> • underwrítan 'to subscribe'
> • bebód 'command', forwýrd 'ruin', geséllen 'to give'

04 **정답**
고대영어에서 접두사가 붙는 경우는 품사에 따라 강세의 위치가 달라졌다. ánsund에서처럼 명사·형용사의 경우 접두사에 강세가 오고, underwrítan에서처럼 동사의 경우 접두사가 아닌 어근의 첫 음절에 강세를 두었다. bebód, forwýrd, geséllen에서처럼 접두사 be-, for-, ge-의 경우는 품사와 관계없이 항상 어근 첫 음절에 강세를 두었다.

05 **정답**
  룬 문자(Runes)

05 다음 내용에서 괄호 안에 공통으로 들어갈 단어를 쓰시오.

> 앵글로색슨족은 유럽대륙에서 사용하던 (   )을/를 영국에 가지고 들어와 기독교 개종 후에도 한동안 사용하였다. (   )은/는 게르만족이 사용했던 것으로, 나무나 돌 등 단단한 물체에 새기기 편한 각진 형태를 띠고 있다. (   )이/가 새겨진 대표적인 유물로 루스웰 십자가가 있는데, 이 십자가에는 『십자가의 꿈』이라는 유명한 고대영시가 새겨져 있다.

06 **정답**
  하드리아누스 성벽(Hadrian's Wall)

06 다음 내용은 무엇에 대한 설명인지 쓰시오.

> • 로마 통치 시대(Roman Britain)에 세워진 건조물이다.
> • 스코틀랜드 지역에 출몰하는 스코트족과 픽트족을 막기 위한 목적으로 지어졌다.
> • 당시 로마 황제의 이름을 따서 이름을 붙였다.
> • 현재 세계문화유산으로 지정되어 있다.

07 다음 내용에서 괄호 안에 들어갈 알맞은 단어를 순서대로 쓰시오.

> 영국에 들어온 게르만 세 부족 중 (㉠)이/가 가장 먼저 도착하여 켄트 지역에 정착하였다. 이들의 뒤를 이어 (㉡) 이/가 서식스(Sussex)를 차지하고, 이후 앵글족(Angles)은 동쪽 해안에 상륙하여 험버강까지 진출하였다. 게르만족에 대항하던 켈트족의 일파 브리튼족은 서부 산악지대인 웨일스(Wales)로, 또 다른 켈트족은 콘월로, 또 다른 일파는 프랑스의 브르타뉴(Bretagne)로 쫓겨나게 되었다. 이들이 사용한 켈트어가 각각 (㉢), 콘월어(Cornish), (㉣) 이다.

07 **정답**
㉠ 주트족(Jutes)
㉡ 색슨족(Saxons)
㉢ 웨일스어(Welsh)
㉣ 브르타뉴어(Breton)

08 고대영어의 강변화 동사와 약변화 동사의 차이를 간략하게 서술하시오.

08 **정답**
고대영어의 강변화 동사는 어간의 모음교체(ablaut)로 과거 및 과거분사를 만들었고, 약변화 동사는 어간 끝에 치음접미사 -d/-ed/-od/-t를 붙여 과거와 과거분사를 만들었다.

09 **정답**
　Beowulf

09 다음 설명은 어떤 문학 작품에 대한 것인지 작품의 명칭을 영어로
　　쓰시오.

> • 고대영어를 대표하는 영웅서사시이다.
> • 원문이 쓰인 시기는 정확하지 않고, 대략 6~11세기로 추정된다.
> • 작품의 배경은 앵글로색슨족이 영국으로 오기 전의 덴마크와 스웨덴이다.
> • 총 3,182행으로 구성되어 있고 1부와 2부로 나뉜다.

10 **정답**
　제시된 복수명사는 고대영어 명사의 약변화 굴절형태에서 기원한다. 주격과 대격 복수형 어미에 -n이 들어가는 형태로 소위 -n stem 명사로 불리며, 오늘날 남아 있는 -n 어미는 children과 oxen뿐이다.

10 다음에 제시된 복수명사의 기원에 대해 간략하게 서술하시오.

> • children
> • oxen

11 다음 내용에서 괄호 안에 들어갈 알맞은 단어를 영어로 쓰시오.

> 웨식스의 알프레드 대왕은 바이킹의 세력 확장을 저지하였다. 878년 에딩턴 전투에서 덴마크 군대를 격파하고, 웨드모어 조약을 체결하였다. 이 조약에 따라 모든 바이킹은 웨식스에서 철수하였고, 웨식스와 바이킹 영토 사이에 국경선이 생기게 되었다. (   )(이)라고 알려진 이 국경선은 대략 런던에서 체스터까지 그어졌고, 바이킹은 이 국경선을 넘어 웨식스를 침략할 수 없게 되었다.

11 **정답**
Danelaw

12 다음 내용은 고대영어의 방언 중 어떤 방언을 설명한 것인지 쓰시오.

> - 색슨족(Saxons)의 대표적인 방언이다.
> - 현존하는 고대영어 문헌 대부분이 이 방언으로 기록되어 있다.
> - 9~10세기 웨식스(Wessex)가 정치·문화의 중심지 역할을 하였기 때문에 이 방언으로 기록된 문헌이 많다.
> - 알프레드 대왕의 학문진흥을 위한 노력도 이에 공헌을 하였다.

12 **정답**
웨스트색슨 방언

13 **정답**
『영국교회사』(Ecclesiastical History of the English People)

13 다음 내용은 어떤 책에 대한 설명인지 책의 제목을 쓰시오.

- 역사가이자 종교학자인 비드(Bede)가 저자이다.
- 라틴어로 써졌다.
- 고대영어 이전부터 731년까지의 기독교 관련 사건들을 기록하였다.

14 **정답**
고대영어에서는 명사의 격변화가 부사의 기능을 하였는데, 특히 단수 속격 어미인 -es가 부사의 역할을 하는 경우가 많았다. 제시된 단어들에 붙은 어미 -s 또는 철자변형에 의한 -ce의 기원을 속격에 의한 부사화에서 찾을 수 있다.

14 다음 부사들의 기원에 대해 간략하게 서술하시오.

- besides
- towards
- homewards
- once
- twice
- thrice
- since

제 3 편

중세영어 시대 (1100~1500)

| 단원 개요 |

본 편은 다음과 같은 내용으로 구성된다. 제1장에서 영국의 외면사를 알아본다. 제2장에서 중세영어의 문자와 발음을 살펴본다. 제3
장에서 중세영어의 단어를 알아본다. 제4장에서 중세영어의 구와 문장을 알아본다. 제5장에서 중세영어 대표 문헌을 살펴본다.

| 출제 경향 및 수험 대책 |

- 노르만 정복과 영어의 지위 약화를 살펴본다.
- 영국과 프랑스의 전쟁을 살펴본다.
- 영어의 지위 회복을 살펴본다.
- 중세영어의 다섯 가지 방언을 살펴본다.
- 중세영어의 문자를 살펴본다.
- 중세영어의 발음을 모음, 자음, 강세별로 알아본다.
- 중세영어의 명사구와 동사구를 살펴본다.
- 중세영어의 문장변화를 알아본다.
- 중세영어의 대표 문헌인 캔터베리 이야기와 창세기를 살펴본다.

제 **1** 장 │ 외면사

중세영어 시기는 1066년 **노르만 정복**(Norman Conquest)부터 시작되었으며, 이후 200여 년간 영국의 공용어는 영어가 아닌 프랑스어였다. 이후 '노르망디 상실(1204), 백년전쟁(1337~1453), 흑사병 창궐(1348~1351)' 등 일련의 사건을 겪으며 차츰 영어의 지위가 회복되었고, 소송법 제정(1362)을 계기로 법원에서 영어 사용이 공식화되었다.

[주요 사건이 일어난 연도]

시기	주요 사건
1066년	노르만 정복
1204년	노르망디 상실
1337~1453년	백년전쟁
1348~1351년	흑사병 창궐
1362년	소송법 제정
1381년	농민의 난
1382년	성서 번역
1386년	의회청원
1399년	헨리 4세 즉위
1476년	캑스톤의 인쇄술 도입
1509년	헨리 8세의 왕위 계승

제1절 노르만 정복과 영어의 지위 약화 중요

노르만족은 본래 스칸디나비아 바이킹의 후손으로 프랑스 북부 지방인 **노르망디**에 정착한 부족이다. 프랑스를 침입한 바이킹 족장 롤로(Rollo, 846~931)는 911년 프랑스 황제 샤를 3세(Charles III, 898~923 재위)로부터 노르망디 땅과 공작의 작위를 받았다. 이후 윌리엄이 6대 공작이 될 때까지 노르망디는 강력한 세력을 형성하였다. 1066년 1월 영국의 에드워드 왕(Edward the Confessor, 1042~1066 재위)이 후사 없이 죽자, 당시 막강한 권력을 쥐고 있던 웨식스 백작 고드윈(Godwin)이 자신의 아들 해롤드(Harold)를 왕위에 앉혔다. 이 소식을 듣고 노르망디 공작 윌리엄이 분개하였는데, 과거 에드워드 왕이 노르망디에서 망명 중일 때 자신에게 왕위 계승을 약속했으므로 자신이 영국 왕이 되어야 한다는 이유에서였다. 이것을 구실로 윌리엄은 영국을 침공하였고, 1066년 10월 14일 헤이스팅스 전투(Battle of Hastings)에서 해롤드는 눈에 화살을 맞고 전사하였다. 전투에서 승리한 **정복자 윌리엄**(William the Conqueror)은 1066년 12월 25일 **윌리엄 1세**로 즉위하였다. 이로써 영국의 앵글로색슨 시대는 막을 내리게 되었다.

[정복자 윌리엄(William the Conqueror)][1]

[해이스팅스 전투(Battle of Hastings)][2]

노르만 정복 이후 수많은 앵글로색슨 귀족들이 처형되었고, 왕국의 주요 행정조직은 모두 노르만족에게 넘어갔다. 영국 통치를 위해 윌리엄 1세는 유럽대륙에서 들여온 **봉건제도**를 시행하였다. 봉건제도 하에서 모든 영토의 소유권은 왕에게 있고, 그 아래 영주·기사·농노 사이에는 피라미드식 주종관계가 성립된다. 왕이 영주와 기사에게 토지를 하사하면 그들은 왕을 위해 병역과 현물을 제공하였고, 영주와 기사는 농노로부터 같은 방식으로

---

1) https://schoolshistory.org.uk/topics/british-history/normans/william-the-conqueror/
2) https://www.britannica.com/event/Battle-of-Hastings

대가를 받았다. 농노는 귀족의 영지에 매여 있어 영주의 허가 없이 영지를 떠날 수 없었고, 다른 지역의 사람들과 의사소통할 기회가 없었다. 이것이 중세영어의 방언 차이를 심화시키는 요인으로 작용하였다.

노르만 정복 이후 영국의 언어는 지배층인 노르망디 출신 귀족들이 사용하는 **프랑스어**가 되었다. 이후 200여년간 프랑스어는 영국 상류사회의 일상적인 언어로 자리매김한 반면, 인구의 90% 이상을 차지했던 일반 대중의 언어는 여전히 영어였다. 프랑스어만을 사용했던 상류층과 대조적으로, 영어를 사용하는 하류층과 접촉이 잦았던 기사나 집사 등의 중간계층은 이들과의 소통을 위해 영어를 알아야 했다. 이후 존 왕(John Lackland, 1199~1216 재위)이 노르망디를 프랑스에 빼앗긴 사건(1204년 **노르망디 상실**)을 계기로 영어와 프랑스어의 위상이 점차 바뀌게 되었다.

[노르망디 출신 군주]

Norman Kings	
1066~1087년	William Ⅰ(the Conqueror)
1087~1100년	William Ⅱ
1100~1135년	Henry Ⅰ
1135~1154년	Stephen
1141~1167년	Empress Matilda
House of Plantagenet	
1154~1189년	Henry Ⅱ
1189~1199년	Richard Ⅰ(the Lionheart)
1199~1216년	John
1216~1272년	Henry Ⅲ
1272~1307년	Edward Ⅰ
1307~1327년	Edward Ⅱ
1327~1377년	Edward Ⅲ
1377~1399년	Richard Ⅱ

정복자 윌리엄(William I, 1066~1087 재위)과 그의 후손들은 영국보다 노르망디에 더 관심이 있었다. 정복자의 두 아들인 윌리엄 2세와 헨리 1세는 영국 통치기간의 절반 이상을 프랑스에서 보냈다. 헨리 1세(Henry I, 1100~1135 재위)는 딸인 마틸다(Matilda), 사위인 제프리(Geoffrey of Anjou)와 분쟁이 있었고, 이 때문에 조카인 스티븐(Stephen, 1135~1154 재위)이 왕이 되었다. 스티븐의 뒤를 이어 마틸다와 제프리의 아들이 헨리 2세(Henry II, 1154~1189 재위)로 즉위하였다. 헨리 2세는 프랑스 앙주(Anjou)의 플랜태저넷(Plantagenet) 가문 후손이었으므로 영국에서 노르만 왕조의 뒤를 이어 플랜태저넷 왕조가 시작되었다. 헨리 2세는 35년간의 오랜 통치기간 중 영국에서 보낸 기간이 고작 14년일 정도로 영국 통치에 무관심하였고, Richard the Lionheart라는 별명을 가졌던 그의 아들 리처드 1세(Richard I, 1189~1199 재위) 또한 10년의 재위기간 중 단 몇 달을 제외하고 거의 대부분 유럽에서 십자군원정을 지휘하며 보냈다.

England: The Norman and Plantagenet Kings

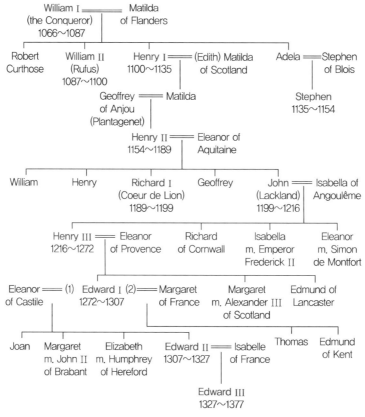

[노르만 왕조와 플랜태저넷 왕조]

제2절   영국과 프랑스의 전쟁

존 왕(John Lackland, 1199~1216 재위)이 노르망디를 프랑스에 빼앗긴 사건(노르망디 상실, 1204)을 계기로 프랑스어와 영어의 위상이 바뀌게 되었다. 헨리 2세의 막내아들이던 존은 형인 리처드 1세가 후사 없이 죽자 왕위에 올랐고, 이후 정략적 목적으로 이사벨라(Isabella of Angouleme)와 혼인하였다. 이사벨라는 이미 뤼지냥 가문의 위그(Hugh of Lusignan)와 약혼한 사이였고, 이에 분개한 뤼지냥 가문은 프랑스 황제 필립 2세에게

본 사건을 제소하였다. 필립 2세의 소환에 불응한 존에 대해 영토 몰수령이 내려졌고, 영국과 프랑스 간 전쟁이 벌어졌다(1202~1204). 전쟁 결과 존 왕은 앙주(Anjou), 메인(Maine), 푸아투(Poitou) 등 소유하고 있던 영토 대부분을 프랑스에게 빼앗겼고, 이후 실지왕(Lackland)이라는 불명예스러운 별칭을 얻게 되었다. 승리한 프랑스 황제는 노르망디에 거주하는 영국 귀족들의 영지를 전면 몰수하였고, 이로써 노르만 정복 이후 노르망디를 자유롭게 오가던 영국 귀족들의 발길이 끊어지게 되었다. 영국보다 노르망디에 훨씬 더 애착을 가지고 있던 그들이었지만 이제 노르망디는 적국의 소유가 되었고, 프랑스어 또한 자연스럽게 적국의 언어로 인식하게 됨으로써 영국민으로서의 정체성을 확립해 나갔다. 따라서 노르만 정복 이후 유지되어 오던 모국어로서의 프랑스어와 외국어로서의 영어의 위상이 서로 역전되었다.

서로 감정의 골이 깊은 영국과 프랑스는 1337년 또다시 충돌하였다. 100여 년간 지속된 백년전쟁(Hundred Years' War, 1337~1453)의 계기는 에드워드 3세(Edward III, 1327~1377 재위)의 프랑스 왕위 계승권 요구였다. 프랑스의 선왕 필립 4세의 외손으로서 왕위 계승을 주장했던 에드워드 3세에 대해 프랑스 의회는 부계만이 왕위에 오를 수 있다고 결정하였고, 이에 필립 4세의 부계 혈통인 필립 드 발루아(Philippe de Valois)가 필립 6세로 추대되었다. 이후 필립 6세와 에드워드 3세는 플랑드르(Flanders) 지방의 양모산업을 두고 관계가 악화되어 두 나라 간 전쟁이 일어나게 되었다.

백년전쟁의 제1기(1337~1360)는 에드워드 3세가 프랑스 남부 보르도(Bordeau) 근처에 있는 자신의 영토 아키텐(Aquitaine)을 환수하고자 프랑스를 침입해 대파한 시기이다. 백년전쟁 제2기(1360~1407)는 에드워드 3세가 획득한 영토 대부분을 그의 손자인 리처드 2세가 프랑스에게 빼앗기는 시기이다. 제3기(1407~1429)에는 영국이 부르고뉴(Burgundy)와 결탁하여 노르망디를 포함한 예전 영국 영토를 되찾는다. 아쟁쿠르 전투(Battle of Agincourt)에서 대승을 거둔 헨리 5세는 트루아 조약(Treaty of Troyes)을 통해 프랑스 왕위 계승권을 얻어내지만, 불과 2년 뒤 헨리 5세가 병으로 사망하면서 모든 것이 수포로 돌아가고, 헨리 6세의 무능한 통치가 시작되었다. 백년전쟁 제4기(1429~1453)는 프랑스의 승리로 기나긴 전쟁이 종료되는 시기이다. 프랑스 작은 시골마을 농부의 딸이었던 잔다르크(Jeanne d'Arc)는 영국군을 상대로 오를레앙(Orléans) 전투에서 크게 이기고, 헨리 6세는 프랑스 왕권을 상실하였다. 그 와중에 프랑스의 마가렛(Margaret of Anjou)에게 마음을 빼앗긴 헨리 6세는 그녀와의 결혼을 전제로 메인(Maine)과 앙주를 프랑스에 넘겨주고, 이후 노르망디와 가스코뉴(Gascogne)마저 잃게 되어, 결국 영국은 칼레(Calais)를 제외한 모든 영토를 상실하였다.

제3절 영어의 지위 회복

백년전쟁에서 프랑스에 패배한 영국은 더 이상 프랑스어를 사용할 이유가 없어졌고, 이제 영어가 공식언어로 확고한 자리매김을 하게 되었다. 이와 더불어 백년전쟁 중 발생한 흑사병(Black Death, 1348~1351)과 농민의 난(Peasants' Revolt, 1381)은 영국 내 영어의 입지를 더욱 공고히 하였다. 흑사병은 백년전쟁 제1기가 진행 중이던 1348년 영국에 최초 발병하였다. 아시아에서 처음 시작되어 1347년 유럽까지 퍼진 것으로 알려진 흑사병은 쥐벼룩 같은 설치류에 의해 발병하지만 이후 사람에게 감염되면 구토, 두통, 종양, 통증, 현기증을 유발하였다. 증상이 심해지면 폐렴이나 뇌손상으로 발전해 3~4일 이내 사망에 이르러 당시 치사율이 100%에 달했고, 이때 영국 전체 인구의 30% 이상이 사망하였다.

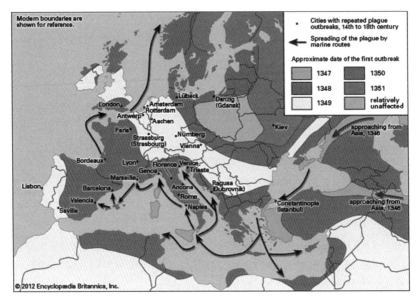

[흑사병의 확산][3]

농민의 난은 백년전쟁 제2기가 진행 중이던 1381년에 일어났다. 오랜 전쟁과 흑사병으로 재정이 어려워진 정부는 농민들에게 과도한 인두세를 부과하였고(1377~1380), 이에 분노한 농민들이 켄트, 에식스, 동앵글리아 지역을 중심으로 반란을 일으켰다. 와트 타일러(Wat Tyler)를 필두로 한 켄트 농민들은 리처드 2세와의 순조로운 초반 협상에 만족하였고, 이들이 방심하던 틈을 타 급습한 정부군은 타일러를 처형하고 농민들의 반란이 무마되었다.

흑사병과 농민의 난으로 인하여 영국 내에서 농민을 비롯한 하층민의 지위가 상승하게 되었다. 흑사병으로 인해 1400년 영국 인구는 1300년에 비해 거의 절반으로 감소하였고, 이는 노동력 부족으로 이어졌다. 도시로 몰려든 농민들은 더 높은 임금을 요구하였고, 이들의 경제적인 지위가 상승함에 따라 그들이 사용하던 언어 또한 중요성이 커졌다. 더구나 프랑스어와 라틴어에 정통했던 수많은 교사와 성직자가 흑사병으로 사망하면서 교사 수가 급감하자 학교에서는 영어를 교육수단으로 채택하였다.

상류층에서도 빠른 속도로 영어의 지위가 회복되었다. 에드워드 2세(Edward II, 1307~1327 재위)는 런던 상인 조합에서 칙령을 낭독할 때 프랑스어와 영어를 함께 사용하도록 지시하였으며, 에드워드 3세(Edward III, 1327~1377 재위)는 프랑스 왕위 계승권 논의를 위해 의회를 소집하였을 때 영어로 연설하였고, 또한 1362년 모든 소송을 영어로 진행할 것을 지시하는 **소송법**(또는 소송서류작성법, Statute of Pleading)이 제정됨으로써 법원의 공식언어는 영어가 되었다.

---

3) https://www.britannica.com/event/Black-Death

| 제4절 | 중세영어의 방언 |

노르만 정복 이후 약 1470년에 이르기까지 영국에서 사용된 중세영어는 표준어의 부재로 인하여 통일성이 결여된 여러 소수 방언의 형태로 존재하였다. 그중 두드러진 방언은 다섯 가지로, '북부 방언, 동중부 방언, 서중부 방언, 남부 방언, 켄트 방언'으로 구분된다.

1 북부 방언(Northern dialects)

고대영어의 노섬브리아 방언(Northumbrian dialects)에서 발전한 방언으로, 북부 방언으로 된 대표적인 작품으로는 리처드 롤(Richard Rolle, 1290~1349) 외 다수의 "The Pricke of Conscience"와 존 바버(John Barbour, 1320~1395)의 "The Bruce"가 있다.

2 동중부 방언(East Midland dialects)

동서로 세분화된 중부 방언은 고대영어의 머시아 방언(Mercian dialects)에서 발전한 방언으로, 특히 동중부 방언은 데인로(Danelaw) 지역에서 사용된 방언이다. 다섯 가지 방언 중 동중부 방언의 사용자가 가장 많았는데, 이 지역이 농업의 발달로 인구가 많았기 때문이다. 동중부 방언이 쓰인 중요한 작품으로는 작자 미상의 "Peterborough Chronicle"과 옴(Orm)의 "Ormulum"이 있는데, 이 중 "Peterborough Chronicle"은 『앵글로색슨 연대기』(Anglo-Saxon Chronicle)의 일부로 역대 영국 왕들의 사적이 기록되어 있다. 또한 "Ormulum"은 노르만 정복 이후의 영어 발음을 자세히 기술해 주는 신학해설서로 유명하다.

3 서중부 방언(West Midland dialects)

동중부 방언과 마찬가지로 고대영어의 머시아 방언에서 발전한 방언으로, 특히 서쪽 알프레드 대왕(Alfred the Great)이 통치하던 지역에서 쓰인 방언이다. 서중부 방언이 쓰인 대표적인 작품들로는 레이어먼(Layamon)의 "The Brut", 윌리엄 랭글런드(William Langland, 1332~1386)의 "Piers Plowman", 작자 미상의 "Ancrene Riwle", "Sir Gawain and the Green Knight", "The Pearl"이 있다.

4 남부 방언(Southern dialects)

고대영어의 웨스트색슨 방언(West Saxon dialects)에서 발전한 방언으로, 남부 방언이 쓰인 대표적인 작품으로 존 트레비사(John Trevisa, 1342~1402)의 "Polychronicon"과 "Dialogue on Translation between a Lord and a Clerk"이 있다.

5 켄트 방언(Kentish dialects)

동남부 방언(Southeastern dialects)으로도 불리는 켄트 방언은 존 가워(John Gower, 1330~1408)의 "Confessio Amantis"와 Nicholas of Guildford(추정)의 "The Owl and the Nightingale"이라는 대표작을 남겼다.

[중세영어의 방언 지도][4]

중세영어 후기인 15세기 후반 런던을 중심으로 표준영어가 등장하였다. 노르만 정복 이후 런던은 정치 · 종교 · 문화의 중심지로 대두되었고, 13세기 런던을 포함한 동중부 지역은 경제의 중심지가 되었다. 14세기에 유행한 흑사병은 사회계층의 이동을 가속화하였고, 에식스와 동앵글리아 출신 소작농들이 신분상승을 위해 런던으로 대거 이주하였다. 영국의 중간지대에 위치한 동중부 지역에는 옥스퍼드(Oxford)와 케임브리지(Cambridge) 두

---

4) https://ko.m.wikipedia.org/wiki/%ED%8C%8C%EC%9D%BC:Middle_English_Dialects.png

명문 대학이 있어 동중부 방언은 표준어가 되기에 유리하였다. 지성의 중심지인 대학에서 사용되는 엘리트 언어를 선호하는 경향도 이 지역 언어가 표준어가 되는 데 중요한 이유가 되었다. 14세기 후반 요크셔 태생의 종교개혁가 존 위클리프(John Wycliffe, 1330~1384 추정)는 옥스퍼드 대학에서 수학하였고, 켄트 출신 존 가워(John Gower, 1330~1408)와 제프리 초서(Geoffrey Chaucer, 1340~1400 추정)도 런던영어를 사용한 것으로 유명하다. 법원(Court of Chancery) 서기들 또한 법률문서 작성 시 이 지역 방언을 사용하였고, 15세기 무렵부터는 런던영어가 곧 표준어라는 개념이 생겨나게 되었다. 런던영어의 표준화에 지대한 영향을 끼친 이가 바로 영국 최초의 인쇄출판업자인 윌리엄 캑스턴(William Caxton, 1422~1492 추정)이다. 독일 쾰른에서 인쇄술을 들여온 캑스턴은 1476년 웨스트민스터에 인쇄소를 차리고, 수많은 문학 작품을 출판하였다. 다양한 방언의 철자법 중에서 런던 방언의 철자와 문법을 채택함으로써 런던 방언이 영국 각지로 확산되었다.

[제프리 초서의 캔터베리 이야기][5]

5) https://www.britannica.com/biography/Geoffrey-Chaucer

제 **2** 장 │ 중세영어의 문자와 발음

제1절 중세영어의 문자

중세영어 초기에는 고대영어 문자를 사용하였으나 각각의 문자가 나타내는 음가는 변화하였다. 또한 고정된 철자법이 존재하지 않아 작가는 자신의 발음에 따라 소리 나는 대로 적었고, 이 때문에 동일한 작가의 글 내에서도 같은 단어에 대해 다양한 철자가 나타났다. 예를 들어, 14세기 후반 존 위클리프가 영어로 번역한 성경의 필사본에는 단 몇 줄 사이에도 'erth/earthe, made/maad, nakid/nakyd, treese/tres' 등 서로 다른 철자가 나타난다.

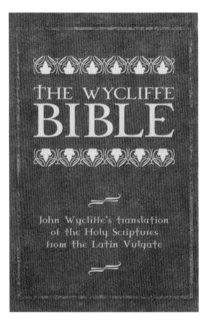

[존 위클리프의 번역성경][6]

고대영어 문자 중 'æ(ash), ð(eth), ƿ(wynn)'은 점차적으로 사라졌는데, æ는 'ea, a, e'로 바뀌었고, ð는 Þ와 th로 바뀌었으며, ƿ은 'u, uu'를 거쳐 w로 변화되었다.

고대영어 문자 중 g(ȝ)는 ȝ와 대륙에서 들어온 g로 바뀌었는데, 본래 고대영어에서 음운환경에 따라 [g, j, ɣ]로 발음되었던 g(ȝ)는 발음이 [g]일 경우 g로, [j]일 경우 ȝ로 변화되었으며, [ɣ]은 중세영어에서 사라지고 w[w]로 바뀌었다. 중세영어 문자인 ȝ는 본래 고대영어 문자 h의 발음인 [ç, x]로 발음되기도 하였고, 약 1300년 후 발음의 변화 없이 문자 'y, gh'로 바뀌었다.

6) https://www.amazon.com/Wycliffe-Bible-Wycliffes-Translation-Scriptures/dp/1600391028

또한 대륙으로부터 이중자(digraphs)가 도입되었는데 ch는 [ʧ], sh는 [ʃ], gh는 [ç, x]로 발음되었다. 즉, ʒ와 gh 는 동일한 발음을 가졌던 것을 알 수 있다. 이 밖에 고대영어의 hw는 중세영어로 오면서 wh로 대체되었고, i/j와 u/v는 각각 동일한 글자(이철자, allographs)로 간주되었다.

[중세영어의 문자 변화]

고대영어	중세영어	예시
æ	ea, a, e	
ð	Þ, th	
þ	u, uu → w	
ʒ[g]	g	goos 'goose' < OE ʒos
ʒ[j]	ʒ cf. ʒ[ç, x] → y, gh	ʒong 'young' < OE ʒiong
ʒ[ɣ]	w	drawen 'to draw' < OE draʒan
hw	wh	
	ch[ʧ]	chirche 'church' < OE cirice
	sh[ʃ]	shall < OE sceal
	gh[ç, x]	right < OE riht, Þurgh < OE Þurh
	i/j, u/v	iustise 'justis', vpon 'upon', loue 'love'

제2절 중세영어의 발음

1 중세영어의 모음

(1) 단일모음 변화

고대영어에서 원순성(lip rounding)을 띠었던 y[u]가 중세영어로 오면서 [i]로 비원순화되었고, 전설모음 (front vowels) [æ]는 [a]로 후설화되었으며, [aː]는 [ɔː]로 상승(raising)하였다. 또한, 비강세음절에 나타나 는 모음은 슈와(schwa) [ə]로 약화되었다.

[단일모음의 변화]

고대영어	중세영어	예시
[u], [uː]	[ɪ], [i]	OE hȳdan [hüːdan] > ME hīden [hɪːdan] 'to hide'
[æ]	[a]	OE glæd [glæd] > ME glad [glad]
[aː]	[ɔː]	OE hām [haːm] > ME ho(o)m [hɔːm] 'home'
비강세모음	[ə]	OE nama [nama] > ME name [namə]

(2) 장모음 변화

고대영어에서는 문자 'a, e, i, o, u'가 장모음일 때 [aː, eː, ɛː, iː, oː, ɔː, uː]로 발음되었지만, 중세영어에 들어오면서 'aa, ee, ii, oo'와 같이 모음 두 개를 나란히 겹쳐 써서 장모음을 나타내는 철자법이 등장하였다. 'aa, ee, ii, oo'의 발음은 [aː, eː, ɛː, iː, oː, ɔː]이었고 [uː]는 주로 철자 ou로 표현하였다. 이 중에서 'ee, oo'는 현대영어에서도 쓰이고 있다(예 feet, sweet, foot, flood).

또한 고대영어의 이중모음(diphthongs) 'ea, eo'는 중세영어로 오면서 각각 [ɛː, eː]로 단모음(monophthongs)이 되었고, 프랑스어 유래 차용어로 인하여 'ay, ey, oy, au, eu, iu, ou'와 같은 새로운 이중모음이 추가되었다.

(3) 장모음화(vowel lengthening) 중요

고대영어의 단모음은 'mb, nd, ŋg, ld, rd, rð, rz, rl, rn'와 같이 조음점이 동일한 자음군(homorganic consonant clusters) 앞에 나타날 때 장음화되었다(예 clīmben 'to climb', cōmb 'comb'). 또한 단모음 'a, e, o'가 개음절(open syllable, 모음으로 끝나는 음절)에서 길어졌다.

예

- OE na-ma > ME nāme 'name'
- OE ste-lan > ME stēlen 'to steal'
- OE ho-pa > ME hōpe 'hope'

[자음군 앞 장모음화]

단어	고대영어	중세영어
'warrior'	[eorl]	[eːorl]
'child'	[ʧild]	[ʧiːld]
'mild'	[mild]	[miːld]
'womb'	[wamb]	[waːmb]
'blind'	[blind]	[bliːnd]
'end'	[ende]	[eːnde]
'ground'	[grund]	[gruːnd]

(4) 단모음화(vowel shortening) 중요

장모음화가 나타난 개음절과 달리 폐음절(closed syllable, 자음으로 끝나는 음절)에서는 모음의 길이가 짧아졌다. 이러한 단모음화의 결과로 현대영어에서 keep/kept, five/fifty, hide/hid, wise/wisdom과 같은 교체형이 나타났다. 또한 비강세음절에서 단모음화가 일어났는데, 가령 wisdom은 고대영어에서 두 개의 음절이 모두 장음(long vowel)이었으나 강세를 받지 않는 두 번째 음절의 모음이 짧아지는 단음화를 겪는다.

예

- OE wīsdōm > ME wisdom
- OE ān > ME an

- OE būtan > ME but
- OE nāwiht > ME not

이 밖에 둘 이상의 비강세음절이 뒤따라오는 강세음절에서도 단모음화가 일어났으며, 이러한 결과로 현대영어에서 wild/wilderness, Christ/Christmas, holy/holiday, break/breakfast와 같은 교체형이 생긴다.

단어	고대영어	중세영어
'kept'	cēp-te	kepte
'fifty'	fīf-tig	fifty
'soft'	sōf-te	softe
'hid'	hȳd-de	hidde
'shepherd'	scēap-hirde	sheherde

2 중세영어의 자음 (종요)

중세영어 자음의 발음에서 가장 두드러진 특징은 프랑스어 유래 차용어의 영향으로 [ŋ]를 제외한 모든 이음(allophones)이 자취를 감추었다는 것이다. 고대영어에서 이음이었던 [f, ð, v, z, ç]가 중세영어에서 하나의 독립적인 음소(phoneme)로 자리 잡았다. 가령 [f, v]는 하나의 음소에 대한 이음이 아닌 별개의 음소로 간주되어, 'vetch/fetch, view/few, vile/file' 등의 최소쌍(minimal pairs)이 가능하게 된다. 또 다른 특징은 고대영어에서 문자 그대로 발음이 되던 겹자음(double consonants)이 중세영어에서 단자음(single consonant)으로 변화하였다는 것이다(예 mann > ME man 'man').

중세영어 자음에 나타난 구체적인 음운현상은 여러 가지가 있다.

(1) 고대영어에는 존재하지 않았던 분절음(segment)을 삽입(insertion, epenthesis)하는 변화가 일어났다. 조음점이 동일한 분절음을 끼워 넣었는데 가령 양순음(bilabial sound) [m] 뒤에 [b]를(예 OE bremel > ME bremble), 치경음(alveolar sound) [n]와 [s] 뒤에 각각 [d]와 [t]를 삽입하였다(예 OE dwinan > ME dwindle, OE behæs > ME beheste).

(2) 강세음절에서 분절음의 위치가 바뀌는 음위전환(metathesis)을 겪었다(예 OE brid > ME bird, OE þridda > ME third).

(3) 강세를 받지 않는 기능어(function words)에서 유성음화(voicing)가 일어났다. 무성마찰음(voiceless fricatives)인 [θ, s, f]가 각각 유성음인 [ð, z, v]로 변화하였다(예 the, his, of).

(4) 유성 치경폐쇄음(voiced alveolar stop)인 [d]가 모음과 모음 또는 [r] 사이에서 유성 치간마찰음(voiced interdental fricative)인 [ð]로 변화하는 마찰음화(spirantization)가 일어났다(예 OE fæder > ME father, OE hider > ME hither).

(5) 이웃하는 분절음의 특정 자질과 같아지는 동화(assimilation) 현상이 나타났다. 가령 양순음(bilabial) [m] 앞에서 순치음(labiodental) [f]가 [m]로, [f] 앞에서 치경음 [n]가 [m]로 바뀌는 현상을 포함한다(예 OE wīfman > ME wimman, OE confort > ME comfort).

(6) 동화와 달리 이웃하는 소리와 달라지게 변하는 이화(dissimilation) 현상 또한 나타났다. 예를 들어, [n]가 두 음절에 나란히 나올 때 뒷음절에 있는 [n]가 [m]로 바뀌거나(예 OE randon > ME random), [r]이 나란히 나올 때 두 번째 [r]이 [l]로 바뀌었다(예 OE purpre > ME purple).

(7) 고대영어에서 존재했던 분절음을 없애버리는 탈락(deletion) 현상이 일어났다. 중세영어에서 나타난 자음 탈락으로는, 어두 또는 비강세음절에서 [h] 탈락(예 OE hræfn > ME raven, OE hit > ME it), 어말의 [n] 탈락(예 OE non > ME no), [s, t] 뒤에서 [w] 탈락(예 OE sweostor > ME sister), [ç] 앞뒤에서 [l] 탈락(예 OE micel > ME much), [d, n, r] 앞에서 [f] 탈락(예 OE hlaford > ME lord), 모음 뒤 어말자음 탈락(예 OE -lic > ME -ly), 음절 경계에서 [d] 탈락(예 OE godspelle > ME gospel)이 포함된다.

3 중세영어의 강세

중세영어 강세의 두드러진 특징은 고대영어의 강세와 프랑스어의 강세가 혼합되었다는 점이다. 일반적으로 고대영어의 강세는 첫 음절에 고정된 고정강세 체계를 가져 주강세(primary stress)가 항상 어근의 첫 음절에 위치하였던 데 반해, 프랑스어 유래 차용어의 경우 그보다 좀 더 복잡한 강세 패턴을 보였다. 즉, 2음절어의 주강세는 첫 음절에, 제2강세(secondary stress)는 둘째 음절에 오고(예 méssàge), 3음절어의 주강세는 첫 음절에, 제2강세는 마지막 음절에 온다(예 ímpertinènt). 이 밖에 복합어의 경우 주강세는 첫 번째 어근에, 제2강세는 두 번째 어근에 온다(예 bók-lèred 'book-learned'). 또한 접두사가 붙은 파생어의 경우 'archi-, co-, con-, counter-, fore-, over-, re-, semi-, sub-, under-' 등의 접두사를 가지는 단어의 주강세는 접두사에, 제2강세는 어간에 온다(예 únderstànd). 반면에 'a-, at-, em-, of-, un-, up-, to-, with-' 등의 접두사는 강세를 받지 않아 주강세가 어간에 온다(예 abíde).

제 **3** 장 | 중세영어의 단어

중세영어에서는 고대영어에서 규칙적으로 사용하던 **굴절어미들이 소실되어 복잡한 굴절체계가 단순화되었다.** 굴절어미 약화의 중요한 이유를 음운론적으로 설명할 수 있다. 즉, 굴절어미에도 강세가 가능했던 인도–유럽어와 달리 고대영어에서는 첫 음절로 강세가 고정되어 어말의 굴절어미는 강세를 받지 않았다. 또한 고대영어에서는 강세 여부와 관계없이 모든 음절의 모음이 실제 음가에 따라 충실히 발음되었으나, 중세영어 시기에 들어와 **비강세음절의 모음이 슈와 [ə]로 약화되었다.** 이 같은 변화로 인하여 강세를 받지 않는 어말의 'a, o, u'가 e로 바뀌게 되고 결국 [ə]로 발음이 약화되었고, 고대영어에서 다양한 문법정보를 제공하던 **굴절어미의 역할은 축소되었다.** 이처럼 다른 형태를 가진 어미들이 하나의 형태로 통일되는 현상을 **평준화**(leveling, merging)라 부른다.

제1절 | 명사

고대영어에서 성(gender), 수(number), 격(case)에 따라 복잡한 어미변화를 하던 명사가 중세영어 시기에 들어와 대폭 단순화되었다. 우선 남성(masculine), 여성(feminine), 중성(neuter)으로 명사를 분류하던 고대영어의 성 체계가 중세영어에서는 모두 사라졌다. 또한 고대영어에는 4개의 격인 주격(nominative), 소유격(genetive), 대격(accusative), 여격(dative)이 존재하였지만, 중세영어 시기에 들어와 주격, 대격 및 여격의 어미가 하나로 통일되어, 실질적으로 2개의 격인 주격과 속격만 남게 되었다. 이 밖에 수 체계는 단수와 복수로 확립되었고, 복수형을 나타내는 방법으로 2가지 어미(-e, -es)를 사용하는 강변화(예 birds, wolves, foxes)와 1가지 어미(-en)를 사용하는 약변화(예 oxen)를 사용하였다. 이 시기 들어 영어 명사 어미의 대표적인 변화형으로 인식된 것은 단수 속격에 -es, 복수 주격에 -as를 붙이던 변화였고, 중세영어의 많은 명사들이 유추적으로(analogically) 이 유형의 변화를 따라가서 -en 같은 소수 격변화 명사들이 대거 사라지게 되었다(예 eiren > eggs, lorden > lords, eyen > eyes, foon > foes, shoon > shoes). 다음 표는 중세영어의 굴절어미 변화를 보여준다.

[굴절어미의 변화]

고대영어	중세영어
-u	-e
-a	
-e	
-an	-en
-em	
-as	-es
-es	

제2절   대명사

1 인칭대명사

고대영어의 명사가 굴절의 단순화를 겪은 반면, 인칭대명사는 양수(또는 쌍수, dual)가 사라지고 단·복수의 구별만 남게 된 것 외에 변화를 겪지 않았다. 다음 표의 중세영어 1·2·3인칭 대명사에서 볼 수 있듯이 고대영어에 존재하던 대격과 여격의 구분이 목적격으로 통합되었다.

[중세영어 1인칭 및 2인칭 대명사]

수	격	1인칭	2인칭
단수	주격	ic, ik, I	þū, thou
	목적격	me	þe, thee
	소유격	min, mi, my	þin, þi, thy
복수	주격	we	ʒe, ye
	목적격	us	ou, ʒou, you
	소유격	ure, our, oures	ower, your, youres

[중세영어 3인칭 대명사]

수	격	남성	여성	중성
단수	주격	he	heo, ho, he, scho, sche, she	hit, it
	목적격	him	heo, hi, hir(e), her(e)	hit, it, him
	소유격	his	hir(e), her(e), hires	his
복수	주격		hi, heo, ho, he, þai, thai, þei, they	
	목적격		heom, hem, þaim, thaim	
	소유격		hor(e), her(e), their, heres, theires	

2 의문대명사

중세영어 시기로 들어서면서 고대영어의 의문대명사 숫자가 줄었고, 고대영어의 대격·여격 의문대명사가 목적격 whōm으로 병합되었고, 도구격 의문대명사 hwy는 의문부사 why가 되었다.

[중세영어의 의문대명사]

격	남·여·중성
주격	whō, what
목적격	whōm
소유격	whōse
도구격	why

제3절 지시사

고대영어의 지시사인 'sē, þæt, sēo, þā'는 중세영어에서 'the, that, tho'로 변화되었다. 고대영어의 남성 단수형인 sē에서 유래한 þe는 명사가 뒤따라올 때 성·수에 따라 굴절하지 않는 불변화사였고, 이것이 현대영어의 정관사 'the'로 완성되었다. 또한 고대영어의 중성 지시사에서 유래한 þæt은 남·여·중성의 지시대명사 단수형인 'that'이 되었고, 이것의 복수형은 þos/thos(< OE þas 'these')가 되었다. -s가 붙은 지시사인 'þes, þis, þeos, þas'는 12세기까지 유지되다가 이후 þis/this와 þes/thes가 모든 성과 격에 사용되었고, 이 단수형에 -e가 붙은 새로운 복수 형태인 'þise/thise, þese/these'가 나타났고, 이러한 변화의 결과 중세영어 시대 말경 'that, those, this, these'가 사용된다.

제4절 형용사

고대영어의 형용사는 강변화와 약변화의 두 가지 굴절방식을 가졌고 명사의 성·수·격에 따라 굴절하였으나, 중세영어 시기에 들어와 형용사의 굴절이 사라진다. 고대영어의 약변화 어미인 -a(남성주격), -e(중성주격·대격, 여성주격), -ena/-ra(속격복수), -um(비주격)이 모두 한 개의 굴절어미 -e로 바뀐다. 이로써 형용사의 성·수·격의 구별이 모두 사라지게 되었다.

중세영어 형용사의 비교급과 최상급은 각각 어미 -re(이후 -er)와 -est를 이용하여 만들었다. 일부 형용사는 고대영어와 마찬가지로 모음변이(umlaut)를 보였지만, 모음변이 없이 유추(analogy)에 의해 원급과 동일한 모음을 사용하는 단어도 나타났다.

- 움라우트 : old-elder-eldest, long-lenger-lengest, strong-strenger-strengest
- 유추 : old-older-oldest, long-longer-longest, strong-stronger-strongest

현대영어에서 보이는 more/most를 이용한 우언적(periphrastic) 비교는 중세영어 시기에서 시작하였지만, 이 시기에는 일종의 강화사(intensifier) 기능을 하는 이중비교급(double comparison)으로 사용되었다(예 more clenner).

제5절 부사

고대영어의 부사는 어미 -e와 -līce를 붙여 만들었지만, 중세영어의 어말모음 약화로 인해 -līce의 사용빈도가 훨씬 높아졌다. 하지만 이 형태 또한 어말의 슈와 소실과 -e의 탈락으로 인해 -ly로 변하였고, 오늘날까지도 매우 생산적인 부사화 어미로 이용되고 있다.

제6절 동사

중세영어의 동사는 고대영어의 시제, 법, 인칭, 수의 구분 및 강·약변화 동사의 구분도 유지하였지만, 약 160여 개의 강변화 동사들이 소멸하였고, 강변화 동사 중 일부는 약변화 동사로 바뀌었다.

중세영어 약변화 동사의 유형은 1군과 2군 두 가지로 나뉜다. 1군 약변화 동사는 고대영어에서 약변화 1군과 2군에 속했던 동사로, 과거형과 과거분사형에 -ed-가 붙는다. 2군 약변화 동사는 고대영어에서 1군의 일부와 3군에 속했던 동사로, 과거형과 과거분사형에 -d-나 -t-를 붙인다.

[중세영어 약변화 동사]

구분	원형부정사	1·3인칭 단수과거	과거분사
1군 : -ed-	stere(n) 'stir'	sterede	(y)stered
2군 : -d-, -t-	here(n) 'hear'	herde	(y)herd
	lette(n) 'let'	lette	(y)let

중세영어 강변화 동사는 고대영어를 그대로 유지하여 '원형부정사, 1·3인칭 단수 직설법 과거, 복수 직설법 과거, 과거분사'의 4가지 범주에서 모음교체가 일어났으며, 1군에서 7군까지 일곱 가지 유형으로 구분되었다.

[중세영어 강변화 동사]

구분	원형부정사	1·3인칭 단수과거	복수과거	과거분사
1군 : i-o-i-i	riden 'ride'	rode	riden	(y-)riden
2군 : e-e-u-o	flete(n) 'float'	flet	fluten	(y-)floten
3군				
(i) i-a-u-u	drinke(n) 'drink'	drank	drunken	(y-)drunken
(ii) e-a-o-o	helpe(n) 'help'	halp	holpen	(y-)holpen
(iii) i-au-ou-ou	fighte(n) 'fight'	faught	foughten	(y-)foughten
4군 : e-a-e-o	stele(n) 'steal'	stal	stelen	(y-)stolen
5군 : e-a-e-e	ete(n) 'eat'	at	eten	(y-)eten
6군 : a-o-o-a	shake(n) 'shake'	shok	shoken	(y-)shaken
7군 : V_1-e-e-V_1	halde(n) 'hold'	held	helden	(y-)halden

중세영어에도 고대영어에 있었던 변칙 동사(anomalous verb) 및 과거−현재 동사(preterit-present verb)가 존재하였다. 중세영어의 변칙 동사에는 be(n) 'be', do(n) 'do', go(n) 'go', wille(n) 'wish, will'이 포함된다. 이 중 do와 will은 비교적 규칙적으로 변화한 반면, be 동사의 활용은 상당히 불규칙적이었다. 또한 고대영어의 과거−현재 동사 대부분이 중세영어에 보존되었고, owen 'possess', cunnen 'know how to', durren 'dare', shulen 'be obliged', mahen 'be able', moten 'be compelled to'은 현대영어의 법 조동사인 ought, can, dare, shall, may, must로 발전하였다.

[중세영어 동사 'be'의 굴절]

시제·수·인칭				be(n)
직설법	현재	단수	1	am
			2	art, best
			3	is, ys, beoþ
		복수	1·2·3	ar(e)n, beop, be(n), (sinden)
	과거	단수	1·3	was
			2	were, wast
		복수	1·2·3	were(n)
현재분사				being
과거분사				(y-)be(n)

제 4 장 | 중세영어의 구와 문장

제1절　중세영어의 구

1 명사구 (중요)

고대영어의 속격 구문은 속격 어미를 통한 격변화에 의해서 이루어졌으나, 중세영어에서는 굴절어미 대신 구문을 통해 표현하려는 경향이 나타난다. 즉, 중세영어의 어순이 S-V-O(C)로 고정되고 격을 표현하기 위한 전치사의 비중이 늘어나면서 'of-명사구'라는 새로운 속격 형태가 생겨났다. 이것은 프랑스어의 소유를 나타내는 전치사 de의 영향으로 보인다. 현대영어 소유격을 Mrs. Bethin's daughter과 the daughter of Mrs. Bethin의 2가지로 표현하는 것이 바로 이 시기에서 기원한다.

예

- OE　　Ge sind eorþan sealt 'You are earth's salt'
  ME　　Ye ben salt *of the earthe*
- OE　　dǣl þæs hlāfes 'part the bread's'
  ME　　partie *of the lofes*

중세영어에서는 지시사가 소멸되어 지시사를 관계대명사로 사용하던 고대영어의 관계절은 자연히 사라지게 되었다. 따라서 불변화대명사인 that이 중세영어의 대표적인 관계대명사 역할을 수행하게 되었고, that은 현대영어와 달리 중세영어에서는 계속적인 용법이 가능하였다.

예

ME　　　　　　　　　　　Thisse man, *that* is our neighbor is Jones.
PDE(Present-Day English)　'This man, who is our neighbor, is Jones.'

중세영어 후반기에 들어서면서 의문대명사에서 유래한 wh-형 대명사가 관계대명사로 쓰이기 시작한다. 처음에는 주격 이외의 격으로만 사용되다가 이후 관계대명사의 종류는 the, that, whom, whose, which로 늘어났다.

예

ME　　He speketh before folk to *which* his speche anoyeth.
PDE　'He speaks before people to whom his speech annoys.'

또한, 중세영어에서는 현대영어에서 찾아볼 수 없는 독특한 관계절이 존재하였다. 첫째, wh-형 관계대명사 뒤에 의미 없는 that이 따라오는 경우로, 이때 사용되는 that은 관계대명사라기보다는 종속절의 시작을 알리는 일종의 접속사로 볼 수 있겠다.

예

ME   He hathe seyd that he woold lyftre them whom *that* hym plese.

PDE   'He has said that he would lift them whom he pleases.'

더불어, wh-관계사 앞에 the를 붙이는 관계절도 존재하였다.

예

ME   He rystid from all his wek *the which* he hadde fulfyllide.

PDE   'He rested from all his work which he had finished.'

2 동사구

중세영어에서는 고대영어에 비해 동사 굴절어미의 수가 감소하였기 때문에 시제 관련 문법 표현을 위해 좀 더 복잡한 형태의 동사구가 필연적이었다. 우선 미래 표현을 위해 고대영어의 과거−현재 동사에서 유래한 will-과 shal(l)-이 사용되었다. 또한 haue 'have'와 been 'be'을 이용한 현재완료, been, werthe 'become'을 이용한 수동태 구문이 빈번하게 쓰였다. 더불어 be 동사와 현재분사를 연결한 진행형 구문도 이 시기에 쓰이기 시작하였다(예 He was areading. 'He was engaged in the act of reading.'). 중세영어 말기에 이르러 현재완료, 수동 및 진행형 구문이 정착되어 사용되었다.

예

• He *hath promyst* it. 'He has promised it.'
• It *will not be worshipt*. 'It will not be worshiped.'
• He *hath been y-founde*. 'He has been found.'
• Ich *mihte habbe* betre i-don. 'I might have better done.'
• We *han been waitynge* al this fourtennyght. 'We have been waiting for all the 14 nights.'

제2절   중세영어의 문장

중세영어에서는 굴절어미의 소멸로 인해 어순의 중요성이 부각되었다. 굴절어미가 고도로 발달한 고대영어에서
는 명사의 문장 내 위치와 관계없이 어미로써 격에 대한 정보를 파악할 수 있어, 다음 예문에서 보다시피 고대
영어에서는 유동적인 어순이 가능하였다.

예

OE   Sē mann folgode þæm scipum.   'The man followed the sheep.'

          = þæm scipum sē mann folgode.

          = þæm scipum folgode sē mann.

하지만 굴절어미를 상실한 중세영어 이후 'The man followed the sheep.'과 'The sheep followed the man.'
은 엄연히 다른 두 문장이고, 격의 구별이 사라진 것은 영어가 고정된 어순을 가지게 된 결정적인 계기가
되었다.

중세영어에서 어순 이외에 굴절어미의 대체 수단으로 기능한 품사는 전치사이다. 다음 예문에서 고대영어의
Drihtne의 속격이 of를 이용한 전치사구로, mildheortnysse의 여격이 전치사 with로 대체되었음을 알 수 있다.

예

OE   Eorþe is full mildheortnysse Drihtne.

ME   The earth is filled with the mercy of God.

이 밖에도 'in, with, by'와 같은 전치사의 사용이 두드러지게 증가하였고, 프랑스어에서 차용한 전치사(예
because, during, around, according to)를 비롯하여 부사에서 전환된 전치사(예 beside, behind, out) 및 축약을
거친 합성전치사(예 about < on butan 'on the outside of')도 중세영어에 추가되었다. 이처럼 중세영어에서는
한 단어의 어미변화를 여러 단어로 이루어진 구로써 표현하는 **우언법**(periphrasis)이 활성화됨으로써, 영어는
복잡한 굴절체계를 가진 종합적 언어(synthetic language)에서 여러 단어로 풀어 쓰는 분석적 언어(analytic
language)로 거듭나게 되었다.

더 알아두기 종요

종합적 언어(synthetic language)와 분석적 언어(analytic language)

종합적 언어란 단어들의 형태변화를 통해 문법적 기능과 의미를 전달하는 언어로, 주로 어미나 접사
등을 사용하여 단어의 형태를 변화시키며 명사의 수, 인칭, 시제 등을 나타낼 수 있다. 종합적 언어의
대표적인 예로는 라틴어, 그리스어, 독일어, 러시아어 등이 있다. 반면 분석적 언어란 문법적 기능과
의미를 단어의 순서나 문장 구조를 통해 전달하는 언어로, 단어들의 형태변화를 최소화하고, 대신 전
치사, 조사, 부사 등을 사용하여 문장의 구조를 명확히 한다. 따라서 분석적 언어에서는 단어의 변화
보다는 문장의 구조와 단어의 배치가 중요하다. 영어, 중국어, 스페인어, 한국어 등이 이에 속한다.

---

1 부정문

중세영어 초기에도 고대영어의 부정어인 ne가 사용되었고, 강조를 위한 이중부정의 형태도 빈번하게 쓰였다 (예) Ne never were martyrs so tortured. 'Martyrs were not so tortured.'). 14세기 들어 ne 대신 새로운 부정어 ne-ā-wiht 'not at all'이 생겨났다. 이것이 음운변화를 통해 nāht과 nōht을 거쳐 not으로 자리 잡게 되며 no(u)ght, nawt 등의 변이형을 포함하게 되었다. 새로운 부정어 not은 한동안 ne와 함께 사용되는 과도기를 거치다가 중세영어 후기 들어 부정문을 만드는 대표적 기능어로 자리 잡았다. 부정어 not의 위치는 고정되지 않아 동사의 뒤 또는 문미 등 일관성이 없었으나, 이후에 동사 뒤로 굳어지게 되었다.

(예)

ME	My wyfe rose *not*. 'My wife did not rise.'
	He held it *noght*. 'He did not hold it.'
	She sawe *nawt* the knyghtes. 'She did not see the knights.'

2 의문문

중세영어의 의문문은 고대영어의 의문문과 별반 차이가 없다. 현대영어에서 사용되는 do 동사는 쓰이지 않았고, 의문문의 종류를 막론하고 주어-동사 간 도치를 통해 의문문을 만들었다. 그때까지는 일반 동사의 성격이 강했던 shall과 may도 의문문에서 도치가 되는 것을 확인할 수 있다.

(예)

- ME   Hard   ye   not?
          heard   you   not
  PDE   'Didn't you hear?'
- ME   Gaf   ye   the   mann   anything?
          gave   you   the   man   anything
  PDE   'Did you give the man anything?'
- ME   Shal I tellen more?
  PDE   'Shall I tell more?'
- ME   How mow þey þan shryve þat synne?
  PDE   'How may they then shrive that sin?'

3 비인칭구문 중요

중세영어에서는 프랑스어의 영향으로 If it pleases you 같은 비인칭구문이 유행하였다. 단, 문장구조상 주어는
필수요소였기 때문에 비인칭동사가 종속절을 취할 때 주어 자리에 중성대명사 hit 'it'을 삽입해 주었다. 이 같은
문장구조는 현대영어의 It seems that이나 It appears that 같은 구문으로 발전하였다.

예

• ME   Hit   sceameth   me   þat   he   me   syheth.

          it   shames   me   that   he   me   sees

   PDE   'It is a shame to me that he sees me.'

• ME   Hit   likode   him   þat   i   eode.

          it   liked   him   that   I   left

   PDE   'It was pleasing to him that I left.'

제 5 장 | 중세영어 문헌 예시

제1절 캔터베리 이야기(The Canterbury Tales) 종요

제프리 초서(Geoffrey Chaucer, 1340~1400 추정)의 『캔터베리 이야기』(The Canterbury Tales)는 중세영어를 대표하는 텍스트로서, 1387년에서 1400년 사이에 쓰였다. 이 작품의 주인공은 다양한 직업을 가진 30명 정도의 사람들로, 이들은 토머스 베켓(Thomas Becket)이 대주교로 있던 캔터베리 성당으로 순례를 떠나기 위해 런던의 한 여관에 모였다. 여관 주인의 안내에 따라 순례자 모두가 돌아가며 재미있는 이야기를 들려준다. 약강 오음보(iambic pentameter)의 전형인 이 시에서는 고대영어의 두운법(alliteration, 연결된 단어나 구절에서 같은 첫소리나 자음을 반복하여 사용하는 문학적 기법)이 사라지고, 두 시행의 끝 낱말을 압운(rhyme)시키는 각운(end rhyme)이 나타난다. 여기서는 『캔터베리 이야기』의 전체 서사(general prologue) 첫 4행을 소개한다.

1.	**Whan that Aprill with his shoures soote**
	When April with its sweet-smelling showers
2.	**The droghte of March hath perced to the roote,**
	The drought of March has pierced to the root,
3.	**And bathed every veyne in swich licour,**
	And bathed every vein in such liquid,
4.	**Of which vertu engendred is the flour;**
	By which power the flower is created;

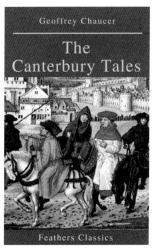

[캔터베리 이야기][7]

---

7) https://www.amazon.ca/Canterbury-Tales-Feathers-Classics-ebook/dp/B079C35H1D

제2절　창세기(Genesis)

제2편 고대영어 문헌과의 비교를 위하여 중세영어를 대표하는 또 다른 문헌으로 성경을 소개한다. 1380년대 존 위클리프(John Wycliffe, 1330~1384 추정)가 당대의 영어로 번역한 위클리프 버전(Wycliffite Version)으로, 고대영어 예시와 마찬가지로 구약성서의 창세기 1장 1~2절을 소개한다.

1. **In the bigynnyng God made of nouȝt heuene and erthe.**
   In beginning, created God heaven and earth.
2. **Forsothe the erthe was idel and voide,**
   the earth was truly void and empty,
   and derknessis weren on the face of depthe;
   and darknesses were over of-the deep surface;
   and the Spiryt of the Lord was borun on the watris.
   and God's spirit was brought over water.

제 **3** 편 | 실전예상문제

01 고대영어의 문자 중 중세영어로 들어와 사라진 것은?

① n

② g

③ ð

④ h

02 중세영어 자음의 음운현상에 대한 설명으로 옳지 <u>않은</u> 것은?

① 강세음절에서 분절음의 위치가 바뀌는 음위전환이 일어났다.

② 조음점이 동일한 분절음을 끼워 넣는 삽입 현상이 나타났다.

③ 비강세 기능어에서 유성음화가 일어났다.

④ [d]가 모음 사이에서 [ð]로 바뀌는 구개음화가 일어났다.

03 다음 예시에 나타난 음운현상은 무엇인가?

> a. OE randon > ME random
> b. OE purpre > ME purple

① deletion

② insertion

③ dissimilation

④ assimilation

01 고대영어의 문자 중 'æ, ð, ƿ'은 점차적으로 사라졌는데, æ는 'ea, a, e'로 바뀌었고, ð는 Þ와 th로 바뀌었으며, ƿ은 'u, uu'를 거쳐 w로 변화되었다.

02 유성 치경폐쇄음 [d]가 모음과 모음 또는 [r] 사이에서 유성 치간마찰음 [ð]로 바뀌는 현상은 마찰음화(spirantization)이다.

03 이웃하는 소리와 달라지는 변화인 이화(dissimilation)는, a에서처럼 [n]가 두 음절에 나란히 나올 때 뒷음절에 있는 [n]가 [m]로 바뀌거나, b에서처럼 [r]이 나란히 나올 때 두 번째 [r]이 [l]로 바뀌는 음운현상이다.

정답 (01 ③ 02 ④ 03 ③)

04 제시된 내용은 런던이 있는 동중부 지역 방언에 대한 설명으로, 사용자가 가장 많았던 방언이고, 이후 표준어로 발전하게 된다.

04 다음 내용은 어떤 중세영어 방언에 대한 설명인가?

> • 고대영어의 머시아 방언에서 발전한 방언이다.
> • 농업의 발달로 인구가 많은 지역에서 사용된 방언이다.
> • 이 방언이 쓰인 대표 문헌으로는 "Peterborough Chronicle"이 있다.

① 남부 방언
② 동중부 방언
③ 서중부 방언
④ 북부 방언

05 a. 고대영어에서 원순성(lip rounding)을 가졌던 y[u]가 중세영어로 오면서 [i]로 비원순화되었다.
b. 전설모음(front vowels) [æ]는 [a]로 후설화되었다.
c. [aː]는 [ɔː]로 상승(raising)하였다.

05 다음 예시가 보여주고 있는 중세영어 모음 변화가 <u>아닌</u> 것은?

> a. OE hȳdan [hüːdan] > ME hīden [hɪːdan] 'to hide'
> b. OE glæd [glæd] > ME glad [glad]
> c. OE hām [haːm] > ME ho(o)m [hɔːm] 'home'

① 후설화   ② 상승
③ 비원순화   ④ 평준화

06 고대영어의 단모음 a, e, o가 모음으로 끝나는 개음절(open syllable)에서 길어지는 장모음화(vowel lengthening)가 나타났다.

06 다음 예시에 나타난 중세영어의 음운변화는?

> • OE na-ma > ME nāme 'name'
> • OE ste-lan > ME stēlen 'to steal'
> • OE ho-pa > ME hōpe 'hope'

① vowel epenthesis
② vowel deletion
③ vowel lengthening
④ vowel shortening

정답 04 ② 05 ④ 06 ③

07 다음 문장이 나타난 시기의 영어는?

> He speketh before folk to *which* his speche anoyeth. 'He speaks before people to whom his speech annoys.'

① Old English

② Early Modern English

③ Present-Day English

④ Middle English

08 다음 중 동사의 부류가 <u>다른</u> 하나는?

① shulen 'be obliged'

② wille 'wish'

③ do 'do'

④ be 'be'

09 다음 중 <u>다른</u> 방언을 사용한 인물은?

① William Caxton

② Geoffrey Chaucer

③ John Trevisa

④ John Wycliffe

---

07 중세영어 후반기에 들어서면서 의문대명사에서 유래한 wh-형 대명사가 관계대명사로 쓰이게 된다. 이들은 처음에는 제시된 예문에서처럼 주격 이외의 격으로만 사용되었다.

08 중세영어의 변칙 동사(anomalous verb)에는 'wille, do, be'가 포함되며, shulen은 과거-현재 동사(preterit-present verb)에 속한다.

09 William Caxton, Geoffrey Chaucer, John Wycliffe는 모두 동중부 방언에서 발전한 런던 방언 사용자이고, John Trevisa는 남부 방언으로 쓴 "Polychronicon"과 "Dialogue on Translation between a Lord and a Clerk"으로 유명한 작가이다.

정답 07 ④ 08 ① 09 ③

10 장모음화가 나타난 개음절과 달리 자음으로 끝나는 폐음절(closed syllable)에서는 모음의 길이가 짧아졌다. 이러한 단모음화의 결과로 현대영어에서 keep/kept, five/fifty, hide/hid와 같은 교체형이 나타났다.

10 다음 예시에 나타난 중세영어의 음운변화는?

> • 'kept' OE cēp-te > ME kepte
> • 'fifty' OE fīf-tig > ME fifty
> • 'hid' OE hȳd-de > ME hidde

① vowel elision
② vowel insertion
③ vowel lengthening
④ vowel shortening

11 "The Owl and the Nightingale"은 동남부 방언으로도 불리는 켄트 방언이 쓰인 문헌이다.

11 다음 중 중세시대의 문헌과 사용된 방언이 잘못 짝지어진 것은?
① "Ormulum" – 동중부 방언
② "The Owl and the Nightingale" – 남부 방언
③ "Piers Plowman" – 서중부 방언
④ "The Pricke of Conscience" – 북부 방언

12 흑사병(Black Death), 백년전쟁(Hundred Years' War), 노르망디 상실(Loss of Normandy)은 모두 프랑스어에 대한 영어의 지위 회복에 기여하였고, 노르만 정복(Norman Conquest)은 영어의 지위가 약화되기 시작한 계기이다.

12 중세영어 시기 영어의 지위 복권에 영향을 준 역사적 사건이 아닌 것은?
① Black Death
② Hundred Years' War
③ Loss of Normandy
④ Norman Conquest

정답 10 ④ 11 ② 12 ④

13 다음 중 마지막으로 일어난 사건은?

① 소송법 제정
② 노르망디 상실
③ 헨리 4세 즉위
④ 농민의 난

13 선지의 사건들을 연대순으로 나열
하면 '노르망디 상실(1204년) → 소
송법 제정(1362년) → 농민의 난
(1381년) → 헨리 4세 즉위(1399
년)'이다.

14 다음 중 중세영어의 외면사에 대한 설명으로 가장 옳지 <u>않은</u>
것은?

① 정복자 윌리엄의 손자인 헨리 2세는 최초의 플랜태저넷 출
신 영국왕이다.
② 대부분의 일반 대중은 영어를 사용하였다.
③ 노르만 정복으로 영어는 공용어로서 지위를 공고히 하였다.
④ 존 왕은 프랑스와의 전쟁에서 패배하여 프랑스 내 영국 소
유 영토 대부분을 빼앗겼다.

14 노르만 정복으로 인하여 영어는 공
용어로서의 지위를 프랑스어에 내
주었다.

15 다음 예시에 나타난 중세영어의 음운변화는?

- 'child' OE [ʧild] > ME [ʧiːld]
- 'womb' OE [wamb] > ME [waːmb]
- 'ground' OE [grund] > ME [gruːnd]

① vowel epenthesis
② vowel deletion
③ vowel shortening
④ vowel lengthening

15 고대영어의 단모음은 'mb, nd, ŋg,
ld, rd, rð, rz, rl, m'와 같은 자음군
(consonant clusters) 앞에 나타날 때
장음화되는 장모음화(vowel length-
ening)가 일어났다.

정답 13 ③ 14 ③ 15 ④

01 정답

제시된 문장은 중세영어 시기에 프랑스어의 영향으로 유행했던 비인칭구문이다. 중세영어에서 주어는 필수요소였기 때문에 비인칭동사가 종속절을 취할 때 주어 자리에 중성대명사 hit을 삽입하였다. 이 같은 문장구조는 현대영어의 It seems that 이나 It appears that 같은 구문으로 발전하였다.

02 정답

중세영어 형용사의 비교급과 최상급은 각각 어미 -re(이후 치환에 의해 -er)와 -est를 이용하여 만들었다. 일부 형용사는 고대영어와 마찬가지로 예문 a와 c에서처럼 모음변이를 보였지만, 예문 b와 d에서처럼 모음변이 없이 유추에 의해 원급과 동일한 모음을 사용하기도 하였다.

주관식 문제

01 다음 두 문장은 중세영어 시기에 유행했던 구문 중 하나이다. 이 구문에 대해 간략하게 서술하시오.

> • Hit sceameth me þat he me syheth.
>   it shames me that he me sees
>   'It is a shame to me that he sees me.'
> • Hit likode him þat i eode.
>   it liked him that I left
>   'It was pleasing to him that I left.'

02 다음에 제시된 중세영어 형용사의 활용 형태를 이용하여 비교급과 최상급에 대해 간략하게 서술하시오.

> a. old-elder-eldest
> b. old-older-oldest
> c. long-lenger-lengest
> d. long-longer-longest

03 다음 문장들을 활용하여 중세영어 관계대명사의 용법이 현대 영어와 차이를 보이는 부분에 대해 기술하시오.

> a. Thisse man, that is our neighbor is Jones.
>   'This man, who is our neighbor, is Jones.'
> b. He hathe seyd that he woold lyftre them whom that hym plese.
>   'He has said that he would lift them who he pleases.'
> c. He rystid from all his wek the which he hadde fulfyllide.
>   'He rested from all his work which he had finished.'

03 정답

불변화대명사인 that이 중세영어의 대표적인 관계대명사 역할을 수행하였는데, 예문 a에서 볼 수 있듯이 that은 현대영어와 달리 중세영어에서는 계속적인 용법이 가능하였다. 예문 b는 wh-형 관계대명사 뒤에 의미 없는 that이 따라오는 경우를 보여주고 있는데, 이때 사용되는 that은 관계대명사라기보다는 종속절의 시작을 알리는 일종의 접속사로 볼 수 있다. 예문 c에서는 wh-관계사 앞에 the를 붙이는 관계절을 보여주고 있다.

04 다음에 제시된 고대영어와 중세영어의 문장을 비교하고 그 차이를 기술하시오.

> OE   Eorþe is full mildheortnysse Drihtne.
> ME   The earth is filled with the mercy of God.

04 정답

중세영어에서 굴절어미의 탈락으로 인하여 명사격에 대한 정보 파악이 불가능해져 전치사의 사용이 확대되었고, 이에 전치사 of를 이용한 속격 형태가 나타났다. 제시된 고대영어 문장에서 Drihtne의 속격과 mildheortnysse의 여격이 중세영어 문장에서 각각 of를 이용한 전치사구와 전치사 with로 대체되었다.

05 **정답**
런던(London)

05 다음 내용에서 괄호 안에 공통으로 들어갈 어휘를 쓰시오.

> 중세영어 후기인 15세기 후반 (   )을/를 중심으로 표준
> 영어가 등장하였다. 노르만 정복 이후 (   )은/는 정치·
> 종교·문화의 중심지로 대두되었고, (   )을/를 포함한
> 동중부 지역은 경제의 중심지가 되었다. 14세기에 유행한
> 흑사병은 사회계층의 이동을 가속화하였고, 에식스와 동앵
> 글리아 출신 소작농들이 신분상승을 위해 (   )(으)로 대
> 거 이주하였다. 영국의 중간지대에 위치한 동중부 지역에
> 는 옥스퍼드와 케임브리지 두 명문 대학이 있어 동중부 방
> 언은 표준어가 되기에 유리하였다. 종교개혁가 존 위클리
> 프는 옥스퍼드 대학에서 수학하였고, 존 가워와 제프리 초
> 서도 (   )영어를 사용한 것으로 유명하다. (   )영어의
> 표준화에 지대한 영향을 끼친 이가 바로 영국 최초의 인쇄
> 출판업자인 윌리엄 캑스턴이다. 다양한 방언의 철자법 중
> 에서 (   ) 방언의 철자와 문법을 채택함으로써 (   )
> 방언이 영국 각지로 확산되었다.

06 문장의 어순과 관련하여 고대영어와 중세영어가 보이는 차이점을 기술하시오.

06 정답
고대영어에서는 굴절어미가 고도로 발달하였기 때문에 명사의 문장 내 위치와 관계없이 어미로써 격에 대한 정보 파악이 가능하여 유동적인 어순이 가능하였다. 하지만 중세영어에서는 굴절어미의 소멸로 인하여 격에 대한 정보 파악이 불가능해졌고, 이에 영어는 자연스럽게 고정된 어순을 가지게 되었다. 중세영어에서 어순 이외에 전치사 또한 굴절어미의 대체수단으로 기능하였고, 전치사구의 사용이 두드러지게 증가하였다. 이처럼 중세영어에서는 한 단어의 어미변화를 여러 단어로 이루어진 구로써 표현하는 우언법이 활성화됨으로써, 영어는 복잡한 굴절체계를 가진 종합적 언어에서 여러 단어로 풀어 쓰는 분석적 언어로 거듭나게 되었다.

07 다음 내용은 어떤 문헌에 대한 설명인지 작품의 제목을 쓰시오.

- 제프리 초서가 쓴 중세영어의 대표적 텍스트이다.
- 1387년에서 1400년 사이에 쓰였다.
- 작품의 주인공은 다양한 직업을 가진 30명 정도의 사람들이다.
- 약강 오음보의 전형으로서 두 시행의 끝 낱말을 압운시키는 각운이 나타난다.

07 정답
캔터베리 이야기(The Canterbury Tales)

08 **정답**
평준화(leveling, merging)

08 다음 내용은 무엇에 대한 설명인지 음운현상의 명칭을 쓰시오.

- 중세영어 비강세음절의 모음이 [ə]로 약화되었다.
- 강세가 없는 어말의 'a, o, u'가 e로 바뀌게 되고, [ə]로 발음이 약화되었다.
- 다른 형태를 가진 어미들이 하나의 형태로 통일되는 현상을 일컫는다.

09 **정답**
1066년 노르망디 공작 윌리엄이 영국을 정복함으로써 지배층인 노르망디 출신 귀족들이 사용하는 프랑스어가 영국의 공식적인 언어가 되었다. 이후 200여 년간 프랑스어는 영국 상류사회의 일상적인 언어로 자리매김한 반면, 인구의 90% 이상을 차지했던 일반 대중은 영어를 사용하였다.

09 노르만 정복 이후 영국의 언어에 대해 간략하게 서술하시오.

10 다음 내용은 노르만 정복 이후 영국에서 일어난 일련의 역사적 사건이다. 괄호 안에 들어갈 알맞은 단어를 차례대로 쓰시오.

> • 존 왕이 영국 소유의 프랑스 영토 대부분을 프랑스에게 빼앗김에 따라 영국 귀족들은 자유롭게 오가던 (㉠)을/를 더 이상 갈 수 없게 되었다.
> • 100여 년에 걸친 영국과 프랑스 간의 (㉡)에서 프랑스에 패배한 영국은 더 이상 적국의 언어를 사용할 이유가 없어졌고, 영어가 공식언어로 자리매김하게 되었다.
> • (㉢)(으)로 인해 노동력이 부족해졌고 도시로 몰려든 농민들의 경제적 지위가 상승함에 따라 그들이 사용하던 언어 또한 중요해졌다.
> • 1362년 모든 소송을 영어로 진행할 것을 지시하는 (㉣)이/가 제정됨으로써 영어가 법원의 공식언어가 되었다.

10 **정답**
㉠ 노르망디
㉡ 백년전쟁
㉢ 흑사병
㉣ 소송법

해설
㉠ 노르망디 : 존 왕이 프랑스에 노르망디를 빼앗긴 사건을 계기로 프랑스어와 영어의 위상이 바뀌게 되고, 노르망디 상실로 인해 존은 실지왕(Lackland)이라는 불명예스러운 별칭을 얻게 되었다.
㉡ 백년전쟁 : 서로 감정의 골이 깊었던 영국과 프랑스는 1337년 또다시 충돌하고, 이후 1453년까지 지속된 백년전쟁에서 결국 영국이 대패하였다.
㉢ 흑사병 : 백년전쟁 제1기가 진행 중이던 1348년 영국에 최초 발병하였으며, 당시 치사율이 100%에 달했고, 이때 영국 전체 인구의 30% 이상이 사망하였다.
㉣ 소송법 : 에드워드 3세는 프랑스 왕위 계승권 논의에 대한 의회를 소집하였을 때 영어로 연설하였고, 또한 백년전쟁 제2기가 진행 중이던 1362년 모든 소송을 영어로 진행할 것을 지시하는 소송법(Statute of Pleading)이 제정되었다.

SD에듀와 함께, 합격을 향해 떠나는 여행

제 **4** 편

초기현대영어 시대 (1500~1800)

| 단원 개요 |

본 편은 다음과 같은 내용으로 구성된다. 제1장에서 영국의 외면사를 알아본다. 제2장에서 초기현대영어의 문자와 발음을 살펴본다. 제3장에서 초기현대영어의 단어를 알아본다. 제4장에서 초기현대영어의 구와 문장을 알아본다. 제5장에서 초기현대영어의 대표 문헌을 살펴본다.

| 출제 경향 및 수험 대책 |

- 문예부흥(르네상스, Renaissance)에 대해 살펴본다.
- 영국의 종교개혁(Reformation)을 살펴본다.
- 왕정복고(Restoration)에 대해 알아본다.
- 윌리엄 셰익스피어와 그의 작품을 살펴본다.
- 킹 제임스 『흠정영역성서』를 살펴본다.
- 사무엘 존슨의 영어사전을 알아본다.
- 초기현대영어의 문자를 살펴본다.
- 초기현대영어의 발음을 모음, 자음, 강세별로 알아본다.
- 초기현대영어의 단어를 품사별로 살펴본다.
- 초기현대영어의 명사구와 동사구를 살펴본다.
- 초기현세영어의 문장변화를 알아본다.
- 초기현대영어의 대표 문헌인 로즈메리와 창세기를 살펴본다.

제 1 장 | 외면사

초기현대영어 시기는 시작점이 1509년 헨리 8세의 즉위와 시대적으로 일치하며, 이후 영국의 식민지 팽창시기인 약 1800년까지로 본다. 초기현대영어 시기에 영국 역사의 분수령이 된 세 가지 사건은 일명 '3가지 R'(Three Rs)이라 일컬어지는 문예부흥(Renaissance), 종교개혁(Reformation), 왕정복고(Restoration)이다. 또한 영국의 초기현대영어 발달사에 있어 매우 중요한 기념비적인 사실(인물·서적)로 꼽히는 세 가지는 바로 윌리엄 셰익스피어(William Shakespeare, 1564~1616), 『흠정영역성서』(King James Bible), 사무엘 존슨(Samuel Johnson)의 『영어사전』(A Dictionary of the English Language)이다.

[주요 사건이 일어난 연도]

시기	주요 사건
1509년	헨리 8세 즉위
1534년	헨리 8세의 수장령 공포
1553년	메리 1세 즉위
1558년	엘리자베스 1세 즉위
1603년	제임스 1세 즉위
1611년	『흠정영역성서』 발간
1616년	셰익스피어 사망
1625년	찰스 1세 즉위
1642년	잉글랜드 내전 발발
1649년	찰스 1세 처형
1653년	공화정 수립
1660년	찰스 2세의 왕정복고
1714년	조지 1세 즉위
1776년	미국의 독립선언

제1절 **문예부흥(르네상스, Renaissance)** 중요

르네상스는 학문이나 예술의 부활이나 재생을 뜻하는 것으로, 인간의 가치를 다른 어떤 것보다 우선시하는 인문주의 사상이다. 르네상스 시기는 15세기 이탈리아에서 시작하여 유럽대륙에서는 16세기 중반까지로 보지만 영국의 르네상스 시기는 대략 1500~1650년으로 본다. 영국의 르네상스 시기는 종교개혁과 거의 맞물려, 르네상스의 인간중심사상은 영국 인문주의자들에 의해 가톨릭 교회를 비판하는 데 이용되었다. 즉, 라틴어 사용을 배제하고 영어의 순수주의를 주장함으로써 이후 엘리자베스 1세 시대 영문학 번영의 초석이 되었다.

영국의 르네상스를 가속화시킨 것은 **윌리엄 캑스턴**(William Caxton, 1422~1492 추정)의 인쇄술 도입이라고 해도 과언이 아니다. 독일 쾰른으로부터 인쇄술을 들여온 캑스턴은 1476년 웨스트민스터에 인쇄소를 차리고 수많은 문학 작품을 출간하였는데, 제프리 초서(Geoffrey Chaucer, 1340~1400 추정)의 『캔터베리 이야기』(The Canterbury Tales)를 비롯하여 100여 권의 도서를 발간하였다. 캑스턴의 인쇄술 도입은 서적의 대량 인쇄를 가능하게 함으로써 성직자들의 전유물이었던 성서를 대중화하였고, 이는 궁극적으로 문맹률 감소로 이어졌다. 특히 새로이 등장한 중산층은 라틴어나 프랑스어보다는 영어로 출간된 도서를 선호하였으므로 영어 도서의 대량 출간은 서민층에게도 교육의 기회를 제공하는 역할을 하였다. 또한 당시 영국에는 다양한 지역 방언이 존재하였고, 그중에서 캑스턴은 런던 방언을 택하여 인쇄 작업을 하였다. 이로써 런던 방언으로 출간된 도서들을 영국 전역에서 접할 수 있게 되었고, 이는 영어 문어가 표준화되는 효과를 가져왔다.

제2절 **종교개혁(Reformation)** 중요

영국의 종교개혁은 **헨리 8세**(Henry VIII, 1509~1547 재위)의 이혼문제가 발단이 되었다. 헨리 8세의 첫 번째 부인은, 형인 아서(Arthur)의 부인 스페인의 캐서린(Catherine of Aragon) 공주였다. 형이 죽고 난 후 정략적 목적으로 형수와 혼인한 헨리 8세는 캐서린과의 사이에서 딸 메리(Mary Tudor, 이후 메리 1세)를 얻는다. 하지만 곧 캐서린의 시녀 앤 불린(Anne Boleyn)과 바람을 피우고 앤 불린이 임신하자 교황에게 캐서린과의 이혼을 요구한다. 스페인의 영향력을 무시할 수 없었던 교황은 스페인 공주 캐서린과의 이혼 요구를 거절하였고, 이에 헨리 8세는 **수장령**(Act of Supremacy, 영국 국왕이 곧 영국 교회의 최고 수장임을 정한 법률)을 선포한 뒤 로마 가톨릭 교회로부터 독립한다. 이후 헨리 8세는 영국 내의 모든 가톨릭 교회와 수노원을 해산시키고 교회의 재산을 몰수하는 등 가톨릭을 탄압하였고, 로마 가톨릭 교회와 분리된 영국 국교인 **성공회**(Anglican Church)를 새로이 만든다.

[헨리 8세(Henry VIII)][1]

로마 가톨릭 교회의 탄압과 더불어 성경책의 영어 번역 작업이 가속화되었다. 이는 로마 가톨릭의 언어인 라틴어 성경에서 벗어나고자 했던 자연스러운 움직임이었고, 이는 곧 개신교 사상(protestant thinking)과 일치하였다. 오직 라틴어를 통해서만 예배가 가능했던 기존의 로마 가톨릭과 달리 이제 영국에서는 영어로써 신에게 다가갈 수 있다는 생각이 널리 퍼지게 되었다. 영어 성경책의 출간으로 고위 성직자 등 극소수만의 전유물이었던 기도와 예배가 대다수의 평민들에게도 가능한 것이 되었다. 이때 발간된 『기도서』(Book of Common Prayer, 1549)는 지금도 영국 국교회의 공식 기도서로 지정되어 있으며, 기도서의 내용 중 "우리는 하나님과 신도들 앞에서 신혼부부의 거룩한 결혼식을 진행하기 위해 모였습니다"(Dearly beloved, we are gathered here in the sight of God and in the face of this congregation, to join together this man and this woman in Holy Matrimony)는 현재까지도 결혼식에서 사용되는 유명한 구절이다.

---

1) Hans Holbein the Younger, c.1537, 28 x 20 cm, Thyssen-Bornemisza Museum, Madrid

The House of Tudor

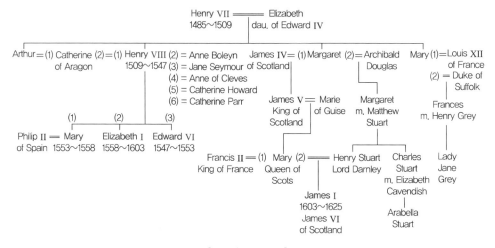

[튜더 왕조 가계도]

헨리 8세가 죽고 난 뒤 왕위에 오른 캐서린 공주의 딸 메리 1세(Mary I, Bloody Mary, 1553~1558 재위)는 어머니의 원한을 갚기라도 하듯 개신교도(Protestants)에 대한 피의 복수를 감행하고 로마 가톨릭 교회로 복귀하였다. 난소암에 걸려 죽기 전까지 5년간의 재위기간 내내 공포정치를 펼친 메리 1세의 뒤를 이어 앤 불린의 딸 엘리자베스 1세(Elizabeth I, 1558~1603 재위)가 즉위하였다. 엘리자베스 1세는 로마 가톨릭과 개신교의 중간 입장을 취함으로써 교회의 안정화를 꾀하였으나, 개신교의 일파인 청교도(Puritans)는 그녀의 모호한 종교적 신념에 불만을 가졌다. 이것이 이후 찰스 1세 재위기간 중 일어난 청교도 혁명(Puritan Revolution, 1642~1649)의 불씨가 되었다.

[메리 1세(Mary I)][2]

---

2) https://www.britannica.com/biography/Mary-I

[엘리자베스 1세(Elizabeth I)][3]

제3절 ┃ 왕정복고(Restoration) 〈종요〉

후사가 없던 처녀여왕(Virgin Queen) 엘리자베스 1세의 뒤를 이어 친척이었던 당시 스코틀랜드 왕 제임스 1세(James I, 1603~1625 재위)가 영국의 왕으로 추대되었다. 왕권신수설(Divine Right of Kings)을 주장한 제임스 1세는 의회와 갈등을 빚었고, 이후 그의 아들 찰스 1세(Charles I, 1625~1649 재위)는 절대주의를 더욱 강화하였다. 의회의 허락 없이 세금을 부과하고 군법을 일반인에게까지 적용하는 등 권력을 남용하여 의회와 마찰을 빚었다. 또한 찰스 1세는 당시 중산층을 이루고 있던 청교도를 박해하고 스코틀랜드에 성공회를 강요하여 잉글랜드와 스코틀랜드 간 전쟁(주교전쟁, Bishops' Wars)을 초래하였고, 이는 결국 잉글랜드 내의 정치적·종교적 불안정 요인을 야기하였다. 주교전쟁 이후 북아일랜드 지방에서 발생한 내란을 진압하기 위해 찰스 1세는 의회에 자금을 요청하였다. 의회가 이를 거절하자 국왕과 의회 간 갈등이 최고조에 치달았고, 1642년 왕당파(Royalists)와 의회파(Parliamentarians) 사이에 잉글랜드 내전(English Civil War)이 발발하였다. 왕당파는 '북서부 지역을 기반으로 한 성공회 소속 귀족, 젠트리 및 소작농들'이었고, 의회파는 '남동부 공업 지역의 청교도(Puritans) 귀족, 젠트리, 자유농민, 상공인들'이었다. 올리버 크롬웰(Oliver Cromwell, 1599~1658)을 필두로 한 의회파는 왕당파를 대파하였고, 1649년 국왕인 찰스 1세를 처형하였다. 청교도라는 종교적 그룹이 혁명의 주요한 요소였기에 이를 **청교도 혁명**(Puritan Revolution)이라 부른다. 이로써 영국은 군주제가 폐지되고 **공화제가 수립**되었지만, 실상은 크롬웰을 호민관(Lord Protector)으로 한 독재정치였다. 지나치게 금욕적이고 엄격한 생활을 강조한 청교도는 민심을 잃게 되었고, 크롬웰 사후 프랑스에서 망명 중이던 찰스 1세의 아들 찰스 2세가 왕으로 추대되면서 **왕정복고**(Restoration)가 이루어졌다. 공화정 시기의 엄격했던 언어 사용은 왕정복고 시기에 들어서 쉽고 명료한 영어를 사용하는 기류로 바뀌게 되었다.

---

3) https://www.britannica.com/biography/Elizabeth–I

왕권신수설(Divine Right of Kings)

국왕이 신성한 권위와 권력을 갖고 있다고 주장하는 이론으로, 국왕은 신으로부터 부여된 신성한 허가를 통해 통치 권한을 행사하며, 그 권력은 토착적이고 절대적인 것으로 여겨진다. 왕권신수설은 권위 있는 국가 지도자가 자신의 권력을 합법화하고 독립적으로 행사할 수 있는 기반이 되었다. 이 이론은 주로 중세 유럽에서 보급되었으며, 제임스 1세는 이를 강력하게 주장하여 왕권의 합법성을 뒷받침하였다.

주교전쟁(Bishops' Wars, 1639~1640)

주교전쟁은 17세기 초 영국과 스코틀랜드 사이에 벌어진 두 차례의 군사적 충돌을 가리킨다. 1639년 발발한 첫 번째 주교전쟁은 정교회의 개혁 정책에 대한 스코틀랜드의 반발로 시작되었다. 1차 전쟁은 종교의 자유를 수호하기 위한 스코틀랜드의 승리로 끝났고, 전쟁에 패한 찰스 1세의 권력이 약화되었다. 2차 주교전쟁은 1640년에 발발하였고 1차 전쟁으로 인한 민감한 상황과 영국의 내정 문제로 악화되었다. 이번에도 스코틀랜드가 군사적 우위를 점하였고, 영국 내 찰스 1세에 대한 반발이 더욱 심해졌다. 주교전쟁은 영국 내의 정치적·종교적 불안정 요인을 야기하여 결국 잉글랜드 내전(English Civil War, 1642~1651)으로 이어지게 되었다.

제4절 언어사적 기념비

영국의 초기현대영어 발달사에 있어 매우 중요한 세 가지 기념비로 윌리엄 셰익스피어(William Shakespeare), 『킹 제임스 흠정역』(흠정영역성서, King James Bible), 사무엘 존슨(Samuel Johnson)의 『영어사전』(A Dictionary of the English Language)을 꼽을 수 있다.

1 윌리엄 셰익스피어(William Shakespeare) 중요

윌리엄 셰익스피어(1564~1616)는 엘리자베스 1세(1558~1603 재위) 재위기간에 에이번주의 스트랫퍼드(Stratford-upon-Avon)에서 태어났다. 18세에 앤 해서웨이(Ann Hathaway)와 결혼하여 딸인 수잔나(Susanna)와 쌍둥이 햄닛(Hamnet)과 주디스(Judith)를 두었고, 20대 중반 런던에서 각광받는 배우 겸 작가가 되었다. 1610년에 은퇴하여 고향인 스트랫퍼드로 귀향하였고, 1616년에 눈을 감을 때까지 유복한 삶을 살았다.

[윌리엄 셰익스피어(William Shakespeare)][4]

셰익스피어는 약 20여 년간 장편시 2편, 소네트(14행시) 154편, 연극 37편을 완성한 대단히 생산적인 작가였다. 여전히 건재한 런던의 극장 셰익스피어 글로브(Shakespeare's Globe)는 1599년 런던 서더크(Southwark)에 글로브극장(The Globe)이란 이름으로 개장하여 셰익스피어의 4대 비극인 『햄릿』(Hamlet), 『오셀로』(Othello), 『맥베스』(Macbeth), 『리어왕』(King Lear)을 최초로 상연하였다.

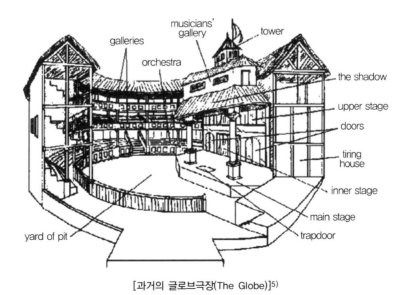

[과거의 글로브극장(The Globe)][5]

---

4) https://en.wikipedia.org/wiki/Cobbe_portrait#/media/File:Cobbe_portrait_of_Shakespeare.jpg
5) https://shakespeareantheaters.weebly.com/the-globe.html

(1) 셰익스피어가 사용한 문법의 특징

초기현대영어에 해당되는 셰익스피어의 작품 속 영어는 현대영어와 사뭇 다르다. 우선 셰익스피어가 사용한 영어 문법은 다음과 같이 몇 가지 뚜렷한 특징을 지니고 있다.

① 3인칭 단수 현재형을 나타내는 데 -s와 -th를 사용하였다. 이는 현대영어의 3인칭 단수 현재형으로 -s만이 사용되는 것과 비교된다. 다음에 제시된 『베니스의 상인』(The Merchant of Venice)에 나오는 대사 중 일부를 통해 이 같은 사실을 확인할 수 있다.

> The quality of mercy is not strain'd,
> It *droppeth* as the gentle rain from heaven
> Upon the place beneath: it is twice blest;
> It *blesseth* him that *gives* and him that takes

② 셰익스피어 작품 속에는 부정문이나 의문문에 do 구문(do-construction)이 사용되지 않는 표현을 쉽게 찾아볼 수 있다(예 Goes the king hence to-day?). 현대영어에서 "Does the king go hence today?"라고 do 동사를 써야 올바른 문법으로 간주되는 것과 대조적이다.

③ 현대영어에서는 선행사가 사람일 때 which 대신 who를 사용하지만, 셰익스피어 작품에서는 which 또한 가능하였다. 이는 『템페스트』(The Tempest)의 "The mistress *which* I serve"라는 구문에서 확인할 수 있다.

④ 현대영어에서는 2인칭 단수대명사가 you 하나이지만, 셰익스피어 작품에서는 you와 함께 thou와 thee도 사용되었다. 다음에 제시된 『리처드 3세』(Richard III)의 대사에서 이를 확인할 수 있는데, 여기서 귀족인 Clarence 공작은 자신의 하인을 향해 친근한 형태인 thou를, 하인은 공작을 향해 you를 사용하고 있다.

> Clarence   : Where art *thou*, keeper? Give me a cup of wine.
> Second Murderer : *You* shall have enough wine, my lord, anon.

더 알아두기

thou와 thee

영어에서 you는 처음에 복수 형태로 쓰이다 이후 단수와 복수 모두를 지칭하게 되었다. 본래 thou와 thee는 한 사람을 지칭할 때 사용되어 thou는 주어 자리에(예 I hope thou wilt), thee는 목적어 자리에 (예 I give thee my troth) 나타났고, 이는 성경의 오래된 번역본이나 셰익스피어의 작품에서 흔하게 목격된다. 이 같은 형태는 지금도 성경의 전통적인 표현이나 기도 등에 남아 있어, 가령 성공회에서 결혼하는 신부는 다음과 같이 결혼 서약을 한다.

『성공회 기도서』(Book of Common Prayer, 1662)의 결혼서약문(The Form of Solemnization of Matrimony)
I[name] take thee[name] to my wedded husband, to have and to hold from this day forward, for better for worse, for richer for poorer, in sickness and in health, to love, cherish, and to obey, till death us do part, according to God's holy ordinance; and thereto I give *thee* my troth. (내[이름]는 이 사람[이름]을 남편으로 맞아 기쁠 때나 슬플 때나 부유하거나 가난하거나 아프거나 건강하거나 죽음이 우리를 갈라놓을 때까지 사랑하고 아끼며 순종할 것을 주님의 거룩한 의식에 따라 당신께 서약합니다.)

---

(2) 셰익스피어가 사용한 어휘의 특징

다음으로 셰익스피어의 어휘를 살펴보자. 셰익스피어는 대략 32,000개의 어휘를 사용했다고 알려져 있는데, 이는 다른 작가들이 사용한 어휘 개수와 비교했을 때 상당히 높은 수치이다. 특히 그는 어마어마한 수의 낱말을 차용하고 새로 만들어낸 천재적 어휘 주조자로, 영국 역사상 가장 많은 수의 단어를 만든 작가로 손꼽힌다. 다음은 그의 작품 속에 사용된 신조어들이다.

작품	사용된 신조어
『당신 뜻대로』 (As You Like It)	eventful, lacklustre
『로미오와 줄리엣』 (Romeo and Juliet)	alligator, ladybird, fool's paradise, wild goose chase
『리어왕』 (King Lear)	dislocate, half-blooded, hot-blooded
『말괄량이 길들이기』 (The Taming of the Shrew)	cold comfort, break the ice
『맥베스』 (Macbeth)	assassination, bare-faced, dauntless, fitful, at one fell swoop, sound and fury, coign of vantage, come what come may
『베니스의 상인』 (The Merchant of Venice)	courtship, laughable, unchanging, all that glitters is not gold, flesh and blood, love is blind
『사랑의 헛수고』 (Love's Labours Lost)	obscene, naked truth
『실수연발』 (The Comedy of Error)	'Tis high time
『십이야』 (Twelfth Night)	hob-nob

『아테네의 타이먼』 (Timon of Athens)	castigate
『오셀로』 (Othello)	accommodation, aerial, critical, hint, vanish into thin air
『줄리어스 시저』 (Julius Caesar)	it's Greek to me
『안토니와 클레오파트라』 (Antony and Cleopatra)	coldhearted
『템페스트』 (The Tempest)	eyeball, majestic, brave new world, see change, misery acquaints a man with strange bed-fellows
『페리클레스』 (Pericles)	countless
『한여름 밤의 꿈』 (A Midsummer Night's Dream)	aggravate, pale-faced, swift as a shadow, the course of true love never did run smooth
『햄릿』 (Hamlet)	frailty thy name is woman, foul play, in my mind's eye, to the manner born, more in sorrow than in anger, there's the rub, the time is out of joint, though this be madness yet there is method in't, something is rotten in the state of Denmark, to hold as twere the mirror up to nature
『헨리 4세』 (Henry IV)	anchovy, dwindle, well-bred, out of house and home
『헨리 5세』 (Henry V)	besmirch, heart of gold, once more into the breach, puppy dog
『헨리 6세』 (Henry VI)	gloomy, gust, uneasy lies the head that wears a crown
『헨리 8세』 (Henry VIII)	unsolicited, for goodness' sake

(3) 셰익스피어가 사용한 발음의 특징

① 셰익스피어 시대의 [r]은 현대영어의 영국영어(RP, Received Pronunciation)보다는 미국영어(GA, General American)와 유사하였다. 즉, 'further'라는 단어를 발음할 때 [fərðər]로, 'word'는 [wərd]로 발음하여 현대 미국영어의 권설음(retroflex)과 유사하게 들렸을 것으로 추정된다.

② dance, after, bath와 같은 단어의 밑줄 친 모음의 경우 오늘날 영국영어(RP)의 발음인 [ɑː] 대신 미국영어의 [æ]로 발음되었다. 이중모음의 발음 또한 RP와 상당히 달라서 day는 [dɛː]로, told는 [toːld]로, time은 [təɪm]으로, our는 [əʊər]로 발음되었다. 다음은 『햄릿』의 유명한 독백(monologue) '죽느냐 사느냐 그것이 문제로다'(To be or not be)의 첫 번째 대사의 발음이다.

To be, or not to be - that is the question;
[tə biː ər nɒt tə biː ðæt ɪz ðə kwɛstʃən]
사느냐 죽느냐 그것이 문제로다

Whether 'tis nobler in the mind to suffer
[hwɛðər tɪz noːblər ɪn ðə məɪnd tə sʌfər]
마음속으로 참고 견디는 것이 더 고귀한 것인지

The slings and arrows of outrageous fortune
[ðə slɪŋz ən æroʒ əv əʊtrɛːʤəs fɔːrtən]
가혹한 운명의 화살을 맞고

Or to take arms against a sea of troubles,
[ɔːr tə teːk aːrmz əgenst ə seː əv trʌblz]
고통의 파도와 싸우는 것이 더 옳은 일인지

and by opposing end them.
[ən bəɪ əpoːzn end ðəm]
고통에 저항하여

2 『킹 제임스 흠정역』 종요

『흠정영역성서』라고도 하며, 영어로는 King James Bible 또는 The Authorized Version of the English Bible로 쓰인다. 초기현대영어 운문의 보고였던 셰익스피어 작품과 함께 알기 쉽고 간단한 어휘로 이루어진 성서는 일반 대중에게 큰 영향을 끼쳤다. 라틴어로 써진 중세영어 시대의 성서는 이해하기 어려웠지만 종교개혁자들의 성서 번역 덕분에 일반인들도 자유롭게 성서를 읽고 기도할 수 있게 되었다. 라틴어 성서를 영역하는 작업은 14세기 중세영어 시대에 존 위클리프(John Wycliffe, 1330~1384 추정)에 의해 시작되었다. 옥스퍼드에서 교육받은 성직자였던 그는 누구나 손쉽게 영어를 읽을 수 있어야 한다는 신념을 가지고 있었고, 영국 전역으로 선교사들을 보내 성경의 가르침을 전파하였다. 1381년 농민의 난(Peasants' Revolt) 이후 위클리프가 쓴 모든 글은 금서가 되었고, 그가 완수하지 못한 영역성서는 그의 사후 후계자들에 의해 이루어졌다. 위클리프의 영역성서는 15세기 정통파 교회의 박해로 널리 전파되지 못하였고, 약 150년간 더 이상의 번역본은 나오지 않았다.

[존 위클리프(John Wycliffe)][6]

1526년 윌리엄 틴들(William Tyndale, 1494~1536 추정)은 히브리어 원전의 신약성서(New Testament)를 영어로 번역하여 출간하였다. 이 같은 번역 작업은 독일 쾰른 지방에서 이루어졌고, 영국으로 비밀리에 들여온 영역성서가 발각되면서 틴들은 이단으로 몰려 사형 당한다. 위클리프의 성서에 비해 틴들의 성서는 시적으로 발전하였고, 비록 당시에는 인정받지 못하였지만 틴들의 성서에 사용된 수많은 표현들이 이후 『흠정영역성서』에 반영되었다. 헨리 8세 때 로마 교황과 결별한 이후 영국은 영역성서를 장려하였고, 이 같은 분위기에 힘입어 "Coverdale's Bible"(1535), "Matthew's Bible"(1537), "The Great Bible"(1539), "Geneva Bible"(1560), "The Bishop's Bible"(1568) 등과 같은 영역성서가 다수 출간되었다.

[윌리엄 틴들(William Tyndale)][7]

---

6) https://en.wikipedia.org/wiki/John_Wycliffe#/media/File:Wycliffe_by_Kirby.jpg
7) https://en.wikipedia.org/wiki/William_Tyndale#/media/File:Portrait_of_William_Tyndale.jpg

이 같은 다양한 영역성서를 집대성한 것이 1611에 발간된 『흠정영역성서』(The Authorized Version of the English Bible)이며, 이 성서는 영국의 초기현대영어 발달사에 있어 중요한 기념비로 여겨진다. 『흠정영역성서』는 제임스 왕(James I)의 지시로 54인의 저명한 신학자들이 영역하였기 때문에 미국에서는 흔히 '제임스 왕 성서'(King James Bible)라고 부른다. 일반 대중을 위한 평이하고 소박한 영어로 된 하나님의 가르침을 실현하기 위해 가장 기본적인 단어 8,000개를 사용하였고, 이는 32,000개의 단어를 사용한 셰익스피어와 비교된다. 『흠정영역성서』는 르네상스 시대 고전어의 영향력으로 인해 사라질 위기에 처해 있던 오래된 수많은 앵글로색슨 어휘를 포함시킨 것으로도 잘 알려져 있다. 다음은 마태복음의 일부로 이를 통해 고대로부터 현대에 이르기까지 영역성서의 변천사를 엿볼 수 있다.

(1) 후기 고대영어(웨스트색슨 복음서, 1000 추정)

> And æfter six daȝum nam se Hælend Petrum, and Iacobum, and Iohannem, hys broðor, and lædde hiȝ on-sundron on ænne heahne munt, and he wæs ȝehiwod beforan him. And his ensyn scean swa sunne; and hys reaf wæron swa hwite swa snaw. And efne! ða ætywde Moyses and Helias, mid him sprecende. Ða cwæþ Petrus to him, Drihten, god ys us to beonne. ȝyf ðu wylt, uton wyrcean her þreo eardung-stowa, ðe ane, Moyse ane, and Helie ane.

(2) 중세영어(위클리프 버전, 1382 추정)

> And after sexe dayes Jhesus toke Petre, and Jamys, and Joon, his brother, and ledde hem asydis in to an hiȝ hill, and was transfigured bifore hem. And his face schoon as the sunne; forsothe his clothis were maad white as snow. And lo! Moyses and Helye apperiden to hem, spekynge with hym. Sothely Petre answerynge seid to Jhesu, Lord, it is good vs to be here. ȝif thou wolt, make we here three tabernaclis; to thee oon, to Moyses oon, and oon to Helie.

(3) 초기현대영어(킹 제임스 성서, 1611)

> And after six days Jesus taketh Peter, James and John his brother, and bringeth them up into an high mountain apart, and was transfigured before them: and his face did shine as the sun, and his raiment was white as the light. And, behold, there appeared unto them Moses and Elias talking with him. Then answered Peter, and said unto Jesus, Lord, it is good for us to be here: if thou wilt, let us make here three tabernacles; one for thee, and one for Moses, and one for Elias.

(4) 현대영어(새 개정 버전, 1989)

> Six days later, Jesus took with him Peter and James and his brother John and led them up a high mountain, by themselves. And he was transfigured before them, and his face shone like the sun, and his clothes became dazzling white. Suddenly there appeared to them Moses and Elijah talking with him. Then Peter said to Jesus, 'Lord, it is good for us to be here; if you wish, I will make three dwellings here, one for you, one for Moses, and one for Elijah'.

(5) 한글번역

> 엿새 후에 예수께서 베드로와 야고보와 그 형제 요한을 데리고 따로 높은 산에 올라가셨더니 그들 앞에서 변형되사 그 얼굴이 해 같이 빛나며 옷이 빛과 같이 희어졌더라. 그 때에 모세와 엘리야가 예수와 더불어 말하는 것이 그들에게 보이거늘 베드로가 예수께 여쭈어 이르되 주여 우리가 여기 있는 것이 좋사오니 만일 주께서 원하시면 내가 여기서 초막 셋을 짓되 하나는 주님을 위하여, 하나는 모세를 위하여, 하나는 엘리야를 위하여 하리이다.

3 사무엘 존슨(Samuel Johnson)의 『영어사전』(A Dictionary of the English Language)

1635년 프랑스 Richelieu 추기경은 프랑스어 표준화를 목표로 프랑스 학회(Academie Francaise)를 창립하였다. 이에 필적하는 영어 학회(English Academy)의 지지자는 아일랜드 성직자 조너선 스위프트(Jonathan Swift, 1667~1745)였다. 풍자소설(prose satire)인 『걸리버 여행기』(Gulliver's Travels)로 유명한 스위프트는 언어에 있어 극단적인 순수주의자(purist)이자 규범문법학자(prescriptivist)였다. 그에게 있어 모든 언어변화는 곧 타락을 의미하였다. 다음에 제시된 예와 같은 모든 종류의 축약어는 '영어의 치욕'(disgrace of our language)이라고 비난하였다.

예

- mobile vulgus > mob
- reputation > rep
- incognito > incog
- disturbed > disturb'd

[조너선 스위프트(Jonathan Swift)][8]

1712년 옥스퍼드 백작에게 보낸 "영어를 올바르게 고치고 개선하고 고정하기 위한 제언"(A Proposal for Correcting, Improving and Ascertaining the English Tongue)에서 축약형을 사용하는 이들을 향해 '멋만 부리는 무식하고 얼빠진 시인과 어린 애들'(illiterate Court Fops, half-witted Poets, and University Boys)이라며 강도 높게 비판하였다.

조너선 스위프트 이외에 존 체크(John Cheke), 토머스 윌슨(Thomas Wilson), 에드먼드 스펜서(Edmund Spenser) 등도 영어로 표현할 수 있는 단어들을 라틴어로 바꿔 사용하는 경우가 많아 영어의 순수성이 훼손된다며, 다음 표에서처럼 옛 영어 표현을 부활시키거나 영어 단어를 복합어로 만들어 사용하자고 주장하였다.

차용어	제안된 표현
conclusion	endsay
definition	saywhat
irony	dry mock
crossed	lunatic
banker	tabler

하지만 스위프트를 비롯한 영어 학회의 언어 순수주의는 언어 사용의 문제점을 명확하게 하였고, 사람들은 영어 사전의 필요성을 절감하게 되었다. 1755년 사무엘 존슨(Samuel Johnson, 1709~1784)은 "A Dictionary of the English Language"라는 제목의 사전을 편찬하였다. 이 사전은 영어 역사 최초의 포괄적이며 학문적인 영어사전으로서 영어 전체 역사에 있어 매우 중요한 이정표가 된다. 사무엘 존슨의 일대기는 유명한 전기 작가인 제임스 보즈웰(James Boswell)에 의해 널리 알려졌다. 사무엘 존슨은 미들랜드 리치필드(Lichfield, Midlands)에서 서적상의 아들로 태어났으며, 옥스퍼드 대학을 다녔지만 학위를 받지 못했으므로 그를 존슨 박사(Dr. Johnson)라 부르는 것은 이후에 받은 트리니티 칼리지(Trinity College)의 명예박사 학위 때문이다.

---

8) https://www.biography.com/authors-writers/jonathan-swift

[사무엘 존슨(Samuel Johnson)][9]

1747년 그가 발표한 "사전편찬계획서"(Plan of a Dictionary)에 따르면, '영어 발음을 수정하고 순수성을 보존하며 확실한 용법을 정리하여 유지기간을 늘리는'(by which the pronunciation of our language may be fixed, and its attainment facilitated; by which its purity may be preserved, its use ascertained, and its duration length-ended) 것이 사전편찬의 의도이며 '모든 변화는 그 자체로 악'(all change is of itself evil)이라고 규정하였다. 하지만 약 9년 후 사전이 완성되었을 때, 자신이 9년 전 서문에서 밝혔던 의견과 정확하게 반대 입장을 취하였다.

> When we see men grow old and die at a certain time one after another, from century to century, we laugh at the elixir that promises to prolong life to a thousand years; and with equal justice may the lexicographer be derided, who being able to produce no example of a nation that has preserved their words and phrases from mutability, shall imagine that his dictionary can embalm his language, and secure it from corruption and decay. (세기를 지나며 사람들이 늙고 죽는 것을 보면서 우리는 수천 년 지속되는 삶을 약속하는 불로장생의 약을 비웃게 된다. 마찬가지로, 변화로부터 어휘표현을 보존해 낸 어떤 국가의 예도 들 수 없고, 언어를 영원히 보존할 수 있다고 생각하는 사전편찬자는 비웃음을 살 것이다.)

존슨의 영어사전은 영어발달사에 지대한 영향을 끼쳤고 여러 세대를 거쳐 지표로 사용되었다. 이 사전의 철자법 상당수가 지금까지도 큰 변화 없이 사용되고 있지만, 일부 일관되지 않은 정의 및 개인적 편견을 포함하고 있어 이 부분에 대해서는 비판을 받았다(다음 박스 속 예시 참고). 하지만 존슨의 사전은 프랑스 한림원도 극찬하였듯이, 100년 걸릴 일을 세 명의 필사와 함께 9년 만에 완성하였고, 173년 후 『옥스퍼드 영어사전』(OED, The Oxford English Dictionary)이 출간되기 전까지 영국에서 가장 뛰어난 사전으로 평가받았다.

---

9) https://www.westminster-abbey.org/abbey-commemorations/commemorations/samuel-johnson

- **dull** : to make dictionaries is dull work
- **lexicographer** : a writer of dictionaries; a harmless drudge
- **pie** : any crust baked with something in it
- **network** : any thing reticulated or decussated, at equal distances, with interstices between the intersections
- **oat** : a grain, which in England is generally given to horses, but in Scotland supports the people

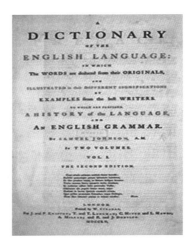

[사무엘 존슨의 영어사전(A Dictionary of the English Language)][10]

---

10) https://www.bl.uk/collection-items/samuel-johnsons-a-dictionary-of-the-english-language-1755

제 **2** 장 │ 초기현대영어의 문자와 발음

제1절   초기현대영어의 문자

초기현대영어는 인쇄술의 보급으로 철자가 안정화의 길로 들어선 시기이다. 오늘날 현대영어의 철자법은 이 시기에 거의 대부분 완성되었다고 볼 수 있다. 중세영어의 문자인 ʒ는 gh, y, s로 완전히 대체되어 초기현대영어에서는 더 이상 사용되지 않았다. 또한 Þ는 'the, that, thee'와 같은 기능어에서 철자 y로 사용되기도 하였는데, the와 thee는 yᵉ로, that은 yᵗ로 나타내었고 이들의 발음은 [y]가 아닌 [θ]와 [ð]였다. 이 같은 위 첨자의 사용은 생략을 나타내기도 하여 Mister는 Mʳ로, General은 Genˡ으로 표기하였다.

두 개의 서로 다른 문자가 동일한 것으로 취급되었던 예로 u와 v를 들 수 있다. 자음, 모음 관계없이 어두에서는 v로(예 very, vinegar), 그 밖의 위치에서는 u로(예 liue, seuen) 표기하였다. 그래서 오늘날 v가 쓰일 곳에 u로, u가 쓰일 곳에 v로 나타났는데 17세기 들어 u는 모음으로, v는 자음으로 구분하게 되었다. 철자 i와 j도 u/v와 마찬가지로 초기현대영어에서는 동일한 문자로 간주되었다. 주로 철자 i가 j의 기능을 대신하여 오늘날 j를 사용할 곳에 i로 표기한 경우를 볼 수 있다(예 Iohn, Iack, iaspre). 이 밖에 'long s'로 불리는 ʃ가 어말 위치를 제외한 곳에 사용되었다(예 cloʃe, deʃire, ʃhe).

모음 철자로는 ee가 [eː]로, ea는 [ɛː]로 발음되었다(예 meet[meːt], meat[mɛːt]). 초기현대영어 시기에 들어서서 y가 새로운 모음 철자로 각광을 받았는데, 철자 i 대신 사용하는 경우가 많았다(예 byleue > believe, lytell > little, myne > mine, ynough > enough). 이 밖에 어말 위치에 나타나는 철자 e는 선행모음의 길이를 표시하는 기능 외에, 어말에 i/o, u/v, z 등의 철자가 오는 것을 막기 위한 용도로 사용되었다(예 freeze, glue, lie, toe).

제2절   초기현대영어의 발음

1 초기현대영어의 모음

초기현대영어에는 14개의 단모음(monophthongs)과 5개의 이중모음(diphthongs)이 있었다.

> • 단모음 : [i, iː, e, eː, ɛː, æː, ə, ʌ, a, ɔː, o, oː, u, uː]
> • 이중모음 : [aɪ, aʊ, eɪ, iʊ, oʊ]

(1) 대모음추이(GVS, Great Vowel Shift) 중요

초기현대영어 시기에 일어난 모음변화 가운데 가장 두드러진 변화는 대모음추이이다. 대모음추이는 고대영어의 움라우트(umlaut)에 비교되는 변화로, 움라우트가 후설모음에서 전설모음으로의 횡적인 변화라면 대모음추이는 **저모음에서 고모음으로의 종적인 변화이다.** 대모음추이의 주된 내용은 **상승(raising)과 이중모음화(diphthongization)**로, '음운환경에 영향을 받지 않는 무조건적인(context-free) 변화, 단기간에 일어난 급격한 변화, 오직 영어에서만 일어난 변화'라는 특징을 가지고 있다. 모든 장모음에 대대적으로 일어난 대모음추이를 거치면서 영어 모음체계는 주변 유럽어와 차별화되는 성격과 함께 철자대로 소리 나지 않는 특이성을 갖게 되었다. 대모음추이의 원인은 확실하게 밝혀진 바가 없으나, 특정 모음군의 변화에 따라 모음사각도 상에 빈 공간이 생기고, 이것을 메우기 위해 다른 모음들 또한 움직이게 되는 일종의 연쇄반응이라는 설명이 가장 설득력이 있다.

[중세영어와 현대영어 모음 비교]

중세영어	현대영어	단어
[iː]	[aɪ]	hide
[eː]	[i]	beet
[ɛː]	[eɪ]	great
[aː]	[eɪ]	make
[uː]	[aʊ]	out
[oː]	[u]	soon
[ɔː]	[oʊ]	boat

중세영어와 현대영어의 모음 표에서 볼 수 있듯이 중세영어의 모든 장모음이 대모음추이를 통해 대대적으로 바뀌는데 이를 모음사각도로 나타내면 이해가 쉽다. 가장 일찍 일어난 변화는 고모음 [iː]와 [uː]가 이중모음 [əɪ]와 [əʊ]로 바뀐 것이다. 이후에 앞모음이 하강하여 최종적으로 [aɪ]와 [aʊ]로 변화한다. 고모음의 하강으로 인하여 빈 공간이 된 자리를 메우기 위해 중모음 [eː]와 [oː]가 고모음 [iː]와 [uː]로 상승한다. 마찬가지로 [ɛː]와 [ɔː]도 한 단계 상승하여 [eː]와 [oː]가 된다. 저모음인 [aː]는 일단 전설화되어 [æː]가 되었다가 [eː]로 변화한다.

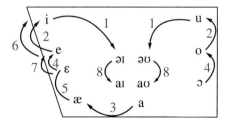

[대모음추이(Great Vowel Shift)][11]

---

11) https://www.thehistoryofenglish.com/early-modern-english

[중세영어에서 초기현대영어로의 모음변화]

변화	단어 예
[iː] → [əɪ](→ [aɪ])	bite, child, divine, find, hide, mine, side, wise
[uː] → [əʊ](→ [aʊ])	down, house, flour, now, out, round, south
[eː] → [iː]	beet, deep, feet, greet, keep, meet, seem, sheep
[oː] → [uː]	boot, choose, cool, food, goose, moon, soon
[aː] → [æː] → [ɛː] → [eː] → [iː]	ask, that, bake, cage, fame, mate, take
[ɛː] → [eː](→ [iː])	break, great, steak, clean, dream, heat
[ɔː] → [oː](→ [oʊ])	boat, holy, note, old, stone, whole

대모음추이가 일어난 각 단계별 연대는 정확하게 알 수 없다. 방언마다 그 시기가 달라, 가령 hide의 모음은 RP, 미국 동부, 일부 캐나다 지역 등에서 여전히 [əɪ]로 발음된다. 초기현대영어 시대의 작가들은 대모음추이를 작품에 이용하기도 하였다. 대표적인 예로 셰익스피어는 모음변화와 동음이의어로써 언어유희(pun)를 작품에 활용하였다. 다음에 제시된 『헨리 4세』의 한 장면을 통해 reason과 raisin의 모음변화를 이용한 언어유희를 볼 수 있다.

Poins : Come, your reason Jack, your reason.
Falstaff : What, upon compulsion? No; were I at the Strappado, or all the Racks in the World, I would not tell you on compulsion. Give you a reason on compulsion? If *Raisins* were as plentie as Blackberries, I would give no man a Reason upon compulsion.

중세영어 시기까지의 단어는 철자대로 읽으면 되었으나, 초기현대영어부터는 상황이 크게 달라졌다. 윌리엄 캑스턴(William Caxton)의 공헌으로 1475년에서 1630년 사이에 영어의 철자가 고정화되어 대모음추이는 현대영어의 철자에 전혀 반영되지 않았고, 이러한 이유로 현대영어의 철자와 발음 간 괴리가 커지게 된다. 특히 대모음추이로 인하여 동일한 어간에서 파생한 단어의 발음이 달라졌는데, 가령 divine/divinity 어휘쌍에서 divine은 대모음추이의 결과가 반영된 형태이고, divinity는 대모음추이의 대상인 장모음이 접사의 영향으로 단모음이 된 것이다. 이처럼 대모음추이는 동일한 어간임에도 불구하고 발음이 다른 이유를 설명해 준다.

모음	단어 예
[iː]	crime/criminal, divine/divinity, revise/revision
[uː]	abound/abundance, know/knowledge, south/southern
[eː]	exceed/excessive, keep/kept, serene/serenity
[oː]	goose/geese, moon/month, school/scholar
[æː]	grain/granular, insane/insanity, nature/natural
[ɔː]	cone/conical, tone/tonic

(2) 그 밖의 모음변화

① 단음화(shortening)

대모음추이로 인해 생겨난 [eː]와 [uː]가 [e]와 [u]로 모음의 길이가 짧아진다. [eː]는 [t, d, ð, f, v] 앞에서 [e]로, [uː]는 [t, d, k] 앞에서 [u]로 발음되었다.

예

- [eː] → [e] : breath, deaf, feather, head, heavy, sweat
- [uː] → [u] : foot, good, look, soot, stood, took

② [u] → [ʌ]

중세영어 [u]는 초기현대영어에서 [ʌ]로 바뀌어 현대영어와 동일한 발음이 되었다.

예 but, come, cut, husband, love, son, sun

③ [oː] → [uː] → [u] → [ʌ]

대모음추이의 결과로 [oː]가 [uː]로 변화한 후 단음화를 거쳐 [u]가 되고, 그중 일부는 다시 [ʌ]로 변화한다.

예

- [oː] → [uː] : cool, moon
- [oː] → [uː] → [u] : book, foot
- [oː] → [uː] → [u] → [ʌ] : blood, flood

④ [a] → [æ] 또는 [ɔ]

중세영어 [a]는 초기현대영어에서 [æ]로 변화하였다. 특히 [w] 뒤에서 [æ]로 변하기도 하였는데 이후 [w] 뒤의 [a]는 [ɔ]로 발전하였다.

예

- [a] → [æ] : apple, baron, cat, catch, glad, hand, man, that
- [a] → [ɔ] : swam, wander, wash, water

⑤ [aʊ] → [ɔː] 또는 [aː]

단모음 [u]는 어말의 [l] 또는 [l] + 순음 [f, m] 앞에서 이중모음인 [aʊ] 또는 [oʊ]로 변화하였다. 특히 [aʊ]는 [ɔː]가 되었고 이후 17세기경 [l] + 순음 앞에서 다시 [aː]로 변화하였다.

예

- [aʊ] → [ɔː] : all, chalk, small, talk, walk
- [aʊ] → [aː] : calm, half, palm

2 초기현대영어의 자음 중요

초기현대영어의 자음체계는 [x]와 [ç]의 소실 및 [ŋ]와 [ʒ]의 추가를 제외하고 중세영어와 동일하며, 현대영어의
자음체계는 이 시기에 확립되었다. 초기현대영어에서 나타난 자음의 두드러진 변화는 다음과 같다.

(1) 유성음화(voicing)

강세모음 앞에서 무성음이 유성음으로 변화한다.

예

- [s] → [z] : obsérve, posséss, presúme, resólve
- [ks] → [gz] : execute/exécutor, luxury/luxúrious, anxious/anxíety, exit/exíst

(2) 구개음화(palatalization)

구개음(palatal) [j] 앞에서 치경음(alveolar)이 구개음으로 변화한다.

예

- [s] + [j] → [ʃ] : mission
- [z] + [j] → [ʒ] : measure, pleasure, vision
- [t] + [j] → [tʃ] : fortune, suggestion, question
- [d] + [j] → [ʤ] : cordial, educate

(3) 자음군단순화(cluster simplification, deletion)

중세영어 때 음가를 가졌던 자음군이 단순화됨으로써 현대영어에서 볼 수 있는 묵음(silent letters)의 원인
이 된다.

예

- [kn] → [n] : knee, knock, know
- [gn] → [n] : gnarl, gnaw
- [wr] → [r] : write
- [mb] → [m] : climb, dumb, lamb, thumb, tomb
- [mn] → [m] : column, condemn, hymn, solemn
- [gn] → [n] : assign, design, foreign, reign, sign
- [st] → [s] : chasten, Christmas, fasten
- [ft] → [f] : often, soften
- [ŋg] → [ŋ] : hang, long, sing, strong, thing

3 초기현대영어의 강세

초기현대영어 시기의 단어는 게르만어와 로만스어 계통으로 구분하지 않고 단일한 강세규칙을 적용하였다. 중세영어에 존재했던 제2강세가 소멸하여 다음과 같은 변화를 보인다.

- 장모음 → 단모음 : pitee [pítè:] > pity [píti]
- 이중모음 → 단모음 : certain [sértàin] > [sértin]
- 단모음 → [ə] : coward [kúːàrd] > [kɔ́uərd]

이 같은 변화에도 불구하고 2가지 강세를 가지는 어휘가 있었다. 하지만 17세기 들어 주강세의 위치에 따라 품사를 구별하는 관습이 확립되었다.

- 두 가지 다른 강세

  áccess/accéss   cháracter/charácter   cómplete/compléte

  cónfiscate/confíscate   cómplete/compléte   démonstrate/demónstrate

  féllow/fellów   púrsuit/pursúit

- 강세에 따른 품사 구별

  ábsent$_{(adj)}$/absént$_{(v)}$ óbject$_{(n)}$/objéct$_{(v)}$ présent$_{(n)}$/presént$_{(v)}$

  prótest$_{(n)}$/protést$_{(v)}$ rébel$_{(n)}$/rebél$_{(v)}$

제 3 장 | 초기현대영어의 단어

제1절　명사

명사의 어미변화는 중세영어 시기에 대폭 단순화되었고, 중세영어 말기에 명사의 모든 굴절형태소가 사라지고 소유격 및 복수 어미(-es)만 남게 되었다. 복수 어미와의 구별을 위해 소유격에 사용하는 아포스트로피(-'s)가 17세기 이후 보편화되었다. 또한, 고대영어 시대부터 존재하던 모음변이 복수형 중 일부(예 foot/feet, goose/geese, man/men, mouse/mice, woman/women)와 -n 복수형 명사(예 brother/brethren, child/children, eye/eyen, cow/kine, ox/oxen, shoe/shoon)가 초기현대영어에도 잔존하였다. 현대영어에서는 사어가 된 -n 복수형 명사로 eyen과 shoon이 있고, cow의 복수형인 kine는 고풍의(archaic) 작품 등에서만 제한적으로 쓰인다. 더불어, 고대 및 중세영어 시기에 비굴절 복수형이었던 일부 어휘들은 초기현대영어에서 단·복수 동형이 된다(예 deer, folk, kind, sheep, swine). 초기현대영어 시기 들어 유추형(analogy)이 나타났는데, 단·복수 동형인 folk와 kind를 -s 복수형으로부터 유추하여 folks와 kinds로 쓰거나, 반대로 -s 복수형인 fish와 fowl을 동물명사인 sheep 등의 단어로부터 유추하여 '사냥감'을 의미할 때 단·복수 동형이 사용되었다.

제2절　인칭대명사

인칭대명사는 현대영어에서 가장 많은 굴절을 보유하고 있는 어휘 범주이지만, 초기현대영어에서는 그 쓰임이 조금 다른 부분이 있었다. 첫째, 소유격에 있어서 소유형용사와 소유대명사의 구분이 생겨 명사 앞에서 소유형용사를, 단독으로 나올 때 소유대명사를 사용하였다. 1인칭 단수와 복수 및 2인칭 복수의 경우 현재와 별반 차이가 없지만, 2인칭 단수의 경우 지금은 특정 방언이나 고풍의 글에서만 제한적으로 쓰이는 th- 형태(thy, thine)가 사용되었다. 2인칭 복수형은 본래 y- 형태였으나 13세기경 2인칭 단수 존칭표현에도 사용하기 시작하여 th-형태가 점차 사라졌고, 현대영어에서는 단수와 복수 모두에 y- 형태를 쓰게 된다. 상대방의 지위가 낮을 때 th-형태를, 상대가 높은 신분일 때 y- 형태를 사용했는데, 당시 복수형(y-)이 존칭으로 사용된 것은 프랑스어의 영향으로 보인다. 프랑스어는 2인칭 단수형이 tu이고 2인칭 복수형이 vous이지만, vous가 2인칭 단수 존칭 기능을 하기 때문이다. 오늘날 현대영어에서는 2인칭 단수와 복수를 통틀어 y- 형태가 살아남아 주격, 목적격, 소유격의 기능을 하고 있다.

[초기현대영어 1인칭 및 2인칭 대명사]

수	격		1인칭	2인칭
단수	주격		I	thou
	목적격		me	thee
	소유격	형용사	my	thy
		대명사	mine	thine
복수	주격		we	ye/you
	목적격		us	you/ye
	소유격	형용사	our	your
		대명사	ours	yours

초기현대영어의 3인칭 남성 단수형에서는 he의 비강세 형태로 a가 쓰인 점이 특이하다. 이것의 발음은 현대영어의 약화모음인 [ə]와 유사했던 것으로 추정되며, 표준어인 he에 대한 비표준어로 여겨졌을 가능성이 크다. 셰익스피어의 『헛소동』(Much Ado about Nothing) 중 하위계층인 경비원(watchman)의 대사에서 비강세 형태인 a가 쓰인 것을 볼 수 있다.

> *a* has bin a vile theefe, this vii yeares. *a* goes vp and downe like a gentle man
> 'he has been a vile thief for 7 years; he goes up and down like a gentlemen'

초기현대영어에서 3인칭 중성 단수형의 두드러진 변화는 새로운 소유격 대명사 its의 출현이다. 고대영어에서부터 있었던 hit은 비강세음절에서 h 탈락이 일어났는데 비강세형 it이 강세음절로 확대되어 현대영어의 표준어가 되었다. 강세형 소유격 his는 3인칭 남성 단수 소유격과 동일한 형태를 피하기 위해 소실된 것으로 추정된다. 소유격 its는 17세기 후반에 사용이 보편화되었다.

[초기현대영어 3인칭 대명사]

수	격		남성	여성	중성
단수	주격		he/a	she	(h)it
	목적격		him	her	(h)it
	소유격	형용사	his	her	his/it/its
		대명사	his	hers	his/it/its
복수	주격		they	they	they
	목적격		them/(h)em	them/(h)em	them/(h)em
	소유격	형용사	their	their	their
		대명사	theirs	theirs	theirs

제3절 ┃ 관사 및 지시사

중세영어의 지시사 the는 초기현대영어에서 독립된 문법 범주로서의 지위를 확보하였다. 또한 a는 부정관사로 자리를 잡아가는 과정 중에 있었고, one의 약한 대체형으로 여겨졌으며(예 He and his physicians are of a mind), h로 시작되는 단어 앞에서 a 대신 an으로 나타나기도 하였다(예 an hair, an hundred). 한편 this/these와 that/those는 현대영어와 동일한 기능의 지시사로 확립되었다. 본래 this와 that은 종류가 다른 중성 주격 지시사였으나, 초기현대영어에서는 서로 의미적 쌍을 이루는 지시사로 발전하였다.

제4절 ┃ 형용사

형용사는 중세영어에서 어말 -n이 소실되어 슈와(schwa)로 발음하던 -e까지 사라져 강변화・약변화 형용사 어미의 구분은 초기현대영어에서 완전히 사라졌다. 비교급과 최상급 어미인 -er/-est는 초기현대영어에서도 계속 사용되었지만, more/most 또한 강조의 의미로 사용되었다. 초기현대영어에서는 두 형태가 공존하였고(예 eminenter, beautifullest, more poor, most fast), 이중비교형(double comparison)이 사용되기도 하였다(예 more properer, more fairer, more nearer, most poorest, most unkindest). 이 같은 이중비교형은 18세기 들어 용법이 확립되어 음절이 여러 개인 형용사에 more/most를 붙여 사용하게 되었다.

제5절 ┃ 부사

본래 역사적으로 부사어미는 음가가 약한 -e였고, 이 영향으로 초기현대영어에서는 어미가 없는 부사를 주로 강조의 의미로 사용하였다(예 grievous sick, indifferent cold). 현대영어의 부사어미인 -ly는, 고대영어의 -līce에서 발전하여 중세영어에서 어말의 치찰음이 탈락하고 초기현대영어에서 단모음화가 일어난 결과이다. 오늘날 부사를 써야 할 곳에 형용사를 쓰는 일이 빈번한 이유를 이처럼 영어의 역사에서 찾을 수 있고, 형용사와 부사가 동일한 형태로 쓰이는 경우도 이에 해당된다.

예

• Drive *slow*.
• He plunged *deep* in the ocean.
• Speak *loud* and *clear*.

부사 격변화의 전통이 현대영어에도 남아 있는 어휘들로는 once, twice, thrice, nowadays, sometimes 등이 있다. 초기현대영어의 부사 표지로 -ways가 빈번하게 사용되었는데 'always, sideways' 등의 단어에 여전히 나타나며, 부사형성 접사인 -wise가 현대영어에서 흔하게 사용된다(예 clockwise, moneywise, otherwise, piecewise).

제6절 동사

초기현대영어 시기에는 강변화 동사가 약변화 동사로 바뀌거나 아예 소멸되어 버리는 추세가 계속되었고, 동사 활용 굴절어미는 더욱 간소화되었다. 현대영어에서 과거·과거분사를 만드는 치음접미사(-ed)는 약변화 동사에서 유래한 것이다. 초기현대영어에서는 이전 시대의 강변화 동사들이 약변화 동사로 바뀌는 경우가 많았지만, 반대로 약변화 동사가 강변화 동사로 바뀐 경우도 있다(예 dig, keep, spit, stick, work). 가령, 약변화 동사 work는 모음교체를 보이며 work-wrought-wrought(cf. bring-brought-brought)로 변화하였지만, 현대영어에서는 규칙 동사가 되었다. 또한 keep도 약변화 동사였으나 대모음추이(Great Vowel Shift)를 거치며 불규칙 동사가 되었다(keep-kept-kept). 따라서 이 시기 말경이 되면 강변화와 약변화로 동사를 구분하기보다는 규칙 동사(regular verb)와 불규칙 동사(irregular verb)로 분류하게 된다.

초기현대영어 강변화 동사는 고대영어와 중세영어에 존재하던 4가지 범주(원형부정사, 과거단수, 과거복수, 과거분사)가 아닌 3가지 범주(원형부정사, 과거, 과거분사)에서 모음교체가 일어난다.

[초기현대영어 강변화 동사]

구분	원형부정사	과거	과거분사
1군			
(i) i-o-i	drive	drove	driven
(ii) i-i-i	bite	bit	bitten
(iii) i-o-o	abide	abode	abode
2군 : V-o-o	choose	chose	chosen
3군			
(i) i-a-u	drink	drank	drunk
(ii) i-u-u	cling	clung	clung
(iii) i-ou-ou	find	found	found
4군 : e-a-e-o			
(i) ea-o-o	steal	stole	stolen
(ii) e-o-o	get	got	got(ten)
5군 : V_1-a-V_1	eat	ate	eaten

6군 : a-oo-a	shake	shook	shaken
7군 : V₁-e-V₁	fall	fell	fallen
	grow	grew	grown

고대영어 및 중세영어에 존재했던 변칙 동사 be, do, go는 중세영어 말기가 되면 현재와 그 형태가 같아진다. 그중 be 동사의 굴절과 관련하여 현재 복수형으로 쓰인 be는 17세기까지 나타나며, 2인칭 과거 단수형 werst와 wert는 초기현대영어 시기의 과도적 형태이다.

[초기현대영어 동사 'be'의 굴절]

시제ㆍ수ㆍ인칭				be(n)
직설법	현재	단수	1	am
			2	art
			3	is
		복수	1ㆍ2ㆍ3	are, be
	과거	단수	1ㆍ3	was
			2	were, wast, werst, wert
		복수	1ㆍ2ㆍ3	were

또한, 고대영어와 중세영어에 있었던 과거-현재 동사(preterit-present verb)는 형태나 기능 측면에서 많은 변화를 겪고 법 조동사가 된다. 고대영어의 변칙 동사였던 will과 규칙적 약변화 동사였던 need를 포함하여 초기현대영어 시기에 법 조동사의 용법이 거의 확립된다(예 can, dare, may, must, ought, shall).

제 4 장 | 초기현대영어의 구와 문장

제1절 | 초기현대영어의 구

1 명사구 (중요)

초기현대영어 시기에 두드러진 명사구의 변화 중 하나는 속격 구문에 대한 것이다. 첫째, his—속격(his—genitive)은 굴절어미 대신 인칭대명사의 소유격으로써 속격을 나타내는 것이다.

예
- Augustus *his* daughter
- Euphues *his* England
- Sejanus *his* fall

소유자가 남성 단수가 아닌 경우 그에 일치하는 소유격을 사용하였으나, his가 훨씬 보편적으로 쓰였다.

예
- Elizabeth Holland *her* howse
- the House of Lords *their* proceedings

이 시기 셰익스피어의 작품을 비롯하여 『일반 기도서』에서도 이 표현을 쉽게 찾아볼 수 있다.

예
- Right honorable, the Lord Chamberlain *his* servants (*A Midsummer night's Dream*)
- And this we beg for Jesus Christ *his* sake (*Book of Common Prayer*)

이 표현은 현대영어 속격의 아포스트로피(apostrophe)에 대한 근거를 마련해 주는데, his의 비강세 [h]음이 탈락하게 되면 발음 차이가 거의 나지 않기 때문이다(Augustus his vs. Augustus's).

또한, his-속격과 함께 **군속격(group genitive)** 형태도 도입되었는데, [the wife of bath]'s tale에서처럼 단어가 아닌 구(the wife of bath)가 하나의 단위를 형성하여 구 전체에 소유격 접미사 -'s를 붙이는 구문이다. 초기현대영어에 군속격 구문이 나타난 배경에는 의미적인 관점에서의 분석이 힘을 얻는다. 즉, 중세영어의 속격은 단어에 어미가 붙었기 때문에 의미와 형태가 불일치하였으나, 초기현대영어에 등장한 군속격 구문은 어미가 단어를 넘어 구에까지 첨가됨으로써 속격이 더 이상 굴절어미 차원에 머무르지 않음을 보여준다.

중세영어	초기현대영어(군속격)
the *kinges* sone of Englands	[the king of England]'s son
the king *Priamus* sone of Troye	[King Priam of Troy]'s son
the *Wyves* Tales of Bathe	[The Wife of Bath]'s Tale
The *Dukes* wyfe of Tintagail	[The Duke of Tintagail]'s wife

초기현대영어에서 관계대명사의 용법은 여전히 현대영어와는 차이가 있다. 대표적으로, 현대영어에서 중요하게 여겨지는 who와 which 앞 선행사 구별 규칙이 제대로 지켜지지 않았다.

예

• Our father *which* art in heaven (*Lord's Prayer*)
• The mistris *which* I serue quickens what's dea And makes my labors pleasures (*The Tempest*, III.1)
• The kingdom of heaven is likened unto a man *which* sowed good seed in his field (*Matthew*, XII.24)
• My arm'd knees, *who* bow'd but in my stirrup (*Coriolanus*, III.2)

또한, 현대영어와 달리 계속적 용법에도 that이 사용되었다.

예

• Fleans, his sonne, *that* keepes him compainie (*Macbeth*, III.1)
• Midas, *that* being chosen judge between Apollo and Pan (Bacon, *The Advancement of Learning*)

관계부사(예 when, where)를 이용한 관계절 또한 18세기에 처음 나타난 비교적 최근의 구문이다. 이로써 영어의 역사에서 관계대명사는 þe에서 시작해 그 후 the에서 다시 that으로 이어졌고, 여기에 wh-관계사가 합류하여 오늘날 관계절의 체계가 정립되었다.

2 동사구 중요

동사구에 있어서 초기현대영어 시기는, **조동사 do가 출현**하였다는 점에서 매우 중요하다. 중세영어에서 do 동사는 하나의 일반 동사에 지나지 않았지만 초기현대영어에서 기능적 용법이 추가되어 영어 동사 체계 변화에 일조하였다. 16세기 무렵부터 do의 강조 기능이 나타나기 시작하였고(예 Perdition catch my soul, but I *do* love thee), 또한 초기현대영어 부정문·의문문에서 do의 사용은 수의적이었다. 즉, 이 시기에는 do를 사용한 문장과 그렇지 않은 문장이 공존하였다. 초기현대영어 시기를 거치면서 부정문과 의문문에 조동사 do를 사용하는 경향이 확대되었고, 현재와 같은 규칙은 18세기에 정립되었다.

※ 조동사 do를 사용하지 않은 문장

예

- I lov'd you not. (*Hamlet*, III.1)
- How cam'st thou hither? (*Romeo and Juliet*, II.2)
- Came he not home tonight? (*Romeo and Juliet*, II.4)
- I care not. (*Romeo and Juliet*, III.1)
- I doubt it not. (*Romeo and Juliet*, III.5)

※ 조동사 do를 사용한 문장

예

- I do not sue to stand. (*Richard II*, V.3)
- How do'st thou feele they selfe now? (*Richard III*, V.3)
- Do you not love me? (*Much Ado about Nothing*, V.4)
- I do not doubt you. (*2 Henry IV*, IV.2)

또한, 초기현대영어는 법 조동사 용법이 확립된 시기이다. 현대영어의 법 조동사는 중세영어에서 일반적인 의미를 가진 본동사였으나(예 I can music 'I have a certain skill', I shall to God 'I owe to God') 초기현대영어에서 조동사로서의 기능을 하게 된다.

예

- Now help me, lady, sith ye *may* and *can*. (*Knight's Tale*, 2, 314)
- If you *may* please to think I love the king. (*Winter's Tale*, IV.4)
- A life which *must* not yield to one of woman born. (*Macbeth*, V.8)
- Do thou stand for me, and I'*ll* play my father. (*1 Henry IV*, II.4)
- Nay, it *will* please him well, Kate, it *shall* please him. (*Henry V*, V.2)

이 중 will과 shall은 각각 'desire, volition, want'와 'obligation'의 의미를 가지는 본동사로 사용되었으나 미래 조동사로서 기능하게 되었고, 특히 shall의 경우 본래의 의미가 발전하여 'be obliged to'라는 의미를 가진 조동사가 되었다.

또한 두 가지 이상의 기능을 가진 복합동사구가 초기현대영어 시기에 들어와 더욱 확장되었다. 동작(예 arrive, enter, come, run)과 상태(예 become, grow, turn)를 나타내는 동사가 be/become 동사와 활용하여 현재완료를 만드는 문장이 초기현대영어에서도 여전히 발견되었다.

예

- thy Fathers Beard *is turn'd* white with the Newes. (*Henry IV*, part I.ii.4)
- And all the merchants with other merchandise *are safe arrived*. (Marlowe, *The Jew of Malta*)
- This gentleman *is happily arriv'd*. (*Taming of the Shrew*, I.ii.212)

완료와 진행이 결합된 다음과 같은 문장도 찾아볼 수 있다. 이와 함께 과거완료는 17세기 중반 이후에 일반적인 구문이 되었고, 진행수동은 초기현대영어 후반기인 18세기 들어서 나타났다.

※ 완료 진행 구문

예

- I *have been waiting* (*Romeo and Juliet*, IV.4)
- To express the like kindness, myself, that *have been* more kindly *beholding* to (*The Taming of Shrew*, II.1)

동사구에 축약어가 나타난 것도 초기현대영어 시기이다. 동사 뒤에 부정어 not을 축약한 n't는 17세기 무렵 나타났고(예 won't, don't), 조동사를 축약한 형태도 16세기부터 18세기까지 서서히 나타났다(예 would/had > 'd, it is > it's, will > 'll, have > 've).

제2절 　 초기현대영어의 문장 　중요

초기현대영어에서는 고정된 SVO 어순이 보편화되어 기본 어순 자체만 보면 현대영어와 차이가 없다. 하지만 대명사가 목적어일 때 SOV 패턴이, 부사(now, so, then, there) 뒤에서 VSO 어순이 나타났다. 또한 목적어가 문두로 나오는 어순도 목격된다.

예

- The memory be green, and that it us befitted (*Hamlet*, I.2)
- For so persecuted they the Prophetes (*Matthew*, V.12)
- This love feel I (*Romeo and Juliet*, I.1)
- That which rather thou dost fear to do (*Macbeth*, I.5)

한편, 초기현대영어 시기 조동사 do의 출현으로 인하여 부정문과 의문문은 새로운 전기를 맞게 된다. 이 용법의 규칙화는 16세기에 시작되어 18세기 말에 완성되었고, 이후 조동사 do가 쓰이지 않는 부정문이나 의문문(예 I know not, Know I you?)은 더 이상 영어에서 찾아 볼 수 없게 된다. 다음 예시처럼 초기현대영어 시기에는 부정의문문에서도 조동사 do가 사용되었다.

예 Did not good wife Keech the Butcher's wife come in then, and call me gossip quickly? (*2 Henry IV*, II.1)

마지막으로, 중세영어 시기에 유행했던 비인칭구문(impersonal construction)은 사용빈도가 급격히 줄어들었다. 다음 예시를 통해 비인칭구문이 사라지게 된 연유를 살펴보자.

[예]

OE   þæm cyningum licodon þa pearas.

ME   þe kynge liked(e) þe pears.

PDE   The kings liked the pears.

세 문장 중 고대영어의 문장은 여격 명사구인 þæm cyningum이 주어 자리에 온 비인칭구문이다. 여격 명사구는 여격 지시사인 þæm과 여격 어미인 -um을 통해 알 수 있으며, 동사 licodon 뒤에 나온 þa pearas는 직접목적어인 대격 명사구이다. 하지만 중세영어의 문장에서 관사 þe가 쓰여 격 표시가 사라지고 여격 어미인 -um이 -e로 평준화되어 격을 알 수 없게 됨에 따라 주어자리에 나온 þe kynge를 주어로 해석할 여지가 생기게 된다. 현대영어의 문장에서는 the kings가 여격이라는 사실이 완전히 사라지고 더 이상 비인칭구문이 아닌 SVO 어순을 가진 일반적인 문장으로 간주된다. 현대영어에 남아 있는 비인칭동사로는 behoove와 methink가 있다. 이 중 behoove는 사람 주어를 허용하지 않고, methink는 seem과 유사한 의미로 해석할 수 있다.

[예]

• It would *behoove* you to work harder if you want to succeed here.

• *Methink'st* thou art a general ofence and every man should beat thee. (*All's Well that End's Well*, III.3)

제5장 │ 초기현대영어 문헌 예시

초기현대영어의 대표적인 문헌으로는 영문학사에 지대한 영향을 미친 셰익스피어의 작품 다수와 『흠정영역성서』(The Authorized Version of the English Bible, King James Bible)를 꼽을 수 있다. 이 밖에 리처드 뱅크스(Richard Banckes)의 "Herball"(1525), 존 밀턴(John Milton)의 『실낙원』(Paradise Lost, 1667), 존 번연(John Bunyan)의 『천로역정』(The Pilgrim's Progress, 1678) 등 다수가 있다.

제1절 로즈메리(Rosemary)

리처드 뱅크스의 "Herball"에 나오는 Rosemary는 로즈메리라는 식물이 건강에 효과적이라는 사실을 알리는 내용이다. 다음 발췌문에서 보다시피 명사의 복수형은 -s로 고정되어 있고 대명사의 사용도 현대적이어서 고대나 중세가 아닌 초기현대영어의 글임을 알 수 있다. 이 시기 문헌에서 빈번하게 사용된 여러 가지 기호들도 확인할 수 있다.

기호(EModE)	의미(PDE)
virgule(/)	comma(,)
yᵉ	the
thẽ	them
ampersand(&)	and
∫	long s

Ro∫mary

This herbe is hote and dry / take the flowres and put them in a lynen clothe / & ∫o boyle them in fayre clene water to yᵉ halfe & coole it & drynke it / for it is moche worthe agayn∫t all euylles in the body. Al∫o take the flowres & make powder therof and bynde it to the ryght arme in a lynen clothes / and it ∫hall make thẽ lyght and mery. Al∫o ete the flowres with hony fa∫tynge with ∫owre breed and there ∫hall ry∫e in the none euyll ∫wellynges. Al∫o take the flowres and put them in a che∫t amonge youre clothes or amonges bokes and moughtes[moths] ∫hall not hurte them.

제2절　창세기(Genesis)

제2편 고대영어 및 제3편 중세영어 문헌과의 비교를 위하여 초기현대영어를 대표하는 또 다른 문헌으로 성경을 소개한다. 『흠정영역성서』 또는 『제임스 왕 성서』라고 알려진 버전에서 발췌한 구약성서 창세기(Genesis) 1장 1~5절은 다음과 같다.

1.　　In the beginning God created the Heaven, and the Earth.

2.　　And the earth was without forme, and void,
　　　and darkenesse was vpon the face of the deepe:
　　　and the Spirit of God mooued vpon the face of the waters

3.　　And God said, Let there be light: and there was light.

4.　　And God saw the light, that it was good:
　　　and God diuided the light from the darkenesse.

5.　　And God called the light, Day, and the darkenesse he called Night:
　　　and the euening and the morning were the first day.

---

01 대모음추이는 음운환경과 상관없이 모음이 변화하는 무조건적인(unconditional) 성격을 가진다.

01 다음 중 대모음추이(Great Vowel Shift)를 가리키지 <u>않는</u> 표현은?

① context-free change

② diphthongization

③ raising

④ conditional vowel change

02 제시된 단어들은 강세모음 앞에서 [s]가 [z]로 유성음화(voicing)되었다. 동화(assimilation), 치환(metathesis), 무성음화(devoicing)는 관계가 없다.

02 다음 어휘들에 나타난 음운과정은?

- resolve
- presume
- possess
- observe

① assimilation

② metathesis

③ devoicing

④ voicing

03 중세영어에서는 굴절어미가 단어에 접속하는 the kinges sone of Englands와 같은 형태가 사용되었으나, 초기현대영어에서는 명사구 전체에 속격 접미사 -'s가 붙게 되었다.

03 다음 중 군속격(group genitive)에 대한 설명으로 옳지 <u>않은</u> 것은?

① 명사구에 속격 접미사가 붙는 구문이다.

② 의미적인 관점의 분석이 강조된 구문이다.

③ 굴절어미가 단어에 붙는 구문이다.

④ 군속격의 예로 the king of England's son을 들 수 있다.

정답 01 ④ 02 ④ 03 ③

04 조동사 do가 출현하여 영어 동사 체계에 획기적인 변화가 일어난 시기는?

① Present-Day English

② Early Modern English

③ Middle English

④ Old English

05 다음 중 초기현대영어 시기의 자음에 나타난 음운과정이 <u>아닌</u> 것은?

① mission에서 나타난 치경음의 구개음화

② anxious → anxiety에서 나타난 유성음화

③ random에서 나타난 이화

④ thumb에서 나타난 자음군단순화

06 다음 동사구의 구조 중 초기현대영어 후반기인 18세기에 나타난 것은?

① 과거완료

② 현재완료

③ 완료진행

④ 진행수동

정답 04 ② 05 ③ 06 ④

07 제시된 단어들은 치경음(alveolar) 이 구개음(palatal) [j] 앞에서 구개 음으로 변화하는 과정인 구개음화 (palatalization)를 겪는다. 삽입(in-sertion), 탈락(deletion), 무성음화 (devoicing)는 관계가 없다.

07 다음 어휘들에 나타난 음운과정은?

> • cordial
> • question
> • fortune
> • vision

① insertion
② palatalization
③ deletion
④ devoicing

08 고모음 [iː]와 [uː]가 이중모음 [əɪ]와 [əʊ]로 바뀐 것은 대모음추이에서 가장 일찍 일어난 변화이다.

08 다음 모음사각도에 관한 설명으로 옳지 않은 것은?

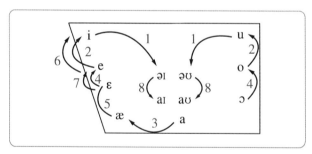

① 제시된 그림은 초기현대영어 시기에 일어난 모음의 대대적 인 변화를 나타낸다.
② 횡적 변화인 움라우트와 대비되는 종적 변화를 보여준다.
③ 대모음추이를 거치면서 영어는 철자대로 소리 나지 않는 특 성을 갖게 된다.
④ 가장 늦게 일어난 변화는 고모음의 이중모음화이다.

정답 07 ② 08 ④

09 제시된 문장들이 사용된 시기는 언제인가?

> • The kingdom of heaven is likened unto a man
>   which sowed good seed in his field.
> • My arm'd knees, who bow'd but in my stirrup.
> • Midas, that being chosen judge between Apollo
>   and Pan.

① Early Modern English

② Present-Day English

③ Middle English

④ Old English

09 제시된 문장들에서 공통적으로 관계명사가 쓰이고 있다. 하지만 선행사가 사람일 때 which, 사물일 때 who를 쓰고, that을 계속적 용법으로 쓰고 있어 현대영어의 규칙이 적용되지 않는다. 이처럼 관계대명사의 용법이 제대로 확립되지 않은 시기는 초기현대영어 시기이다.

10 다음 어휘들에 나타난 음운과정은?

> • knock
> • lamb
> • hymn
> • fasten

① epenthesis

② deletion

③ assimilation

④ dissimilation

10 제시된 단어들은 중세영어에서 발음이 되던 자음군(consonant cluster) 중 하나의 자음이 탈락(deletion)됨으로써 자음군이 단순화되는 과정을 나타낸다. 삽입(epenthesis), 동화(assimilation), 이화(dissimilation)는 관계가 없다.

정답 (09 ① 10 ②)

11 조너선 스위프트는 언어에 있어 극단적인 순수주의자였고, 그에게 있어 모든 언어변화는 타락을 의미하였다.

11 초기현대영어에 대한 설명으로 옳지 **않은** 것은?

① 성서의 영어 번역 작업이 가속화됨에 따라 개신교 사상이 싹트게 되었다.

② 엘리자베스 1세의 뒤를 이어 즉위한 제임스 1세는 왕권신수설을 주장하였다.

③ 『흠정영역성서』는 가장 기본적인 8천 개의 단어가 쓰인 일반 대중을 위한 성서이다.

④ 『걸리버 여행기』의 작가 조너선 스위프트는 언어변화의 중요성을 강조하였다.

12 셰익스피어의 발음은 어말의 권설음(retroflex)과 저모음의 전설화(fronting) 등의 특징을 보여, 현대영어의 영국영어(RP, Received Pronunciation)보다는 미국영어(GA, General American)와 유사하였다.

12 윌리엄 셰익스피어의 작품에 사용된 영어에 대한 설명으로 옳지 **않은** 것은?

① 3인칭 단수 현재형을 나타내는 어미로 -s와 -th를 사용하였다.

② 2인칭 단수대명사로 you와 thou 등을 사용하였다.

③ 현대영어의 영국영어(RP)와 발음이 유사하였다.

④ 그가 주조해 낸 어휘로 assassination, accommodation, critical 등이 있다.

13 제시된 명사구에서 공통적으로 사용된 것은 his-속격(his-genitive)이라고 일컬어지는 속격 구문이다. 굴절어미 대신 인칭대명사의 소유격으로써 속격을 나타낸 초기현대영어 시기의 특징적인 구문이다.

13 제시된 명사구가 사용된 시기는 언제인가?

> • Euphues his England
> • Elizabeth Holland her howse
> • House of Lords their proceedings

① Present-Day English

② Middle English

③ Old English

④ Early Modern English

정답 (11 ④ 12 ③ 13 ④)

주관식 문제

01 다음 설명이 가리키는 것은 무엇인지 쓰시오.

- 학문이나 예술의 부활이나 재생을 뜻한다.
- 인간의 가치를 다른 어떤 것보다 우선시하는 인문주의 사상이다.
- 15세기 이탈리아에서 시작되었다.

01 **정답**
문예부흥(르네상스, Renaissance)

02 다음 설명은 어떤 인물을 소개하는 것인지 쓰시오.

- 인쇄술을 도입하여 영국의 르네상스를 가속화시킨 인물이다.
- 1476년 웨스트민스터에 인쇄소를 세워 100여 권의 도서를 발간하였다.
- 영어 문어의 표준화에 기여하였다.

02 **정답**
윌리엄 캑스턴(William Caxton)

03 **정답**
　　수장령(Act of Supremacy)

03 다음 설명에서 괄호 안에 들어갈 말을 쓰시오.

> 헨리 8세는 로마 교황에게 아내 캐서린 공주와의 이혼을
> 요청하였고 이를 거절당하자 (　　　)을/를 선포하여 로마
> 가톨릭 교회로부터 독립한다. 이후 헨리 8세는 영국 내 모
> 든 가톨릭 교회와 수도원을 해산하고 교회의 재산을 몰수
> 하는 등 가톨릭을 탄압하였고, 영국 국교인 성공회를 새로
> 이 만든다.

04 **정답**
　　왕정복고(Restoration)

04 다음 설명에서 괄호 안에 들어갈 말을 쓰시오.

> 잉글랜드 내전에서 청교도가 주도한 의회파가 왕당파를 대
> 파하고 국왕인 찰스 1세를 처형한다. 이후 공화제가 수립되
> 었지만 사실상 크롬웰을 호민관으로 한 독재정치로 지나치
> 게 엄격한 생활을 강조한 청교도는 민심을 잃게 된다. 이에
> 프랑스에서 망명 중이던 찰스 2세가 왕으로 추대되면서
> (　　　)이/가 이루어진다.

05 다음 설명은 어떤 인물을 소개하는 것인지 쓰시오.

> • 엘리자베스 1세의 재위기간에 에이번주의 스트랫퍼드에
>   서 출생하였다.
> • 약 20여 년간 장편시 2편, 소네트 154편, 연극 37편을
>   완성하였다.

05 **정답**
윌리엄 셰익스피어(William Shakespeare)

06 윌리엄 셰익스피어의 4대 비극으로 알려진 작품 4개를 쓰시오.

06 **정답**
『햄릿』(Hamlet), 『오셀로』(Othello), 『맥베스』(Macbeth), 『리어왕』(King Lear)

07 **정답**

제시된 어휘쌍에 나타난 모음변화는 대모음추이(Great Vowel Shift)이다. 대모음추이로 인하여 동일한 어간에서 파생한 단어의 발음이 달라졌다. 가령 grain/granular에서 grain은 대모음추이의 결과로 나타난 이중모음으로 소리 나는 반면, granular는 대모음추이의 대상인 장모음이 접사의 영향으로 단모음화된 것이다.

07 다음 어휘쌍에 나타난 모음변화의 명칭을 쓰고 일어난 현상을 간략하게 서술하시오.

- grain/granular
- nature/natural
- serene/serenity
- cone/conical

08 **정답**

제시된 초기현대영어의 명사구에 나타난 구문은 군속격(group genitive)이다. [the king of England]'s son에서처럼 단어 대신 구가 하나의 단위를 형성하여 구 전체에 소유격 접미사를 붙이는 구문이다. 중세영어의 속격은 어미가 단어에 붙어서 의미와 형태가 불일치하였으나, 초기현대영어 시기에 군속격이 등장하여 어미가 단어를 넘어 구에까지 첨가되었다.

08 다음 구문 변화를 보고 초기현대영어(EModE)의 명사구에 나타난 구문의 명칭을 쓰고 일어난 현상을 간략하게 서술하시오.

- ME : the kinges sone of Englands
  → EModE : the king of England's son
- ME : the Dukes wyfe of Tintagail
  → EModE : the Duke of Tintagail's wife

09 다음 어휘쌍이 초기현대영어 시기에 겪은 음운과정의 이름을 쓰시오.

> • execute/executor
> • luxury/luxurious
> • exit/exist

09 **정답**
유성음화(voicing)

10 셰익스피어 작품 속에 나타난 영어의 문법적 특징을 기술하시오.

10 **정답**
- 3인칭 단수 현재형을 나타내는 데 접미사 -s와 -th를 사용하였다.
- 부정문 및 의문문에 do 구문이 쓰이지 않는 문장이 다수 발견되었다.
- 선행사가 사람일 때 관계대명사 which를 쓰기도 하였다.
- 2인칭 단수 대명사를 지칭할 때 you뿐 아니라 thou와 thee도 사용하였다.

11 **정답**
『흠정영역성서』(킹 제임스 흠정역,
The Authorized Version of the
English Bible, King James Bible)

11 다음 설명이 가리키는 것은 무엇인지 쓰시오.

> • 존 위클리프와 윌리엄 틴들의 성서를 집대성한 성서로
>   1611년 발간되었다.
> • 영국의 초기현대영어 발달사에서 중요한 기념비이다.
> • 제임스 왕이 54인의 신학자들에게 영역을 지시하였다.
> • '제임스 왕 성서'라고도 불린다.

12 **정답**
구개음화(palatalization)

12 다음 어휘들이 초기현대영어 시기에 겪은 음운과정의 이름을
쓰시오.

> • mission
> • pleasure
> • suggestion
> • educate

13 다음 설명은 어떤 인물을 소개하는 것인지 쓰시오.

> - 영어사 최초의 학술 영어사전인 "A Dictionary of the English Language"의 편찬자이다.
> - 미들랜드 리치필드에서 서적상의 아들로 출생하여 옥스퍼드 대학을 다녔다.
> - 트리니티 칼리지에서 명예박사 학위를 받았다.

13 **정답**
사무엘 존슨(Samuel Johnson)

14 다음은 어떤 사전에 수록된 단어의 정의를 보여준다. 이 사전의 제목이 무엇인지 쓰시오.

> - lexicographer : a harmless drudge
> - oat : a grain, which in England is generally given to horses, but in Scotland supports the people

14 **정답**
A Dictionary of the English Language(사무엘 존슨의 영어사전)

15 **정답**
　　대모음추이(Great Vowel Shift)

15 다음 설명이 가리키는 것은 무엇인지 쓰시오.

- 초기현대영어 시기에 일어난 모음변화 가운데 가장 두드러진 변화
- 저모음에서 고모음으로의 종적인 변화
- 상승과 이중모음화가 주된 변화
- 음운환경에 영향을 받지 않은 무조건적인 변화
- 오직 영어에서만 일어난 변화

16 **정답**
　　대모음추이(Great Vowel Shift)

16 다음 어휘쌍에 나타난 모음의 발음을 설명할 수 있는 변화는 무엇인지 쓰시오.

- crime/criminal
- exceed/excessive
- goose/geese
- divine/divinity
- keep/kept
- school/scholar

17 다음 어휘들이 초기현대영어 시기에 겪은 음운과정의 이름을 쓰시오.

> • knee
> • gnaw
> • write
> • climb

18 다음은 셰익스피어의 작품 『헨리 4세』의 한 장면으로, reason 과 raisin을 이용한 언어유희(pun)를 보여준다. 이것을 설명할 수 있는 모음의 변화는 무엇인지 쓰시오.

> Poins : Come, your reason Jack, your reason.
> Falstaff : What, upon compulsion? No; were I at the Strappado, or all the Racks in the World, I would not tell you on compulsion. Give you a reason on compulsion? If Raisins were as plentie as Blackberries, I would give no man a Reason upon compulsion.

19 **정답**

관계대명사 who와 which 앞에 나타나는 선행사의 구별이 제대로 지켜지지 않아 who 앞에 사물, which 앞에 사람이 나타나는 경우가 흔하였다.

19 초기현대영어의 관계대명사 용법은 현대영어와 차이가 있었다. 가장 두드러진 차이점이 무엇인지 쓰시오.

20 **정답**

비인칭구문(impersonal construction)

20 다음 문장에 나타난 구문의 이름을 쓰시오.

• It would behoove you to work harder if you want to succeed here.
• Methink'st thou art a general ofence and every man should beat thee.

제 5 편

미국영어

| 단원 개요 |

본 편은 다음과 같은 내용으로 구성된다. 제1장에서 미국영어의 성립에 대해 살펴본다. 제2장에서 미국영어에 대한 반응을 살펴본다. 제3장에서 미국식 어법을 알아본다. 제4장에서 미국영어의 차용을 알아본다. 제5장에서 미국의 방언과 일반미국영어를 알아본다. 제6장에서 미국영어와 영국영어를 비교해 본다.

| 출제 경향 및 수험 대책 |

- 미국영어의 성립 과정에 대해 알아본다.
- 미국영어에 대한 보수적 · 진보적 관점을 살펴본다.
- 영국영어와 다른 새로운 미국식 어법에 대해 알아본다.
- 북미원주민어, 프랑스어, 스페인어 등 다양한 미국영어의 차용어를 살펴본다.
- 일반미국영어 악센트에 대해 알아본다.
- 미국영어와 영국영어의 다양한 차이점에 대해 살펴본다.

제 1 장 │ 미국영어의 성립

미국영어는 17세기 초 영국 이주민들이 미국 체서피크만(Chesapeake Bay)에 영구적으로 정착한 데서 시작되었다. 1607년 존 스미스 선장(Captain John Smith)의 인도 하에 자리한 이곳이 엘리자베스 1세(Virgin Queen)에서 유래한 버지니아(Virginia)였고 여기에 제임스타운(Jamestown)이 건립되었다. 이들의 뒤를 이어 1620년 종교적 박해를 피해 영국을 떠난 청교도들(Puritans)이 미국으로 본격적인 이주를 시작하였다. 영국 플리머스(Plymouth) 항구에서 메이플라워 호(Mayflower)를 타고 출항한 이들은 미국에 정착한 도시의 이름을 플리머스라고 하였다. 청교도들의 이주는 1630년대까지 꾸준히 계속되었고, 그 결과 매사추세츠만 일대에 대규모 식민지(Massachusetts Bay Colony)를 건설하였다. 이주민 수가 급격하게 증가함에 따라 식민지를 원활하게 이끌기 위한 기관이 필요해졌고, 이에 청교도들은 매사추세츠만 회사(Massachusetts Bay Company)를 설립하여 정치·경제·사회 전반을 주관하였다. 하지만 영국 입장에서는 이처럼 독립된 국가의 모습을 갖추어 가는 식민지 미국이 달갑지 않았고 급기야 미국에 군대를 보냈다. 미국의 초기 13개 주는 1774년 9월 5일 필라델피아에서 제1차 대륙회의(First Continental Congress)를 개최하고 본국인 영국과 전쟁을 치르기 위한 군대를 조직하였다. 1776년 7월 4일 독립선언문(Declaration of Independence)을 공포하였고 매사추세츠에서 전쟁이 시작되었다. 1783년 미국의 독립을 승인한 파리 조약(Treaties of Paris)으로 미국은 미시시피강 동쪽의 영토를 획득하였다.

> **더 알아두기**
>
> **미국의 초기 13개 주**
> 미국의 초기 13개 주는 뉴햄프셔(New Hampshire), 매사추세츠(Massachusetts), 뉴욕(New York), 펜실베이니아(Pennsylvania), 로드아일랜드(Rhode Island), 코네티컷(Connecticut), 뉴저지(New Jersey), 델라웨어(Delaware), 메릴랜드(Maryland), 버지니아(Virginia), 노스캐롤라이나(North Carolina), 사우스캐롤라이나(South Carolina), 조지아(Georgia)이다.

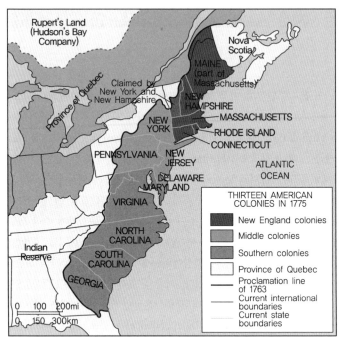

[초기 13개 주(13 colonies)][1]

제 2 장 | 미국영어에 대한 반응

미국영어에 대한 반응은 보수주의와 진보주의 둘로 나뉘었다. 언어에 대한 규범 준수를 중시했던 보수주의자들은 영국영어를 표준으로 보았고, 표준영어가 아닌 미국영어의 사용을 반대하였다. 언어에 대해 보수적인 입장이었던 대표적인 인물로는 미국 건국의 아버지(Founding Fathers of the U.S.)인 벤자민 프랭클린(Benjamin Franklin, 1706~1790)과 존 애덤스(John Adams, 1735~1826)가 있다. 이들은 충분한 표현력을 가진 기존의 언어(영국영어)를 두고 새로운 언어(미국영어)를 도입하는 것은 언어를 변질시킬 수 있다고 우려하며 언어의 순수성을 지켜야 한다는 보수적인 태도를 취하였다.

한편 토머스 제퍼슨(Thomas Jefferson, 1743~1826), 노아 웹스터(Noah Webster, 1758~1843) 등은 언어 변화의 당위성을 주장하는 진보주의적 관점을 지닌 인물로 유명하다. 특히 웹스터 사전을 편찬한 노아 웹스터는 미국영어 옹호자의 대표적인 인물로, 독립국가는 새로운 관념을 표현할 수 있는 새로운 언어가 필요함을 설파하였다. 이 밖에도 마크 트웨인(Mark Twain, 1835~1910), 월트 휘트먼(Walt Whitman, 1819~1892)의 작품은 미국영어의 우수성을 세계적으로 널리 알리는 데 기여하였다.

[존 애덤스(John Adams)][2]

[노아 웹스터(Noah Webster)][3]

---

2) https://www.britannica.com/biography/John-Adams-president-of-United-States
3) https://museums.fivecolleges.edu/detail.php?museum=ac&t=objects&type=all&f=&s=noah+webster&record=1

제 3 장 | 미국식 어법(Americanism)

미국식 어법(Americanism)은 새로운 환경에 적응하기 위해 영국영어와 다른 새로운 어휘가 필요하다는 인식하에 생겨난 어법을 뜻한다. 1781년 존 위더스푼(John Witherspoon)에 의해 처음 사용되었다. 존 위더스푼은 프린스턴 대학의 전신인 뉴저지 칼리지의 총장으로서 구어체 미국영어의 위상을 높이 평가한 인물이다. 미국식 어법을 본격적으로 연구한 노아 웹스터는 예일 대학 출신으로, 유럽적인 것을 배격하고 미국의 고유한 전통을 발전시킬 것을 주장하였다. 노아 웹스터는 다수의 사전을 출간하였는데 그중 "The American Spelling Book"(1783), "A Compendious Dictionary of the English Language"(1806), "An American Dictionary of the English Language"(1828)는 미국식 철자법과 수만 개에 달하는 미국식 새로운 어휘를 포함한 것으로 유명하다. 미국식 어법은 영국의 언어와 분리해야 한다는 의식을 바탕으로 영국에서 쓰이는 어휘와는 확연히 다른 오직 미국에서만 볼 수 있는 독특한 단어들을 기반으로 하였다. 가령, '가을'을 의미하는 단어인 fall은 당시 영국에서는 더 이상 쓰이지 않고 autumn이 사용되고 있었으나, 미국에서는 autumn 대신 fall을 채택하여 사용하였다. 이처럼 미국식 어법에는 '완전히 새롭게 탄생한 어휘, 동일한 철자를 가졌지만 의미가 다른 어휘, 접사를 사용하는 대신 품사를 변형하는 제로파생(zero derivation) 어휘' 등이 있다.

1 미국영어의 새로운 어휘

- Americanism
- applicant
- belittle
- backwoods
- blaze
- caucus
- chore
- clearing
- diggings
- dug-out
- departmental
- evoke
- husking
- lengthy
- liability
- locate
- offset
- peek
- prairie
- presidential
- requirement
- reservation
- slump
- stalled
- sag
- slam
- tidy

2 철자는 동일하되 의미가 달라진 어휘

- appreciate 'rise in value'
- authority 'governing personnel'
- awful 'disagreeable'
- reckon 'suppose'
- lot 'piece of land'
- lumber 'timber'
- mad 'angry'
- raise 'grow'
- stock 'cattle'
- tavern 'inn'

3 제로파생 어휘 종요

- advocate(V)
- deed(V)
- dry(N)
- high(N)
- progress(V)
- test(V)
- transient(N)

제4장 미국영어의 차용

새로운 환경에 정착한 이주민들은 낯선 동·식물과 사물의 명명을 위해 각종 외래어에서 단어를 차용하였다. 당시 외래어에는 북미원주민어(Native American), 프랑스어(French), 스페인어(Spanish), 네덜란드어(Dutch), 독일어(German), 이탈리아어(Italian), 유대인어(Jewish) 등이 포함된다. 북미원주민어는 신대륙에 거주하고 있던 원주민들의 언어로, 동·식물의 이름을 차용하는 경우가 많았고, 현재까지 남아 있는 차용어는 150여 개이다. 프랑스어 차용어는 당시 캐나다와 루이지애나(Louisiana) 지역에 거주하던 프랑스계 이주민으로부터 들여왔고, 스페인어 차용어는 식민지 초기 캘리포니아(California) 및 미국 남서부 지역에 모여 살던 스페인어 사용자들로부터 받아들여졌다. 네덜란드어 차용어는 뉴잉글랜드 남쪽 지역 네덜란드 식민지였던 뉴네덜란드(New Netherlands) 거주 이주민들로부터 들여왔으며, 독일어 차용어는 식민지 초기 펜실베이니아(Pennsylvania) 및 19세기 중서부 지역에 거주하던 독일인 이주민으로부터 들여왔다. 그 밖에 이탈리아어 차용어와 유대어 차용어가 있다.

1 북미원주민어 차용어

chipmunk, kayak, moccasin, moose, opossum, pecan, persimmon, racoon, toboggan, squash, squaw, tomahawk, wigwam

2 프랑스어 차용어

bureau, depot, prairie, shanty, gopher, pumpkin, cent, dime

3 스페인어 차용어

adobe, armada, barracuda, bonanza, bronco, cannibal, cafeteria, canoe, cargo, chaparral, chili, cockroach, coyote, cocoa, canyon, guerilla, hammock, hurricane, machismo, macho, marijuana, mesa, mosquito, mustang, plaza, potato, pueblo, rodeo, ranch, ranchero, sombrero, stampede, tobacco, tomato, tortilla, vigilante

4 네덜란드어 차용어

boss, dope, patron, Santa Claus, sleigh, yankee

5 독일어 차용어

cookbook, delicatessen, frankfurter, hamburger, kindergarten, noodle, no way, pinochle, stein, seminar

6 이탈리아어 차용어

lasagna, pasta, pizza, spaghetti, zucchini

7 유대인어 차용어

bagel, blintz, lox, chutzpah, kibitz, mazuma, meshuga, nosh, schlep, schlock, scram, shmuck

영국에서는 지역적·사회적 요인에 따라 뚜렷한 차이를 보이는 방언들이 여럿 있다. 하지만 영국에 비해 방대한 영토를 가진 미국에서는 방언 차이가 크지 않아, 최초 이주민들이 정착했던 동부 해안가에서 서부로 갈수록 발음 간 격차가 급격히 줄어든다. 일반적인 분류에 따르면 미국에는 크게 3가지 다른 지역 악센트(accent)가 존재한다.

1 북동부(Northeastern) 악센트 `중요`

북동부 악센트는 뉴욕시를 제외한 뉴욕주 및 뉴잉글랜드(New England)에서 주로 사용된다. 보스턴 브라민 악센트(Boston Brahmin accent)라고도 불리며, 존 F. 케네디 대통령이 북동부 악센트를 구사한 것으로 유명하다. 이 발음은 'vigor, car, card' 등에서 [r]을 발음하지 않는 특징이 있는데, 이러한 발음을 일컬어 r-묵음화(r-dropping) 또는 비r-음화(non-rhotic) 악센트라고 한다.

> **더 알아두기**
>
> **뉴잉글랜드(New England)**
> 미국 북동부 대서양 연안에 있는 구릉성 산지와 해안 지방에 있는 6개 주로 이루어진 지역이다. 매사추세츠(Massachusetts), 코네티컷(Connecticut), 로드아일랜드(Rhode Island), 버몬트(Vermont), 메인(Maine), 뉴햄프셔(New Hampshire)가 포함된다. 서쪽으로 뉴욕(New York), 북쪽으로 캐나다의 퀘벡(Quebec)과 맞대고 있으며 동쪽과 남쪽은 대서양이다.

[뉴잉글랜드(New England)]4)

2 남부(Southern) 악센트

남부 악센트는 버지니아에서 텍사스를 포함하는 남서부 모든 지역에서 사용되며, 북동부 악센트처럼 r-묵음화의 특징을 지닌다. 본 악센트의 대표적 특성 중 하나는 단모음의 이중모음화로, 'man' [mæn] → [mæɪn], 'lip' [lɪp] → [lɪəp] 등으로 발음한다. 동시에 본래 이중모음을 단모음화하는 경향도 보이는데 'I' [aɪ] → [ɑ], 'my' [maɪ] → [mɑ]로 발음하기도 한다.

---

4) https://en.wikivoyage.org/wiki/New_England#/media/File:Map-USA-New_England01.png

3 일반미국(GA, General American) 악센트 중요

일반미국 악센트는 북동부 및 남부 지역을 제외한 나머지 지역에서 대부분의 미국인이 사용하는 발음이다. 이 발음이 미국에서 하나의 통일된 악센트는 아니지만 r-묵음화와 같은 지역적 특징이 없기 때문에 표준 방언으로 볼 수 있다. 라디오 아나운서이자 영화배우였던 로널드 레이건(Ronald Reagan) 대통령이 전형적인 GA 악센트 사용자이다. 주로 방송에서 들을 수 있는 지역중립적인 발음이라는 이유로 네트워크영어(Network English)라고도 불린다.

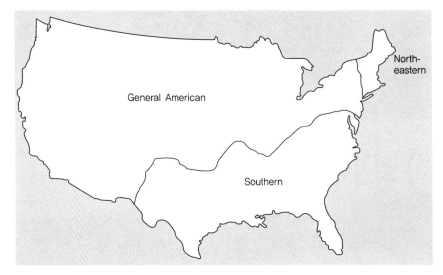

[미국의 주요 악센트][5]

5) Svartvik, J., Leech, G. & Crystal, D. 『English: One Tongue, Many Voices』 (2nd ed. 2016). New York: Palgrave Macmillan.

제 6 장 | 미국영어와 영국영어

제5장에서 미국영어의 표준이라고 할 수 있는 일반미국영어(GA, General American)를 살펴보았다. 제6장에서는 미국영어와 영국영어의 차이를 알아보도록 하자. 17세기 초 신대륙 정착이 시작되었을 때 이주민들이 사용했던 영어는 셰익스피어 시기와 동시대인 초기현대영어이다. 그 후 후기현대영어(Late Modern English)를 거치면서 영국 본토의 영어는 많은 변화를 거쳤지만 식민지 이주민들은 가져온 언어를 그대로 지키려는 성향이 강했다. 가령, 'autumn, angry, got'의 사용으로 영국에서는 더 이상 쓰이지 않던 'fall, mad, gotten'과 같은 단어들이 미국에서는 널리 사용된 것을 보아, 당시 미국영어의 의고주의(archaism) 및 보수성(conservatism)을 알 수 있다.

현재 미국영어의 표준어가 일반미국영어(GA, General American)라면, 영국영어의 표준어는 공인된 발음(RP, Received Pronunciation) 또는 좀 더 대중적인 명칭으로 '옥스브리지(Oxbridge, Oxford + Cambridge) 악센트' 혹은 'BBC 영어'로 알려져 있다. GA와 RP 간의 대표적인 차이를 '발음, 철자, 어휘, 문법' 4가지 측면에서 알아보도록 하자.

제1절 발음

1 자음

자음에 있어서 GA와 RP의 대표적인 차이는 2가지가 있다.

첫째, 탄설음화(flapping 또는 tapping) 현상은 water, letter, writer와 같은 단어에서처럼 [t]가 두 모음 사이 강세 없는 음절에 위치했을 때 무성음 [tʰ]이 아닌 유성음 [ɾ]으로 발음되는 특징을 말한다. 이러한 탄설음화 현상은 GA의 대표적인 발음 특징으로서 GA 사용자들에게 writer/rider, latter/ladder는 동일한 발음을 가진 어휘쌍이 된다. 이에 반해 RP에서는 writer의 [t]는 무성음, rider의 [d]는 유성음으로 달리 실현된다.

둘째, RP가 모음 뒤의 [r] 발음을 탈락시키고(예 far, farm), 모음으로 시작하는 단어가 뒤따라올 때 [r] 발음을 하는(예 far away) 반면에, GA에서는 모든 위치에서 [r]이 발음된다. 사실 초기현대영어 즉, 셰익스피어 시기에는 [r] 발음을 하였고 이 발음을 가지고 신대륙에 정착한 영국 이주민들이 미국에서 [r] 발음을 고수하였다. 그 결과 이후에 발음의 변화가 생긴 RP는 모음 뒤의 [r] 발음을 탈락시키지만, GA는 [r]을 발음해서 두 영어 사이에 차이가 생겼다.

2 모음

모음에 있어서 GA와 RP의 차이는 크게 3가지 정도로 나눠 볼 수 있다.

첫째, 'after, ask, aunt, can't, class, dance, glass, last, path' 등의 단어에서 GA는 모음의 발음을 [æ]로 하는 반면, RP는 [ɑː]로 한다. 초기현대영어의 발음은 [æ]였고 이 발음을 가지고 신대륙에 정착한 이주민들이 미국에서 [æ] 발음을 지킨 결과, 이후 발음 변화를 거친 RP는 [ɑː]이지만 GA는 [æ]로 두 영어 간에 발음 차이가 나게 되었다.

둘째, 'both, grow, load, rose, tone' 등의 단어에서 이중모음의 발음이 달리 나타나는데 GA는 [oʊ]로 발음하는 반면, RP는 앞 모음을 전설화(fronting)시켜 [əʊ]로 발음한다.

셋째, 'bomb, bottle, cot, stop, lock' 등의 단어에서 모음의 발음은 GA에서 [ɑ]로, RP에서 원순화된(rounded) [ɒ]로 발음된다.

제2절 철자

미국독립 후 토머스 제퍼슨, 노아 웹스터 등과 같은 언어개혁자들에 의해 철자의 변화가 시도되었다. 그중 웹스터의 "The American Spelling Book"과 1828년 발간된 "An American Dictionary of the English Language"는 미국식 철자법의 정착에 결정적인 기여를 하였다. 미국식 철자법은 대체로 발음의 실용적인 측면을 강조하여 불필요한 요소를 생략한다는 특징이 있다. 다음 표는 GA와 RP의 철자 차이를 보여준다.

[GA와 RP의 철자 차이]

차이	일반미국영어(GA)	영국표준영어(RP)
-or vs. -our	behavior, color, favor, humor, labor	behaviour, colour, favour, humour, labour
-er vs. -re	center, kilometer, liter, theater	centre, kilometre, litre, theatre
-ense vs. -ence	defense, license	defence, licence
-l- vs. -ll-	canceling, canceled, traveling, traveled, programing, programed	cancelling, cancelled, travelling, travelled, programming, programmed
-og vs. -ogue	catalog, dialog	catalogue, dialogue
-e- vs. -oe-/-ae-	ameba, maneuver, encyclopedia, medieval	amoeba, manoeuvre, encyclopaedia, mediaeval
-ize vs. -ise	baptize, criticize, sympathize, regularize	baptise, criticise, sympathise, regularise

제3절 어휘

GA와 RP는 특정 의미에 대해 사용되는 어휘에 차이가 있는데, 특히 '건물, 가정용품, 음식, 옷, 교통' 등과 관련된 단어가 많다. 다음 표에서 GA와 RP의 어휘 사용의 차이를 확인할 수 있다.

[GA와 RP의 어휘 차이]

어휘 주제	일반미국영어(GA)	영국표준영어(RP)
건물 관련	apartment	flat
	apartment building	block of flats
	bathroom	toilet, WC
	closet	cupboard, wardrobe
	cot	camp bed
	crib	cot
	elevator	lift
	eraser	rubber
	faucet	tap
	first floor, second floor	ground floor, first floor
	garbage	rubbish
	trash can	dustbin
	to call	to ring
음식 관련	cookie, cracker	biscuit
	eggplant	aubergine
	french fries	chips
	molasses	treacle
	oatmeal	porridge
	zucchini	courgette
의류 관련	cuffs	turn-ups
	diaper	nappy
	pants	trousers
	sweater	jumper
	undershirt	vest
	underpants	pants
	vest	waistcoat

	baby carriage	pram
	crosswalk	zebra
	gasoline	petrol
	freeway, highway	motorway
	hood	bonnet
	line	queue
교통 관련	one-way	single
	parking lot	car park
	round trip	return
	shoulder	verge
	sidewalk	pavement
	subway	underground
	truck	lorry
	trunk	boot

제4절 문법

GA와 RP의 문법은 앞서 살펴본 발음이나 어휘에 비해 두드러진 차이를 보이지 않는다. 다음에 열거할 몇 가지 차이점들은 GA와 RP 사용자들 간의 소통에 있어 약간의 혼란을 야기하는 정도에 불과하다.

첫째, RP는 GA에 비해 불특정대명사 one의 사용이 좀 더 광범위한 경향이 있다. 가령, 'One cannot succeed unless one works hard.'라는 예문은 RP 사용자들에게 자연스러운 문장이지만, GA 사용자라면 두 번째 one을 he/she로 대체할 것이다.

예

RP   One cannot succeed unless one works hard.

GA   One cannot succeed unless he/she works hard.

둘째, 구동사(phrasal verb) 용법에 있어 GA는 take 동사를, RP는 have 동사를 선호하는 경향이 있다. 가령, GA 사용자에게 take a bath/shower/break/rest/drink/nap/look이 자연스러운 반면, RP 사용자라면 take 대신 have 동사를 사용할 것이다.

예

RP   have a bath/break/drink/look/nap/rest/shower

GA   take a bath/break/drink/look/nap/rest/shower

셋째, RP에서는 immediately와 directly를 접속사로도 사용한다. 가령, 'I remembered his name directly he'd left.'라는 문장에서 directly는 as soon as와 동일한 의미를 가진다.

[예]

| RP | I remembered his name directly he'd left. |
| GA | I remembered his name as soon as he'd left. |

넷째, GA에서는 'committee, government, team, staff'와 같은 집합명사를 단수 취급하는 반면, RP에서는 복수로 취급하는 경우가 종종 있다. 따라서 'The committee have decided to reject the proposal.'이라는 문장이 RP 사용자에게는 자연스러운 문법이다.

[예]

| RP | The committee have decided to reject the proposal. |
| GA | The committee has decided to reject the proposal. |

다섯째, 강 이름을 표현하는 데 있어 GA와 RP의 어휘 순서에 차이가 있다. 즉, the Mississippi River와 같이 GA는 강 이름을 River 앞에 두는 반면, RP에서는 the River Thames와 같이 둘의 순서가 바뀐다.

[예]

| RP | the River Thames |
| GA | the Mississippi River |

여섯째, 간접목적어와 직접목적어를 취하는 동사의 사용에 있어 두 목적어가 대명사일 때 RP는 GA와 달리 두 목적어의 순서를 바꾸어 사용할 수 있다.

[예]

| RP | Give it her. |
| GA | Give it to her. |

마지막으로, GA와 RP는 전치사의 사용에 차이가 있고 다음 표와 같이 정리해 볼 수 있다.

[GA와 RP의 전치사 차이]

일반미국영어(GA)	영국표준영어(RP)
I live on Main Street.	I live in Main Street.
This one is different from/than that one.	This one is different from/to that one.
I was at the city on/over/during the weekend.	I was at the city at/on/over/during the weekend.
They get on/off a train.	They get in/out of a train.
They enroll in the course.	They enroll on the course.
I play for/on the team.	I play for/in the team.

제 **5** 편 실전예상문제

01 immediately와 directly가 접속사로도 사용되는 영어는 영국영어이다.

01 미국영어 문법의 특징으로 적절하지 <u>않은</u> 것은?

① 구동사(phrasal verb) 용법에 있어 take 동사를 선호한다.

② 집합명사 government를 단수 취급한다.

③ 부사인 immediately와 directly가 접속사로도 사용된다.

④ 강 이름이 River 앞에 위치한다.

02 17세기 초 영국 이주민들이 미국 대륙으로 이주하기 시작했을 때 사용한 영어는 초기현대영어이다.

02 17세기 초 영국 이주민들이 미국 대륙으로 이주하기 시작했을 때 사용한 영어는?

① Present-Day English

② Old English

③ Middle English

④ Early Modern English

03 뉴잉글랜드 지역에 포함되는 6개 주는 매사추세츠, 코네티컷, 로드아일랜드, 버몬트, 메인, 뉴햄프셔이다.

03 다음 중 뉴잉글랜드(New England)에 포함되지 <u>않는</u> 미국의 주(state)는?

① Rhode Island

② New York

③ Connecticut

④ Massachusetts

정답 (01 ③ 02 ④ 03 ②)

04 다음 어휘들은 어떤 언어의 차용어인가?

- chipmunk
- moccasin
- pecan
- racoon
- squash

① Jewish
② German
③ Native American
④ Spanish

05 다음 내용에서 괄호 안에 들어갈 지역의 명칭은?

1607년 최초의 영국 이주민들은 존 스미스 선장의 배를 타고 미국 체서피크만에 도착하였다. 당시 영국 여왕이었던 엘리자베스 1세의 별칭인 Virgin Queen을 따서 이곳의 명칭을 (　　)(으)로 하였다.

① Philadelphia
② Massachusetts
③ Jamestown
④ Virginia

06 영국 플리머스 항구에서 출항한 이들은 미국에 도착하여 동명의 도시를 건립하였다.

06 다음 내용에서 괄호 안에 공통으로 들어갈 지역의 명칭은?

> 1620년 종교적 박해를 피해 영국을 떠난 청교도들(Puri-tans)이 미국으로 본격적인 이주를 시작하였다. 영국 (   ) 항구에서 메이플라워 호(Mayflower)를 타고 출항한 이들은 미국에 정착한 도시의 이름을 (   )(이)라고 하였다.

① Boston
② Philadelphia
③ Jamestown
④ Plymouth

07 토머스 제퍼슨, 마크 트웨인, 노아 웹스터는 모두 미국영어 옹호자인 반면, 미국 건국의 아버지인 존 애덤스는 미국영어 도입이 언어를 변질시킬 수 있다고 우려하며 보수적인 태도를 취하였다.

07 다음 중 미국영어에 대해 다른 입장을 취했던 인물은?

① Thomas Jefferson
② John Adams
③ Mark Twain
④ Noah Webster

08 제시된 어휘들은 모두 유대인이 사용하던 언어에서 차용된 것이다.

08 다음 어휘들은 어떤 언어의 차용어인가?

> • bagel   • blintz
> • kibitz   • scram
> • shmuck

① Italian
② Dutch
③ Jewish
④ French

정답   06 ④   07 ②   08 ③

09 다음 중 미국영어가 차용한 언어가 <u>아닌</u> 것은?

① Italian

② Native American

③ French

④ Greek

10 다음 어휘들을 사용한 이주민들이 거주하던 지역은?

- bureau
- prairie
- gopher
- depot
- shanty

① Virginia

② Pennsylvania

③ Louisiana

④ New York

11 다음 중 미국영어의 차용에 관한 설명으로 적절하지 <u>않은</u> 것은?

① 당시 신대륙에 거주하고 있던 원주민들의 언어에서 동·식물의 이름을 차용하였다.

② 현재까지 남아 있는 북미원주민어 차용어는 150여 개이다.

③ 스페인어 차용어는 식민지 초기 캘리포니아 지역에 모여 살던 이주민들로부터 받아들여졌다.

④ 네덜란드어 차용어는 펜실베이니아 지역에 거주하던 이주민들로부터 들여왔다.

01 **정답**

뉴잉글랜드(New England)

01 다음 내용에 해당하는 지역의 명칭을 쓰시오.

- 미국 북동부 대서양 연안에 있는 구릉성 산지와 해안 지방에 있는 6개 주로 이루어진 지역이다.
- 매사추세츠, 코네티컷, 로드아일랜드, 버몬트, 메인, 뉴햄프셔가 포함된다.
- 서쪽으로 뉴욕, 북쪽으로 캐나다의 퀘벡과 맞대고 있다.
- 동쪽과 남쪽은 대서양이다.

02 **정답**

뉴욕시를 제외한 뉴욕주 및 뉴잉글랜드에서 주로 사용되는 악센트로, 보스턴 브라민 악센트라고도 불린다. 존 F. 케네디 대통령이 구사한 것으로 알려졌으며, 'vigor, car, card' 등에서 [r]을 발음하지 않는 r-묵음화(r-dropping) 특징을 보인다.

02 미국영어의 북동부 악센트가 가지는 특징을 서술하시오.

03 다음 내용은 미국영어의 어떤 악센트를 설명하고 있는 것인지 쓰시오.

> • 북동부 및 남부 지역을 제외한 나머지 지역에서 사용된다.
> • 대부분의 미국인이 사용하는 발음이다.
> • r-묵음화와 같은 지역적 특징이 없어 미국의 표준 방언으로 간주된다.
> • 주로 방송에서 들을 수 있는 지역중립적인 발음이라는 점에서 네트워크영어라고도 불린다.

03 **정답**
일반미국(General American) 악센트

04 다음 내용은 무엇에 대한 설명인지 쓰시오.

> • 미국에서 새로운 환경에 적응하기 위해 영국영어와 다른 새로운 어휘가 필요하다는 인식하에 생겨난 어법이다.
> • 1781년 존 위더스푼이 처음으로 사용하였다.
> • 유럽적인 것을 배격하고 미국의 고유한 전통을 발전시킬 것을 주장한 노아 웹스터가 본격적으로 연구하였다.

04 **정답**
미국식 어법(Americanism)

05 정답
노아 웹스터(Noah Webster)

05 다음 내용에 해당하는 인물의 이름을 쓰시오.

- 예일 대학 출신으로, 미국식 어법을 본격적으로 연구하였다.
- "The American Spelling Book"(1783), "A Compendious Dictionary of the English Language"(1806), "An American Dictionary of the English Language"(1828) 등 다수의 사전을 출간하였다.
- 미국식 철자법과 수만 개에 달하는 미국식 새로운 어휘를 주조하였다.

06 정답
버지니아에서 텍사스를 포함하는 남서부 모든 지역에서 사용되는 악센트이다. 북동부 악센트처럼 r-묵음화의 특징을 가지며, 'man' [mæn] → [mæɪn], 'lip' [lɪp] → [lɪəp]처럼 단모음을 이중모음으로 발음하는 경향이 있다. 또한 본래 이중모음을 단모음화하는 경향도 보이는데 'I' [aɪ] → [ɑ], 'my' [maɪ] → [mɑ]로 발음하기도 한다.

06 미국 방언 중에서 남부 악센트가 가진 특징을 간략하게 서술하시오.

07 미국영어의 철자가 영국영어의 철자와 다른 점을 간단한 예를 들어 설명하시오.

미국영어의 철자법은 대체로 발음의 실용적인 측면을 강조하여 불필요한 요소를 생략한다는 특징이 있다. 가령, 영국영어의 'behaviour, cancelling, catalogue'를 미국영어에서는 각각 'behavior, canceling, catalog'로 간소하게 표기한다.

08 다음 어휘들의 공통점을 서술하시오.

- bonanza
- boss
- delicatessen
- persimmon
- prairie

제시된 어휘들은 모두 각종 외래어에서 영어로 차용된 언어 즉, 차용어이다. 새로운 환경에 정착한 이주민들은 새로운 동·식물 및 사물의 명명을 위해 북미원주민어, 프랑스어, 스페인어, 네덜란드어, 독일어 등의 외래어로부터 어휘를 차용하였다.

09 다음 어휘들의 공통점을 서술하시오.

- adobe
- canoe
- cocoa
- hammock
- hurricane

제시된 어휘들은 모두 스페인어로부터 영어에 들여온 차용어이다. 스페인어 차용어는 식민지 초기 캘리포니아 및 미국 남서부 지역에 모여 살던 스페인어 사용자들로부터 받아들여졌다.

10 **정답**
제로파생

10 다음 어휘들은 접사를 사용하는 대신 품사를 변형하여 단어를 주조하였다. 이러한 어휘 생성 방식의 명칭을 쓰시오.

> • 동사 : advocate, deed, progress, test
> • 명사 : dry, high, transient

11 **정답**
제시된 어휘들은 모두 영국영어와 동일한 철자를 가졌지만 미국영어에서 의미를 달리해서 사용한 단어로, mad는 'angry', awful은 'disagreeable', stock은 'cattle', lot은 'piece of land', lumber는 'timber'의 의미로 변화하였다.

11 다음 어휘들의 공통점을 간략하게 기술하시오.

> • mad   • awful
> • stock   • lot
> • lumber

12 다음 내용에 해당하는 음운과정이 무엇인지 쓰시오.

> • 자음에 있어서 미국영어와 영국영어의 대표적인 차이 중
> 하나로, 미국영어가 보이는 현상이다.
> • water, letter, writer와 같은 단어에서 나타난다.
> • [t]가 두 모음 사이 강세 없는 음절에 위치했을 때 무성음
> 이 아닌 유성음으로 발음된다.

13 현대영어에서 미국영어와 영국영어가 철자를 달리하는 어휘를
2개 이상 쓰시오.

12 **정답**
탄설음화(flapping 또는 tapping)

13 **정답**
• 미국영어 : ameba, center,
criticize, defense, humor 등
• 영국영어 : amoeba, centre,
criticise, defence, humour 등

14 **정답**

제시된 인물들은 모두 미국 내 언어 변화의 당위성을 주장한 진보주의적 관점을 지닌 인물들이다. 이 중 웹스터는 독립국가는 새로운 관념을 표현할 수 있는 새로운 언어가 필요함을 설파하였으며, 미국영어 옹호자의 대표적인 인물이다. 마크 트웨인과 월트 휘트먼은 미국영어의 우수성을 세계적으로 널리 알리는 데 기여하였다.

14 다음 인물들이 미국영어에 대해 가진 공통적인 입장이 무엇인지 서술하시오.

- 토머스 제퍼슨(Thomas Jefferson)
- 노아 웹스터(Noah Webster)
- 마크 트웨인(Mark Twain)
- 월트 휘트먼(Walt Whitman)

15 **정답**

뉴햄프셔(New Hampshire), 매사추세츠(Massachusetts), 뉴욕(New York), 펜실베이니아(Pennsylvania), 로드아일랜드(Rhode Island), 코네티컷(Connecticut), 뉴저지(New Jersey), 델라웨어(Delaware), 메릴랜드(Maryland), 버지니아(Virginia), 노스캐롤라이나(North Carolina), 사우스캐롤라이나(South Carolina), 조지아(Georgia)

15 1774년 9월 5일 필라델피아에서 제1차 대륙회의(First Continental Congress)를 개최하고 본국인 영국과 전쟁을 치르기 위한 군대를 조직했던 미국의 초기 13개 주를 모두 쓰시오.

16 **정답**

1776년 7월 4일

16 미국에서 독립선언문(Declaration of Independence)을 공포한 날짜를 쓰시오.

제 6 편

어휘변화

| 단원 개요 |

본 편은 다음과 같은 내용으로 구성된다. 제1장에서 어형성에 대해 살펴본다. 제2장에서 어휘차용을 살펴본다. 제3장에서 단어의 의미변화를 알아본다. 제4장에서 단어의미의 전이에 대해 알아본다.

| 출제 경향 및 수험 대책 |

- 어형성의 유형인 파생과 합성에 대해 알아본다.
- 기타 어형성 유형인 신조어, 두자어, 절단, 혼성, 역형성 등에 대해 알아본다.
- 영어의 어휘차용을 살펴본다.
- 단어의 의미변화인 의미의 일반화, 특수화 및 양화, 악화를 알아본다.
- 단어의미의 전이법인 은유, 공감각, 환유, 제유, 완곡어법, 강조어를 살펴본다.

제 **1** 장 | 어형성(word formation)

어형성이란 새로운 단어가 만들어지는 과정을 말한다. 영어의 어형성에는 파생(derivation), 합성(compounding), 기타 다양한 어형성 유형이 존재한다.

제1절 파생(derivation)

파생은 기존의 단어에 접사를 붙여 새로운 단어를 형성하는 것으로, 영어의 어형성 유형 중 생산성이 가장 높다. 첨가되는 접사에는 접두사(prefix)와 접미사(suffix)가 있다.

1 접두사(prefix)

(1) a-

전치사 on의 어원으로, 고대영어에서는 의존형태소가 아닌 독립형태소였다.

예 aboard, about, alive, among, aside

(2) out-(< OE ūt)

현재는 의존형태소로 쓰이나, 고대영어에서는 엄연한 부사로 사용되었다.

예 outnumber

(3) un-

un-의 용법과 의미는 고대영어와 현대영어에서 동일하게 '부정'을 나타낸다.

예 un-clæn 'impure', uncertain, unhappy, unlock

(4) be-

고대영어에서의 의미는 'about, around, on all sides'이다.

예 befriend, behead

(5) for-

고대영어에서 'loss, destruction'의 의미를 가졌고, 현대영어에서는 'away, opposite, completely'의 의미로 사용된다.

⑩ forbærnan 'destroy by burning', forbid, forget, forgive, forlorn, forswear

(6) with-

본래 의미는 'against, in opposition'이다.

⑩ withdraw, withhold, withstand

(7) after- / over- / under-

현대영어에서 전치사 및 접두사로 쓰이는 after, over, under는 고대영어에서 접두사로서 기능하였다.

⑩ æfter-spyrian 'inquire', ofer-mum 'rich treasure', under-cyning 'viceroy', under-gietan 'understand', aftermath, overlook, understand

(8) 기타 접두사

① **and-**

현대영어 동사인 answer(< OE andswaru)의 고대영어 형태에서 유래하였으며, 라틴어 접두사인 anti-와 동일한 의미인 'against, toward'의 의미를 가진다.

② **현대영어에서 쓰이지 않는 접두사**

㉠ ge- : '완료'

⑩ geridan 'to rise up'

㉡ þurh- : '강조'

⑩ þurh-beorht 'very bright'

㉢ ymb- : '주변'

⑩ ymb-hweorfan 'go around'

2 접미사(suffix)

(1) -ly

이 접미사의 어원은 명사 līc 'body' 및 līk 'like'이다(OE līc > li, ly / līk > like).

예 manly(< OE manlīc 'having the body of a man'), friendly, heavenly, worldly, gentlemanly, gentlemanlike

(2) -dom(< OE dōm)

고대영어에서는 'judgment'의 뜻을 가진 독립형태소였으나, 현대영어에서는 강세가 없는 단모음이다.

예 doomsday 'day of judgment', freedom, kingdom, wisdom

(3) -hood

고대영어에서는 'condition, quality'의 뜻을 가진 독립형태소였다.

예 childhood, manhood

(4) -er(< OE -ere)

행위자(agent) 명사를 만드는 대표적인 명사 형성 접미사로, 생산성이 매우 높다.

예 leorn-ere 'learner', wrt-ere 'writer', banker, dancer, singer

(5) -ness

형용사에 결합해 추상명사를 형성하는 대표적인 접미사이다.

예 joyfulness, loneliness, wildness

(6) -ing(< OE -ung)

동사에 결합해 명사를 형성하는 접미사이다.

예 fishing, reading

(7) -ship(< OE scipe)

명사에 결합해 추상명사를 형성하는 접미사이다.

예 friendship, scholarship

(8) -th(< OE þ, īþō)

형용사에 결합해 명사를 형성하는 접미사이다. 본래 형태는 īþō로 long/length, strong/strength 간 모음변이 (umlaut, i-mutation)를 설명해 준다.

⑩ fylþ 'impurity' > truth, merry > mirth, long > length, strong > strength

(9) -ful

명사 또는 동사에 결합해 형용사를 형성하는 접미사이다.

⑩ þancful 'thankful', faithful, forgetful, playful, respectful

(10) -y(< OE -īg)

명사에 결합해 형용사를 형성하는 접미사이다.

⑩ blōdīg > bloody, greedy, thirsty

(11) -less(< OE lēas 'free from')

명사에 결합해 형용사를 형성하는 접미사이다.

⑩ careless, harmless

(12) -ish(< OE isc)

명사에 결합해 형용사를 형성하는 접미사이다.

⑩ boyish, foolish

(13) -some(< OE -sum)

명사에 결합해 형용사를 형성하는 접미사이다.

⑩ handsome, lonesome

(14) 기타 접미사

① 현대영어에서 사라진 접미사

㉠ 명사 형성 접미사 : -a, -end

㉡ 형용사 형성 접미사 : -cund

㉢ 동사 형성 접미사 : -læc(an), -s(ian), -ett(an)

② 형용사 형성 접미사

-wīs, -fæst는 본래 용법은 사라졌지만 형태는 여전히 남아 있다.

⑩ riht-wīs 'righteous', sōþ-fæst 'true', colorfast, likewise

3 외래어 기원 접사

영어와 문화적 접촉이 잦았던 라틴어, 그리스어, 프랑스어 등의 외래어로부터 다양한 접사를 수용하였다.

(1) 라틴어 유래

라틴어에서 들어온 접사들로는 -(i)an, ab-, ad-, circum-, com-, -ese, inter-, intra-, per-, sub-, super-, trans-, -ary, -ate, -tion, -ist, -ite, -ory 등이 있다.

예 Canadian, Elizabethan, Japanese, Portuguese

(2) 그리스어 유래

그리스어에서 들어온 접사들로는 a-, amphi-, anti-, apo-, arch-, di-, dia-, epi-, -ess, eu-, hemi-, hetero-, homo-, neo-, pen-, peri-, proto-, pseudo-, syn- 등이 있다.

예 amoral, asymmetric, actress, goddess

(3) 프랑스어 유래

프랑스어로부터 직접 차용된 것도 있지만 그리스어가 프랑스어를 거쳐 영어에 유입된 접사(-ize)도 있다. 로맨스어를 포함한 프랑스어 유래 접사들로는 dis-, in-, re-, -age, -ity, -ment, -able, -al, -ive, -ous, -ize 등 다수가 있다. 특히 중세영어 초기에는 프랑스어에서 차용한 외래 어휘에 영어 고유 접사가 결합하는 형태(예 beautiful, comfortably, gentleness, preaching, uncomfortable)가 일반적이었으나, 14세기 후반 이후 영어 고유 어근과 프랑스어 차용 접사의 결합(예 lovable, shortage, talkative)이 잦아지면서 영어의 파생력은 더욱 커졌다.

예 disagree, dislike, incomplete, insecure, return, reform, carriage, postage, electricity, sanity, judgment, management, comparable, desirable, doctoral, tidal, effective, massive, dangerous, humorous, minimize, organize

4 제로파생(zero derivation, conversion) 종요

접사첨가(affixation) 없이 기존의 품사를 다른 품사로 전환(conversion)하는 것을 제로파생이라 한다. 각각의 품사가 고유한 굴절어미를 가지고 있던 고대영어에서 이 같은 기능적 전이(functional shift)는 불가능하였고, 중세영어 후반 이후 굴절어미의 소실로 인해 제로파생을 이용한 어형성이 가능해졌다. 제로파생은 셰익스피어도 즐겨 사용하였다고 알려진 조어법으로, 다음 인용문에서 본래 품사가 명사인 window와 park를 동사로 품사전환하여 사용하였다.

> Wouldst thou be *window'd* in great Rome? (*Antony and Cleopatra*, IV.xii.72)
> How are we *park'd* and bounded in a pale! (Henry IV, IV.ii.45)

다음 표에서는 현대영어에서 제로파생을 보이는 어휘들을 볼 수 있다.

[제로파생 어휘]

품사전환	어휘	예문
명사 > 동사	bar, book, bus, chair, contact, date, document, google, gossip, homage, influence, invoice, man, part, phone, sail, star, taxi	• She starred in the movie. • They sailed the Pacific Ocean. • The ship was manned with a small crew. • The children are bused to school. • I googled him but there were no references to him on the Internet.
동사 > 명사	act, cut, drink, drive, hit, invite, laugh, look, run, sing, sleep, stand, turn, walk	The office is ten minutes' walk from here.
형용사 > 동사	calm, dirty, open, round, slow, warm	Having some tea will calm your nerves.
형용사 > 명사	ancient, fat, green, male, red, square	The fair will be held on the green behind the library.
전치사 > 명사	ins and outs	I don't know the ins and outs of their quarrel.
접속사 > 명사/동사	but	But me no buts. (Don't give me any objections.)

제2절 | 합성(compounding)

합성은 둘 또는 그 이상의 단어를 합쳐 하나의 새로운 단어를 만드는 것으로, 파생과 달리 의존형태소가 아닌 독립형태소를 결합한다.

1 고대영어의 합성

(1) **합성명사**

합성은 게르만어에서 생산적인 조어법이었고, 게르만어와 유사점이 많았던 고대영어에서 합성은 대표적인 어형성 방식이었다. 고대영어의 합성명사 예시는 다음 표에 제시돼 있다. 특히 hranrad 'whale-road', gāstobona 'soul-killer', wīg plega 'war-play'와 같이 두 개의 명사로 이루어진 은유적 합성명사(대칭, kenning)는 고대영시의 특징적인 수사적 표현이다.

[고대영어의 합성명사]

고대영어 어휘	의미	현대영어 어휘
bōccræft	'book-skill'	literature
bōchord	'book-hoard'	library
galdocræft	'incarnation-skill'	magic
gāstobona	'soul-killer'	evil
gōdspell	'good-message'	gospel
hranrad	'whale-road'	sea
lārhūs	'learning-house'	school
tungolcræft	'star-skill'	astronomy
wīfmann	'wife-man'	woman
wīg plega	'war-play'	war

(2) **합성형용사**

합성형용사는 주로 분사형을 이용하였는데 hand-wrhot 'hand-made', gold-hroden 'gold-adorned' 등의 예가 있고 현대영어의 hand-built, moth-eaten과 같은 합성형용사의 기원이 되었다.

(3) **합성동사**

고대영어에서는 fullfyllan 'full-fill' 등과 같은 합성동사가 다수 있었지만 현대영어에는 ice-freeze, spoon-feed, sweet-talk 등 소수의 합성동사만이 남아 있다.

2 중세영어의 합성

고대영어의 많은 합성어들이 중세영어 시기에 들어서면서 외래어로 교체되었다(예 burhsittende man > citizen, mildheortness > mercy). 지배계층의 언어인 프랑스어의 영향으로 형용사가 명사를 후행하는 어구가 등장하였고(예 consul general, court martial, fee simple, heir apparent, knight-errant, sum total), 어근이 전치사를 선행하는 당시로서는 혁신적인 어순 또한 나타났다(예 blackout, runabout, runaway, standoff).

3 초기현대영어의 합성

중세영어에서 주춤했던 합성 조어법이 초기현대영어에서 활기를 띠기 시작하여, 다양한 합성명사 어휘가 탄생하였다(예 freshman, sheep-brand, small fox, strong-men, water lock). 셰익스피어가 작품에서 사용한 것으로 유명한 cut-throat, fancy-free, milk-white 등의 합성어를 비롯하여 성경에 등장한 hereafter, thereto, thereby, thereof, whereof, whereby 등의 어휘도 초기현대영어 시기에 생긴 것이다.

4 현대영어의 합성

현대영어 시기에 들어서면서 수많은 합성어가 생겼고, 현재도 끊임없이 만들어지고 있다.
예 bathroom, blood pressure, blue tooth, credit card, deadline, egghead, high brow, headache, highway, homework, honeymoon, hot dog, information, know-how, lipstick, output, redcoat, role model, smart phone, take out, test-tube baby, tooth brush

후기현대영어 이후부터는 어근의 결합이 단어를 넘어 구에까지 확대되는 경향이 생겼다.
예 bachelor-at-arms, back-to-back, bread and butter, cup and saucer, dog-in-the-manger, father-in-law, forget-me-not, good-for-nothing, happy-go-lucky, merry-go-round, must-see, off-the-wall, state-of-the-art, tongue-in-cheek, whisky-and-soda

또한, 합성어를 이루는 두 요소가 매우 밀접하게 결합하여 외견상으로는 마치 한 단어처럼 여겨지는 융합형 합성어(amalgamated compounds)도 있다. 융합형 합성어의 예로 breakfast와 같이 원형을 예측할 수 있는 어휘가 있는 반면, daisy처럼 유추가 어려운 어휘도 있다. 인명·지명에도 융합형 합성어의 예가 다수 존재한다.

[융합형 합성어]

현대영어	고대영어	의미
breakfast		break-fast
as	al-swā	all-so (cf. also)
alone		all-one
only		one-ly
gossip		god-sibling
daisy	dægeseage	day's eye
lord	hlāf-weard	bread-guard
lady	hlāf-dīge	bread-maker
husband		house-dweller
housewife	hūs-wīf	house-wife
marshal	mearh-scealc	horse-servant
sheriff	scīr-rēfa	shire-officer
Alfred	ælf-ræd	elf-counsel
Boston		Botulf's stone
Purdue	pour-Dieu	for-God
Hampshire	Hamp-shire	Hamp-county (cf. Lincolnshire, Yorkshire)
Dewsbury	Dews-bury	Dews-village (cf. Salisbury)
Edinburgh	Edin-burgh	Edin-village (cf. Middlesbrough, Scarborough)
Birmingham	Birming-ham	Birming-homestead (cf. Nottingham)
Greenwich	Green-wich	Green-trading place (cf. Norwich, Warwick)

제3절 | 기타 어형성 유형

어형성에서 가장 비중이 큰 것은 앞서 살펴본 파생(derivation)과 합성(compounding)이지만, 이 밖에 새로운 어휘가 영어에 들어오는 길은 '신조어의 사용, 두자어 형성, 절단, 혼성, 역형성' 등 여러 가지가 있다.

1 신조어(neologism, coinage)

단어는 아무것도 없는 곳에서 새로 만들어지기도 하는데, 이것을 어근창조(root creation) 또는 단어제조(word manufacture)라 일컫는다. 신조어는 영어의 음소 배열 제약(phonotactic constraints)에 어긋나지 않으면 어떤 단어라도 만들어질 수 있으며, 고대영어 시대로부터 기원을 알 수 없는 신조어들이 영어에 나타났다.

(1) **12~14세기** : bad, cut, dog, for, pig

(2) **16세기** : bet, dodge, jump

(3) **17세기** : blight, chum, job

(4) **18세기** : donkey, fun, jam

(5) **19세기** : blizzard, bogus, slum

신조어는 특히 기업에서 어떤 제품에 대해 새롭고 멋진 이름이 요구되는 경우에 흔하게 나타났다(예 X-ray, robot, Vaseline, vitamin, Aspirin, zipper, nylon, Kleenex).

2 두자어(acronym) 종요

그리스어 akros 'tip, top'과 nyma 'name'의 합성에서 유래한 두자어는 연속하는 단어의 첫 글자들로 단어가 형성되는 과정을 가리키며, 20세기 이래 두자어의 이용이 눈에 띄게 증가하였다. 다음 예시에서 볼 수 있듯이 일상생활에서 매우 친숙한 표현에서부터 국제기구·단체·조직 명칭, 정보통신과 컴퓨터 관련 용어, 인터넷 용어에 이르기까지 두자어를 이용한 어형성이 매우 활발하다.

[두자어의 예시]

두자어	본래 명칭
OK	okay
cm	centimeter
Mr.	mister
AM	Ante Meridiem
PM	Post Meridiem
A.D.	Anno Domini
B.C.	Before Christ
Scuba	Self-contained underwater breathing apparatus
laser	light amplification by stimulated emission of radiation
radar	radio detecting and ranging
DNA	Deoxyribonucleic acid
RP	Received Pronunciation
BBC	British Broadcasting Corporation

SPE	Sound Pattern of English
ATM	Automated Teller Machine
PIN	Personal Identification Number
CUNY	City University of New York
SUNY	State University of New York
EU	European Union
FDA	Food and Drug Administration
IMF	International Monetary Fund
UNESCO	United Nations Educational, Scientific and Cultural Organization
UNICEF	United Nations International Children's Emergency Fund
WTO	World Trade Organization
NATO	North Atlantic Treaty Organization
UPS	United Parcel Service
LCD	Liquid Crystal Display
LED	Light Emitting Diode
DVD	Digital Video Disk
GPS	Global Positioning System
P2P	Peer to Peer
B2B	Business to Business
TED	Technology, Entertainment and Design
CEO	Chief Executive Officer
CFO	Chief Financial Officer
SAT	Scholastic Aptitude Test
ICBM	Intercontinental Ballistic Missile
VAT	Value Added Tax
FAQ	Frequently Asked Questions
OEM	Original Equipment Manufacturer
MOU	Memorandum of Understanding
HIV	Human Immunodeficiency Virus
MRI	Magnetic Resonance Imaging
CT	Computed Tomography
SUV	Sports Utility Vehicle
IRL	In Real Life
LOL	Laugh Out Loud
NIMBY	Not In My Back Yard
DINK	Dual Income No Kids
YOLO	You Only Live Once

3 절단(clipping)

절단은 단어에서 하나 또는 그 이상의 음절을 잘라내고 남은 일부로 전체 의미를 나타내는 것을 가리킨다. 절단 과정을 겪는 품사는 대체로 명사인데, 가령 telephone에서 앞부분을 떼어낸 phone과 같은 형태를 절단어 (clipped words) 또는 단축어(curtailed words)라고 한다. 절단 어형성이 최초로 사용된 것은 16세기 중반 무렵 이며, gym과 같이 단어의 끝부분을 절단하는 것이 일반적이지만 bus처럼 앞부분을 잃는 것도 있고, flu의 경우 처럼 전후 절단에 의해 만들어진 것도 있다.

(1) 뒷부분 절단

• ad(< advertisement)	• grad(< graduate)
• app(< application)	• gym(< gymnasium)
• auto(< automobile)	• info(< information)
• bike(< bicycle)	• intro(< introduction)
• bio(< biology)	• lab(< laboratory)
• biz(< business)	• math(< mathematics)
• cab(< cabriolet)	• mike(< microphone)
• champ(< champion)	• pants(< pantaloons)
• combo(< combination)	• photo(< photograph)
• deli(< delicatessen)	• prof(< professor)
• dorm(< dormitory)	• sis(< sister)
• exam(< examination)	• sub(< substitute)
• extra(< extraordinary)	• telly(< television)
• fax(< facsimile)	• thru(< through)
• gas(< gasoline)	

(2) 앞부분 절단

- bus(< omnibus)
- coon(< raccoon)
- phone(< telephone)
- plane(< airplane)
- van(< caravan)
- wig(< periwig)

(3) 앞뒤 모두 절단

> • flu(< influenza)
> • fridge(< refrigerator)
> • still(< distiller)

(4) 두 단어에서 절단

> • decaf(< decaffeinated coffee)
> • pop(< popular music)
> • perm(< permanent wave)
> • pub(< public house)
> • taxi/taxicab/cab(< taximeter cab)
> • zoo(< zoological garden)

4 혼성(blending) 중요

혼성은 두 단어를 융합하여 하나로 만드는 것으로서 그 결과로 생기는 혼성어(blends, portmanteau words)는 두 단어에 있던 본래의 의미를 가진다. 혼성 어형법은 14세기부터 사용된 것으로 추정되는데, "Sir Gawain and the Green Knight"에 등장하는 haþel이 혼성을 단적으로 보여주는 단어이다.

예

• haþel 'nobleman'(= haleþ 'man' + aþel 'noble')
• brunch(= breakfast + lunch)
• chortle(= chuckle + snort)
• clash(= clap + crash)
• escalator(= escalade + elevator)
• galumph(= gallop + triumph)
• liger(= lion + tiger)
• medicare(= medical + care)
• motel(= motor + hotel)
• netizen(= network + citizen)
• simulcast(= simultaneous + broadcast)
• slide(= slip + glide)
• smog(= smoke + fog)

- spam(= spiced + ham)
- splatter(= splash + spatter)
- spork(= spoon + fork)
- tigon(= tiger + lion)
- twirl(= twist + swirl)
- urinalysis(= urine + analysis)

5 역형성(back formation) 중요

새로운 어휘는 기존의 어휘에 원래 있던 요소를 접사로 잘못 생각하고 그것을 떼어내어 만들어지기도 한다. 가령 editor, peddler, swindler와 같은 명사 어휘가 영어에 처음 들어왔을 때 이것을 act/actor, reap/reaper, sing/singer, write/writer처럼 생각하여 edit, peddle, swindle과 같은 동사 어휘를 새로 만들었다. 이러한 과정은 행위자(agent)를 만드는 형태소 -er을 동사(예 speak)에 더하여 명사(예 speaker)를 만드는 통상적인 어형성 방식과 정반대이다. 이처럼 파생어인 것으로 보이는 단어로부터 새로운 어휘를 만드는 것을 역형성이라 일컫고, 역형성 과정을 통해 생긴 어휘를 역성어(back-formed words)라고 한다.

[역성어의 예]

역성어	본래 어휘(초출연도)
beg	Beghard(1225)
suckle	suckling(1408)
cobble	cobbler(1496)
grovel	grufeling > grovelling(1593)
locate	location(1652)
resurrect	resurrection(1772)
donate	donation(1795)
loaf	loafer(1838)
diagnose	diagnosis(1862)
burgle	burglar(1870)
commute	commuter(1890)
televise	television(1901~1905)
automate	automation(1950)
babysit	babysitter
darkle	darkling
cherry	cherise > cherries
housekeep	housekeeper

pea	pise > peas
sidel, sidle	sideling, sidling
sleepwalk	sleepwalker
vaccinate	vaccination

6 민간어원(folk etymology)

민간어원이란 그릇된 역사적 분석을 근거로 단어의 일부 또는 전체를 바꾸어 보다 친숙한 단어처럼 이해되도록 만드는 과정을 일컫는다. 민간어원의 가장 유명한 예가 hamburger(< Hamburg, Germany)로 본래 '(스테이크가) 함부르크식의'라는 뜻이고 햄과는 아무런 상관이 없었다. hamburger에 ham이 들어 있는 것으로 잘못 생각하면서 두 형태소 ham과 -burger로 분석하였고 그 결과 cheeseburger, chickenburger 등의 새로운 어휘들이 생겨났다.

[민간어원의 예와 어원]

민간어원 어휘	어원	오인한 내용
carryall	프랑스어 carriole 'carriage for four'	all과 관련
cockroach	스페인어 cucaracha	cock과 roach의 합성
coldslaw	네덜란드어 kool 'cabbage' + sla 'salad'	kool → cold
cutlet	프랑스어 côtelette 'little rib'	cut과 관련
penthouse	프랑스어 appentis 'lean-to'	pent 'confined'와 관련
sirloin	프랑스어 sur 'above' + loin	sur → sir

7 환칭(antonomasia)

환칭이란 사람 또는 장소를 가리키던 이름으로부터 명사·동사·형용사를 만드는 것을 뜻한다. 가령, frisbee라는 어휘는 미국 코네티컷주에 소재하던 빵집인 Frisbie Bakery에서 파이를 담던 그릇이 던지기 놀이에 처음 쓰였다 하여 붙여진 이름이다. 또한, sandwich는 18세기 영국의 백작이었던 4th Earl of Sandwich에서, lynch는 버지니아주 판사인 윌리엄 린치(William Lynch, 1742~1820)에서 유래된 명사이며, boycott은 아일랜드 토지 중개인 찰스 커닝햄 보이콧(Charles Cunningham Boycott, 1832~1897)이 소작인들이 정한 지대를 거부한데서 유래하였다. 연인을 'casanova, don juan, lothario, romeo'라 지칭하는 것도 환칭의 예이고, 이 밖에도 'brown betty, charlotte russe, chuck wagon, lazy susan' 등의 예가 있다.

8 의성(echoism, onomatopoeia)

의성은 소리로써 그 의미를 암시하는 단어를 형성하는 것을 가리킨다. 가령, hiss는 뱀이나 증기, chirp은 새나 곤충, croak은 개구리나 까마귀를 의미한다. 의성어의 예는 'bobwhite, boom, bow-wow, buzz, chickadee, clang, click, cuckoo, lisp, meow, moan, murmur, quack, roar, sizzle, thump, thunder, whisper' 등 매우 다양하다.

9 중첩(reduplication)

중첩은 어근이나 어간의 일부 또는 전체를 중복하여 새로운 어휘를 형성하는 과정으로, 자연 언어에서 널리 퍼져 있는 자연스러운 현상이다. 중첩은 hanky-panky, pooh-pooh, tip-top처럼 일종의 합성으로 이들을 중첩합성어(reduplicative compounds) 또는 첩어(reduplicative/reduplicated words)라고 일컫는다. 영어에서 첩어는 소리를 흉내 낼 때(예 tick-tock), 엇갈리는 움직임을 암시할 때(예 see-saw), 불안정이나 우유부단을 빗대어 말할 때(예 higgledy-piggledy, wishy-washy), 의미의 강도를 높일 때(예 tip-top) 사용된다.

제1절　영어의 어휘차용(borrowing)

차용어(loanwords)는 영어 어휘 중 상당 부분을 차지하는데, 영어와 접촉한 외래어 기원의 단어가 차지하는 비중은 대략 전체 어휘의 4분의 3 정도이다. 역사적으로 '바이킹의 침입, 노르만 정복, 문예부흥, 해외정복' 등을 거치며 영어는 '라틴어, 그리스어, 프랑스어, 스칸디나비아어, 스페인어, 포르투갈어, 이탈리아어, 독일어' 등 수많은 언어에서 새로운 어휘를 받아들였다. 이처럼 다양한 언어로부터 차용한 어휘들 덕분에 영어는 어감이 다른 여러 동의어를 보유하게 되었고, 이것이 영어의 효용성(usefulness) 및 풍부한 표현력에 기여하게 되었다. 한편, 이 같은 영어 어휘의 이질적인(heterogeneous) 특성이 영어의 순수성을 해친다는 주장도 일부 있지만, 영어가 세계 언어로 발전하는 데 큰 역할을 하였다.

1 켈트어 유래 차용어(Celtic loanwords)

역사적으로 로마와 게르만족의 지배를 받았던 켈트족은 일부 지명 등을 제외하고 영어에 그리 큰 영향을 끼치지 못하였다. 켈트어에서 유래한 지명은 Aber, Avon, Cornwall, Devon, Dover, London, Lincoln(< Latin colōnia) 등이 있고, 지명 이외에 rīce 'powerful', cross(< Gaelic crois, Old Irish cros), bratt 'cloak', brocc 'badger', torr 'peak', bard, bog, brogue, clan, crag, druid, galore, kilt, mugwort, plaid, slogan, tory, torque, whiskey 등의 차용어가 있다.

2 라틴어 유래 차용어(Latin loanwords)

라틴어가 영어에 미친 영향은 영국이 로마제국의 지배권에 있을 때부터 시작되었다. 고대영어 시기 이전에 차용된 라틴어를 대륙차용(continental borrowing)이라 일컫고 이들의 예로는 camp, Caesar, chest, kettle, kitchen, mint, orange, pepper, wall, mile(< Latin milia passuum), street(< Latin straet), wine(< Latin vinum) 등이 있다.

라틴어 유래 차용어에는 켈트족이 받아들인 라틴어를 게르만족이 다시 사용하게 된 경우도 있다. 가령, 영국 지명에서 볼 수 있는 -chester/-caster/-cester(< Latin castra 'castle')가 대표적인 예로 Chester, Doncaster, Lancaster, Leicester, Manchester, Winchester가 있다. 이 밖에도 게르만족이 기독교로 개종한 이후 게르만족이 쓰던 룬 문자를 대신해 로마철자가 영어에 도입되었다. 그 결과 400여 개의 라틴어 차용어가 생겼고, 그중 현대영어에 남아 있는 어휘의 대부분은 기독교와 관련이 있다(예 abbot, apostle, bishop, candle, church, devil, disciple, martyr, monk, nun, pope, priest, temple).

중세영어 이후에는 종교뿐 아니라 법, 과학 등의 분야에서도 라틴어 차용이 이루어졌다(예 client, conviction, credo, digit, dirge, dissolve, equator, orbit, pauper). 르네상스 시대는 영국을 포함한 유럽 전역에서 역사상 라틴어의 사용이 가장 많았던 시기로, '문학, 수사학, 논리학, 역사학, 수학, 과학' 등 여러 학문 분야 어휘의 유입이 많았다(예 dental, equilibrium, lunar, momentum, nasal, oral, solar, stellar, vacuum). 라틴어는 여러 차용어 중에서도 학술적인 뉘앙스가 가장 짙은 언어로, 가령 동일한 의미를 가진 ask, interrogate, question 중 전문적인 문어체로 사용되는 어휘는 라틴어 기원인 interrogate뿐이다. 이와 유사한 학술적 라틴어 차용 표현들로는 et cetera, exempli gratia, id est, videlicet 등이 있다.

라틴어 유래 차용어 중 프랑스어를 통해 간접적으로 유입된 어휘도 상당수 있는데 'comedy, history, logic, music' 등의 어휘가 이에 속하며, 일부 어휘의 경우 라틴어 차용어와 프랑스어 차용어로 구별되는 이중어 (doublets)가 존재한다.

[이중어의 예]

라틴어 유래	프랑스어 유래
pauper	poor
radius	ray
regal	royal
secure	sure
strict	strait

3 스칸디나비아어 유래 차용어(Scandinavian loanwords) 종요

스칸디나비아 지역에 살던 바이킹의 침입으로 영어에 스칸디나비아어가 유입되었다. 스칸디나비아어는 고대노르웨이어(Old Norse, North Germanic)족에 속하는 언어이고 이 어족에는 노르웨이어(Norwegian), 스웨덴어 (Swedish), 데인어(Danish), 아이슬란드어(Icelandic)가 있다. 북게르만어인 스칸디나비아어와 서게르만어인 고대영어는 둘 다 게르만어로 굴절체계 등 유사한 부분이 많아 앵글로색슨족과 바이킹 간에 의사소통이 가능하였다. 9세기 무렵 스칸디나비아어로부터 유입된 차용어는 2,000여 개로 알려져 있으며, 'drag, ransack, trust, die, give, take, think' 등의 친숙한 어휘가 이에 포함된다. 동일 어족에 속하는 스칸디나비아어와 고대영어 어휘를 구별하는 데 있어 음운론적 방법을 적용할 수 있다. 스칸디나비아어가 아닌 고대영어에서만 구개음화 (palatalization) 및 움라우트(umlaut) 현상이 발견되기 때문이다. 가령 [g, k, sk]가 [ʤ, ʧ, ʃ]로 구개음화가 일어나면 고대영어 어휘이고(예 church, dish, ditch, edge, shatter, shirt, shrub), 본래 발음이 그대로 유지되면 스칸디나비아어 어휘이다(예 dike, disk, egg, get, give, kirk, scatter, scrub, skirt). 같은 방식으로 움라우트가 일어나지 않은 어휘인 egg의 기원은 고대영어가 아닌 스칸디나비아어임을 알 수 있다. 이 밖에 영어 고유어인 고대영어와 스칸디나비아어가 이중어 형태로 서로 공존하는 어휘쌍에는 blossom/bloom, from/fro, hide/skin, no/nay, rear/raise, sick/ill, whole/hale 등이 있다. 반면에 스칸디나비아어의 유입으로 인해 고대영어 어휘가 사라진 경우도 있다.

[사라진 고유어]

사라진 고대영어 어휘	스칸디나비아어 어휘
niman 'take'	take
steorfan 'starve'	starve
sweostor 'sister'	sister
wræþþ 'wrath'	anger
yfel 'evil'	ill

스칸디나비아어에서 유입된 차용어의 가장 큰 특징은 일상생활에서 흔하게 사용되는 어휘가 많다는 점이다. 문화, 가족, 신체 등과 관련된 어휘가 포함된다(예 bag, cake, call, come, fog, gear, get, give, hear, hit, husband, knife, leg, loose, low, man, neck, odd, sister, ski, skill, skin, sky, smile, ugly, window, winter, wife, wrong). 또한 스칸디나비아어에서 기원한 차용어는 일반적인 차용과 달리 내용어(content words)뿐만 아니라 기능어(function words)도 포함한다. 스칸디나비아어에서 차용한 기능어로는 both, fro, same, them, their, they, though, till(until) 등이 있다. 그 밖에 영국의 지명 중 Derby, Grimsby, Tenby, Whitby, Johnson, Richardson, Stevenson 등 -by나 -son으로 끝나는 도시명은 스칸디나비아어의 영향을 받았다.

4 그리스어 유래 차용어(Greek loanwords)

그리스어로부터 처음 차용된 어휘는 고대영어 시대로 거슬러 올라가 cirīce 'church', dofol 'devil', engel 'angel' 등이 있으며 나머지 대부분의 그리스어 차용어는 중세영어 이후에 영어로 유입되었다. 특히 그리스어 유래 차용어는 라틴어와 프랑스어를 통해 간접적으로 들어온 경우가 많은데 라틴어를 통해 유입된 그리스어 단어로는 'allegory, aristocracy, chaos, cycle, drama, history, rhythm, zone' 등이 있고, 프랑스어를 통해 들어온 그리스어 어휘로는 'center, character, democracy, diet, dragon, fantasy, harmony, nymph, pause, tyrant' 등이 있다. 그 밖에 그리스어에서 직접 차용된 단어들로는 agnostic, chlorine, idiosyncrasy, oligarchy, xylophone 등이 있다. 고전문학에서 빈번하게 사용되던 그리스어 차용어는 15세기 동로마의 쇠망 이후 그리스 지식인들이 유럽으로 이주함에 따라 영어에 대거 유입되었다. 그리스어 차용어는 문학, 수사학, 자연과학 등 전문분야를 아우른다(예 analysis, anathema, anonymous, cosmos, cylinder, dynasty, Egypt, etymology, gymnasium, homonym, hymn, hypnosis, hypocrite, idyllic, larynx, lyric, martyr, mystery, myth, metaphor, oxygen, physics, psychology, pyramid, paradox, pathos, syllable, sympathy, synagogue, synonym, system).

5 프랑스어 유래 차용어(French loanwords) 종요

1066년 노르만 정복을 시작으로 이후 150여 년간 영어는 하층민의 언어로, 프랑스어는 상류층의 언어로 자리하였다. 이로써 영어는 고대영어 이후 가지고 있던 게르만어적 색채에 로맨스어적인 요소가 가미되어 어휘가 훨씬 풍부해졌다. 중세영어 시대에 영어에 들어온 프랑스어 차용어는 1만 개가 넘고, 지배계층이 사용하는 공식어의 특성상 법률·제도·행정·종교·군사 관련 어휘들이 많고, 그 밖에 예술·문화 관련 어휘들도 다수이다.

[프랑스어 유래 차용어]

어휘 분야	프랑스어 차용어
법률	accuse, arrest, attorney, court, crime, evidence, judge, justice, jail, perjury, prison, punish, verdict
행정	assembly, city, chancellor, clerk, council, country, government, minister, nation, parliament, people, sovereign, state
종교	clergy, charity, friar, mercy, parish, prayer, religion, saint, sermon, service, virgin
군사	army, armor, battle, castle, enemy, garrison, guard, soldier, war
지위	baron, count, crown, duke, prince, throne
문화	apparel, art, aunt, beauty, costume, cousin, dress, fashion, nephew, niece, paint, poem, romance

영어 고유어와 프랑스어 차용어는 뚜렷한 용법상의 차이를 보였다. 일반 서민층이 사용했던 영어에 비해 프랑스어는 세련되고 우월한 느낌을 주었고 공문서 등에 흔히 사용되었다. 또한 음식과 관련하여 가축은 영어 고유어로, 요리가 된 음식은 프랑스어로 표현하였다. 이 밖에 음식과 관련된 bacon, fruit, orange, oyster, salmon, sausage 등의 어휘가 프랑스어에서 차용되었다. 또한 차용어가 기존의 고유어와 유사한 의미를 지니고 있을 때 고유어의 의미가 변화되기도 하였다. 가령, 본래 deer는 일반적인 '동물'을 의미하였는데 프랑스어인 beast가 들어오면서 고유어의 본래 의미를 차지하였다. 이와 같은 예에는 spirit/ghost, table/board, chair/stool, desire/lust 등이 있다(프랑스어/고유영어).

[영어와 프랑스어 비교]

영어	프랑스어
doom	judgment
folk	nation
hearty	cordial
stench	odor
home/house	manor/palace
son/daughter	heir
calf	veal
sheep	mutton
ox	beef
swine	pork
deer	venison

프랑스어 유래 차용어는 차용시기에 따라 발음의 차이를 보이는 경우가 있다. 예를 들어, 고대프랑스어의 [tʃ]는 현대프랑스어로 오면서 [ʃ]로 변화하였고, 이러한 발음 차이로 인해 chief/chef의 이중어(doublets)가 가능해졌다. 따라서 'chance, champion, change, charge, check, choice' 등 [tʃ] 발음을 가진 단어는 14세기 무렵 중세영어에 유입된 반면, 'chauffeur, chevron, chic, chiffon, machine' 등 [ʃ] 발음을 가진 어휘는 19세기 현대프랑스어로부터 차용한 것이다. 발음 이외에 프랑스어 특유의 어말 강세 또한 현대프랑스어 차용의 증거이고 이중어인 blame/blaspheme, gentle/genteel, carriage/garage, vestige/prestige 쌍에서 2음절 강세를 가진 어휘는 현대프랑스어에서 들어왔다. 차용시기뿐 아니라 방언에 따라서도 발음의 차이를 보이는 경우가 있다. 가령, 라틴어 c는 [k]/[tʃ] 교체를 보였는데 노르만족의 방언인 노르만프랑스어에서는 [k]로, 표준프랑스어에서는 [tʃ]로 발음하였고, cattle/chattel, catch/chase, market/merchant의 예에서 발음 차이를 확인할 수 있다. 또한 [w]/[g] 교체는 고대프랑스어 때 게르만어로부터 들어온 [w]가 노르만프랑스어에서는 그대로 유지된 반면, 표준프랑스어에서는 [g]로 변화된 결과 warranty/guaranty, wage/gage, warden/guardian, reward/regard 등의 이중어가 생기게 되었다.

6 기타 언어에서의 차용

영어는 세계 각지의 언어들로부터 예술, 과학, 음식, 상업, 건축, 해상 등 다양한 분야의 어휘들을 차용하였다. 특히 초기현대영어 시대에 영국의 해외 식민지화로 인해 호주(Australia), 뉴질랜드(New Zealand), 감비아(Gambia), 자메이카(Jamaica), 바하마(Bahamas), 인도(India) 등 비인도유럽어(non Indo-European languages)에서 유래한 수많은 차용어도 영어에 대거 유입되었다.

외래어	차용어
호주어	bikkie, billabong, boomerang, dingo, esky, kangaroo, kookaburra, nugget, thongs, walkabout, wombat, yowie
아프리카어	banana, bantu, gorilla, jive, jumbo, impala, kwashiorkor, mamba, safari, yam, zebra, zombie
스페인어	adios, adobe, armada, barbecue, burrito, cannibal, cargo, chocolate, embargo, fiesta, guitar, marijuana, mesa, mosquito, mustang, patio, plaza, ranch, siesta
인도어	avatar, bungalow, chai, cot, curry, guru, jungle, karma, loot, masala, namaste, pajamas, shampoo, yoga
아랍어	alchemy, alcohol, algebra, algorithm, alkali, cipher, coffee, cotton, harem, henna, jar, hazard, magazine, mattress, mocha, mosque, saffron, sugar, syrup, zenith
페르시아어	bazaar, caravan, checkmate, jasmine, kebab, khaki, lemon, paradise, shawl, Taj Mahal, typhoon
터키어	baklava, caviar, janissary, kiosk, pasha, seraglio, tulip, yoghurt
히브리어	amen, armageddon, cherub, bagel, hallelujah, jubilee, kosher, manna, rabbi, sabbath, Satan, seraphim, shibboleth, yamulke
한국어	bibimbap, bulgogi, chaebol, hanbok, hangul, jeon, kimchi, K-pop, makkoli, soju, taekwondo, tteobokki
일본어	anime, bonsai, futon, geisha, haiku, judo, karaoke, manga, origami, sake, samurai, soba, sushi, tsunami
중국어	bok choy, chi, dim sum, ginseng, ketchup, kung fu, tai chi, tao, tofu, yang, yin

네덜란드어	boss, buoy, carrot, cookie, cruise, deck, dope, gin, scoop, skipper, sketch, Santa Claus, smuggle, waffle, yacht
독일어	doppelganger, frankfurter, genome, hamburger, kindergarten, lager, meister, oktoberfest, semester, seminar, stein, wanderlust, wiener
이탈리아어	cappuccino, ciao, concerto, espresso, fresco, gelato, gondola, mafia, opera, piano, pasta, piazza, pizza, soprano, stanza, spaghetti, studio, tempo

제 **3** 장 | 단어의 의미변화

영어는 극히 일부 어휘를 제외하고 시대의 변화에 따라 그 의미가 변화해왔다. 다음 표는 우리가 일상적으로 사용하는 어휘들의 본래 의미를 보여준다.

[단어의 의미변화]

어휘	본래 의미
bread	'piece'
doubt	'fear'
dream	'joy'
loaf	'bread'
sad	'sated, full, satisfied'
sell	'give'
tide	'time'

단어의 의미는 일반적으로 몇 가지 원칙에 의해 정해진 방향으로 변화한다.

첫째, 하나의 단어가 더 많은 대상에 적용되는 변화를 **일반화**(generalization)라고 일컫는다. 가령, mill은 본래 곡식을 가는 장소인 '방앗간'을 뜻하였으나 현재는 cotton mill, steel mill과 같이 곡식뿐 아니라 물건을 만드는 모든 곳을 뜻한다.

[단어의미의 일반화]

어휘	본래 의미
mill	'building fitted to grind grain'
barn	'barley house'
bird	'young bird'
go	'walk'
carry	'transport by cart'
fact	'anything done'
holiday	'holy day'
journey	'day's trip'
mind	'memory'
oil	'olive oil'
stop	'prevent movement of person'
picture	'painted picture'
place	'specific open space'

tail	'hairy caudal appendage'
thing	'legislative assembly'
uncle	'mother's brother'

둘째, 일반화와 반대방향의 의미변화를 **특수화**(specialization)라 부른다. 가령, 명사 deer는 본래 '일반적인 동물'을 지칭하였으나 현재는 '사슴'이란 의미로 특수화되었다. 셰익스피어의 작품인 "King Lear" 속 구절인 But mice and rats and such small deer에서 deer는 일반적인 동물로 해석해야 자연스럽다.

[단어의미의 특수화]

어휘	본래 의미
deer	'any wild animal'
hound	'dog'
starve	'to die'
meat	'food'
girl	'any young child'
disease	'discomfort'
accident	'an event'
addict	'someone who devotes himself to anything'
arrest	'stop'
corn	'any grain'
cunning	'knowledge, skill'
doom	'any kind of judgment'
fortune	'chance'
fowl	'any bird'
ghost	'spirit'
liquor	'any liquid'
lust	'desire in general'
mansion	'a place of residence'
praise	'set a value on, good or bad'
scheme	'horoscope'
stool	'any fabricated object for one to sit on'
success	'any outcome'
vice	'a flaw'

셋째, 감정이나 도덕성과 관련된 어휘의 의미가 좋아지는 경우를 양화(amelioration)라 부른다. 가령, 중세영어의 동사 fonnen 'to be foolish'에서 파생한 fond의 의미는 과거에 비해 월등히 좋아졌다. 셰익스피어의 작품 "Romeo and Juliet"의 한 구절인 In truth, fair Montague, I am too fond와 패트릭 헨리(Patrick Henry)의 "Give me liberty or give me death"의 한 구절인 May we indulge the fond hope of peace and reconciliation?에서 fond의 의미는 현재의 긍정적인 의미로 보면 부자연스럽다.

[단어의미의 양화]

어휘	본래 의미
queen	'wife, woman'
fond	'foolish'
knight	'servant'
chamberlain	'person who manages a chamber'
constable	'household officer'
marshal	'house-servant'
steward	'keeper of sty'
nice	'ignorant'
earl	'man'
naughty	'wicked, depraved'
quick	'living'
pretty	'cunning'
shrewd	'wicked, depraved'

넷째, 양화와 대조적인 방향의 의미변화를 이루는 악화(pejoration)의 대표적인 어휘로는 lewd가 있다. 본래 이 단어는 'nonclerical'이라는 뜻으로 '비성직자'를 가리켰고 이에 중세의 "A Mirror for Lewd Men and Women"이란 제목의 책은 '평신도를 위한 교리서'임을 알 수 있다.

[단어의미의 악화]

어휘	본래 의미
poison	'potion, drink'
politician	'person skilled in politics'
silly	'happy, blessed, blissful'
uncouth	'not known, untaught'
lewd	'nonclerical'
knave	'boy, male child'
hussy	'housewife'
villain	'farm servant'
lust	'pleasure'

connive	'to acquiesce tacitly in evil'
crafty	'strong'
cunning	'learned'
demean	'behave'
sly	'skillful'
counterfeit	'copy'

제4장 단어의미의 전이(transfer)

어떤 대상이 또 다른 대상과 동일한 의미자질을 가질 때 의미의 수평적인 이동이 일어나는 경우를 단어의 의미 전이(meaning transfer)라 일컫는다. 이 같은 어의(語義)전이의 대표적인 예로 은유(metaphor)를 꼽을 수 있다. 기능이나 외면상 유사성을 띠는 두 대상을 은유로써 나타낼 수 있는데, 가령 'Life is a journey.'는 인생을 여정에 비유하는 유명한 표현이다.

[은유의 예]

단어	은유표현
eye	eye of a needle/hurricane, Her eyes are the windows to her soul.
foot	foot of a bed/hill/tree
head	head of stream
hand	hands of a clock
arm	an arm of the sea
face	the face of havens
heart	heart of the matter
mouth	mouth of a cave

어의전이 중 하나의 감각 기능에서 다른 감각 기능으로 전이가 일어나는 것을 공감각(synesthesia)이라 부른다. 예를 들어, 소리를 나타내는 형용사 loud가 color를 수식하게 되면 'color with a high level of saturation'이라는 색다른 의미가 생긴다.

[공감각의 예]

단어	은유표현
bright	bright idea
hot	hot idea
loud	loud color
sharp	sharp dresser
soft	soft wind
sweet	sweet music
warm	warm color
wild	wild idea

또한, 개념의 연상에 의한 어의전이에는 환유(metonymy)와 제유(synecdoche)가 있다. 환유는 어떤 사물을 그것의 속성과 밀접한 관계가 있는 다른 낱말을 빌려서 표현하는 수사법으로, 숙녀를 '하이힐'로, 우리 민족을 '흰옷'으로 표현하는 것과 같은 수사법이다.

[환유의 예(B를 A로 표현)]

A	B
afternoon tea	afternoon meal
bar	legal profession
bead	prayer
crown	monarchy
dish	entire plate of food
fur and feather	beasts and birds
grey hair	the old
hand	help
Hollywood	American film industry
pen	writer
pulpit	ministry
suit	business executive
the law	the police
Washington insider	politician

제유는 사물의 한 부분으로 그 사물의 전체를 나타내는 수사법이다. 예를 들어, "All hands on deck"에서 hands는 'people'을, "America won the gold medal."에서 America는 'the athletes who actually won the medal'을 나타내는 것이다.

[제유의 예(B를 A로 표현)]

A	B
bread	food
copper	coins
cutthroat	murderer
feather	pen
hand	worker
roof	house
sail	ship
silver	money
spring	year
thread	clothing

waves	the sea
wheels	car

완곡어법(euphemism)은 듣는 사람의 감정이 상하지 않도록 모나지 않고 부드러운 말을 쓰는 표현법으로, '변소'를 '화장실'이라고 하거나 '죽다'를 '돌아가시다'로 말하는 것과 같은 표현법이다.

[완곡어법의 예]

단어	완곡어
abdomen	the lower chest
bathroom, toilet	restroom, washroom, ladies'/men's room, powder room
coffin	casket
diaper	napkin
die	pass away/on, go to sleep, go on a journey
fired	let go, laid off
short	vertically challenged
stockings	hose
undertaker	mortician
underwear	linen
used	pre-owned

마지막으로, 강조어(intensifiers)는 다른 어휘의 의미를 강조하기 위해 사용되는 단어로, 보통 동사·형용사·부사가 가진 의미를 강화하는 용도로 쓰인다. 강조어의 예로는 absolutely, completely, extremely, exceedingly, exceptionally, incredibly, totally, quite, remarkably, unbelievably, utterly, very 등이 있다.

[강조어의 예]

강조어	예문
abominably	I'm only so abominably tired.
absolutely	I am absolutely sure that I locked the door.
enormously	You did an enormously good job.
incredibly	He spoke incredibly quickly.
perfectly	That was a perfectly stupid idea.
pretty	That's pretty good performance.
terribly	He doesn't seem terribly pleased to hear from me.
very	She was very happy about the news.

01 제시된 표현들은 기능이나 외면상 유사성을 띠는 두 대상을 은유(meta-phor)로써 나타내고 있다.

02 제시된 표현들은 하나의 감각 기능에서 다른 감각 기능으로 전이가 일어나는 공감각적 수사법(synesthesia)이다.

01 다음 표현들에 사용된 수사법은?

> • hands of a clock
> • heart of the matter
> • an eye of a hurricane
> • a mouth of a cave

① synecdoche
② euphemism
③ metaphor
④ synesthesia

02 다음 표현들에 사용된 수사법은?

> • sweet music
> • soft wind
> • bright/hot idea
> • warm/loud color

① metaphor
② euphemism
③ synecdoche
④ synesthesia

정답 (01 ③ 02 ④)

03 다음 표현들에 사용된 수사법은?

> • bar – legal profession
> • hand – help
> • pulpit – ministry
> • the law – the police

① synesthesia

② metonymy

③ euphemism

④ synecdoche

04 다음 표현들에 사용된 수사법은?

> • thread – clothing
> • copper – coins
> • waves – the sea
> • hand – worker
> • wheels – car

① metaphor

② metonymy

③ synesthesia

④ synecdoche

03 어떤 사물을 그것의 속성과 밀접한 관계가 있는 다른 낱말을 빌려서 표현하는 수사법은 환유(metonymy)이다.

04 사물의 한 부분으로 그 사물의 전체를 나타내는 수사법은 제유(synecdoche)이다.

정답 (03 ② 04 ④)

05 듣는 사람의 감정이 상하지 않도록 모나지 않고 부드러운 말을 쓰는 표현법은 완곡어법(euphemism)이다.

05 다음 표현들에 사용된 수사법은?

> • diaper – napkin
> • used – pre-owned
> • abdomen – the lower chest
> • undertaker – mortician

① metonymy

② synesthesia

③ euphemism

④ metaphor

06 하나의 단어가 더 많은 대상에 적용되는 변화는 일반화(generalization)이다.

06 다음 어휘들의 본래 의미를 감안할 때 이들이 겪은 의미변화는 무엇인가?

> • holiday 'holy day'
> • journey 'day's trip'
> • oil 'olive oil'

① amelioration

② pejoration

③ specialization

④ generalization

정답 (05 ③ 06 ④)

07 다음 어휘들의 본래 의미를 감안할 때 이들이 겪은 의미변화는 무엇인가?

> • hound 'dog'
> • corn 'any grain'
> • liquor 'any liquid'

① specialization
② generalization
③ pejoration
④ amelioration

08 다음 어휘들의 본래 의미를 감안할 때 이들이 겪은 의미변화는 무엇인가?

> • fond 'foolish'
> • marshal 'house-servant'
> • shrewd 'wicked'

① generalization
② pejoration
③ specialization
④ amelioration

09 악화(pejoration)는 양화와 대조적인 방향의 의미변화로, 제시된 어휘 중 silly는 본래 'happy'의 의미였으나 현재는 'not sensible'을 뜻한다.

09 다음 어휘들의 본래 의미를 감안할 때 이들이 겪은 의미변화는 무엇인가?

> • silly 'happy'
> • lust 'pleasure'
> • lewd 'nonclerical'

① amelioration

② generalization

③ specialization

④ pejoration

10 고대프랑스어의 [ʧ]가 현대프랑스어로 오면서 [ʃ]로 변화하였고, 이러한 발음 차이로 인해 chief/chef와 같은 이중어가 가능해졌다.

10 다음 중 프랑스어 유래 차용어에 대한 설명으로 옳지 <u>않은</u> 것은?

① 차용시기에 따라 발음의 차이를 보인다.

② 어휘쌍 wage/gage는 방언에 따라 달라진 발음으로 인해 생긴 이중어(doublets)이다.

③ 고대프랑스어의 [ʃ]는 현대프랑스어로 오면서 [ʧ]로 변화하였다.

④ 프랑스어 특유의 어말 강세는 현대프랑스어 차용의 증거이다.

11 차용어는 영어 어휘 중 상당 부분을 차지하는데, 영어와 접촉한 외래어 기원의 단어가 차지하는 비중은 대략 전체 어휘의 4분의 3(75%) 정도이다.

11 다음 중 영어의 어휘차용에 대한 설명으로 옳지 <u>않은</u> 것은?

① 영어 어휘의 이질적인 특성이 순수성을 해친다고 주장하는 이도 있다.

② 다양한 언어로부터 차용한 어휘 덕분에 어감이 다른 여러 동의어를 가지게 되었다.

③ 차용어는 영어 전체 어휘의 약 50%를 차지한다.

④ 바이킹의 침입으로 스칸디나비아어에서 새로운 어휘를 받아들였다.

정답 (09 ④ 10 ③ 11 ③)

12 영어는 세계 각지의 언어들로부터 다양한 분야의 어휘들을 차용하였다. 다음 중 언어와 차용 어휘를 짝지은 것으로 바르지 <u>않은</u> 것은?

① 호주어 : billabong, boomerang, wombat, yowie

② 터키어 : bazaar, caravan, checkmate, kebab, khaki

③ 아랍어 : alchemy, alcohol, algebra, coffee, sugar

④ 이탈리아어 : ciao, fresco, gondola, soprano, studio

12 bazaar, caravan, checkmate, kebab, khaki는 페르시아어에서 차용한 어휘이다. 터키어 유래 차용어에는 caviar, kiosk, tulip, yoghurt 등이 있다.

13 다음 어휘들의 어형성 방식은?

> • laser   • DNA
> • CUNY   • SUNY
> • cm

① onomatopoeia

② blending

③ clipping

④ acronym

13 연속하는 단어의 첫 글자들로 단어가 형성되는 것을 두자어(acronym)라 한다.
laser(light amplification by stimulated emission of radiation), DNA(Deoxyribonucleic acid), CUNY(City University of New York), SUNY(State University of New York), cm(centimeter)

14 다음 어휘들의 어형성 방식은?

> • van   • flu
> • decaf   • pop
> • combo

① acronym

② neologism

③ clipping

④ blending

14 단어에서 하나 또는 그 이상의 음절을 잘라내고 남은 일부로서 전체 의미를 나타내는 어형성 방식을 절단(clipping)이라고 한다.
van(< caravan), flu(< influenza), decaf(< decaffeinated coffee), pop(< popular music), combo(< combination)

정답　12 ②　13 ④　14 ③

15 doom, folk, hearty는 영어 고유 어휘, cordial, pork, nation은 프랑스어 차용어휘, egg, give, skirt는 스칸디나비아어 차용어휘이다.

16 moan, sizzle, roar는 모두 소리로써 의미를 암시하는 의성어(onomatopoeic words)이고, sandwich는 Sandwich 백작에서 유래한 명사로 환칭(antonomasia)에 의한 어형성에 해당한다.

17 제시된 어휘들은 어근이나 어간의 일부 또는 전체가 중복되어 형성된 중첩어(reduplicated words)이다.

15 다음 중 라틴어에서 유래한 차용어휘는?

① doom, folk, hearty

② mile, street, wine

③ cordial, pork, nation

④ egg, give, skirt

16 다음 중 어형성 방식이 <u>다른</u> 하나는?

① moan

② sizzle

③ roar

④ sandwich

17 다음 어휘들의 어형성 방식은?

- tick-tock
- see-saw
- hanky-panky
- okey-dokey

① onomatopoeia

② antonomasia

③ reduplication

④ blending

정답 15 ② 16 ④ 17 ③

주관식 문제

01 다음 어휘들이 가진 본래 의미를 감안할 때 이들이 겪은 의미 변화의 유형을 쓰고, 개념을 간략하게 서술하시오.

- bird 'young bird'
- go 'walk'
- carry 'transport by cart'
- uncle 'mother's brother'

02 다음 어휘들은 어떤 언어에서 차용된 것인지 쓰시오.

- avatar
- guru
- karma
- bungalow
- jungle

01 정답
제시된 어휘들과 관련 깊은 개념은 일반화(generalization)로, 이는 하나의 단어가 더 많은 대상에 적용되는 변화를 뜻한다. 가령, bird는 본래 'young bird'를 뜻하였으나 현재는 '모든 새'를 가리킨다.

02 정답
인도어(Hindi)

03 정답

제시된 어휘들과 관련 깊은 개념은 민간어원(folk etymology)으로, 이는 그릇된 역사적 분석을 근거로 단어의 일부 또는 전체를 바꾸어 보다 친숙한 단어처럼 이해되도록 만드는 어형성 방식을 뜻한다. 가령, coldslaw는 네덜란드어의 kool 'cabbage' + sla 'salad'인데 kool을 cold로 오인하여 생긴 어휘이다.

03 다음 어휘들은 어떤 어형성 방식으로 생긴 것인지 쓰고, 개념을 간략하게 서술하시오.

> • carryall   • cockroach
> • coldslaw   • cutlet
> • hamburger

04 정답

제시된 어휘들과 관련 깊은 개념은 양화(amelioration)로, 이는 어휘의 의미가 본래 의미보다 좋아지는 변화를 뜻한다.

04 다음 어휘들이 가진 본래 의미를 감안할 때 이들이 겪은 의미 변화의 유형을 쓰고, 개념을 간략하게 서술하시오.

> • earl 'man'
> • fond 'foolish'
> • nice 'ignorant'
> • pretty 'cunning'

05 다음 어휘들은 어떤 어형성 방식으로 생긴 것인지 쓰시오.

> • freedom
> • kingdom
> • wisdom

정답
파생(derivation)

06 다음 지명은 어떤 언어에서 유래한 차용어인지 쓰시오.

> • Aber
> • Avon
> • Cornwall
> • Devon
> • Dover

정답
켈트어(Celtic language)

07 정답

스칸디나비아어가 아닌 고대영어에서만 구개음화(palatalization) 및 움라우트(umlaut) 현상이 발견된다. 즉 [g, k, sk]가 [ʤ, ʧ, ʃ]로 구개음화가 일어나면 고대영어 어휘이고, 본래 발음이 그대로 유지되면 스칸디나비아어 어휘이다. 같은 방식으로 움라우트가 일어나지 않은 어휘인 egg의 기원은 고대영어가 아닌 스칸디나비아어임을 알 수 있다.

07 다음 어휘들을 고대영어와 스칸디나비아어 어휘로 나눌 수 있는 음운론적 기준에 대해 간략하게 서술하시오.

- 고대영어 어휘 : church, dish, ditch, edge, shatter, shirt, shrub
- 스칸디나비아어 어휘 : dike, disk, egg, get, give, kirk, scatter, scrub, skirt

08 정답

제시된 어휘들과 관련 깊은 개념은 특수화(specialization)로, 이는 일반화(generalization)와 반대방향의 의미변화이며, 가령 제시된 어휘 중 deer는 본래 '일반적인 동물'을 지칭하였으나 현재는 '사슴'이란 의미로 특수화되었다.

08 다음 어휘들이 가진 본래 의미를 감안할 때 이들이 겪은 의미 변화의 유형을 쓰고, 간략하게 설명하시오.

- deer 'any wild animal'
- girl 'any young child'
- meat 'food'
- starve 'to die'

09 다음 어휘들은 어떤 어형성 방식으로 생긴 것인지 쓰고, 개념을 간략하게 서술하시오.

- boycott
- casanova
- frisbee
- lazy susan
- sandwich

09 **정답**
제시된 어휘들과 관련 깊은 개념은 환칭(antonomasia)으로, 이는 사람 또는 장소를 가리키던 이름으로부터 어휘를 만드는 방식을 말한다. 가령, 제시된 어휘 중 frisbee는 미국 코네티컷주에 소재하던 빵집 Frisbie Bakery에서 파이를 담던 그릇이 던지기 놀이에 처음 쓰였다 하여 붙여진 이름이다.

10 다음 어휘들이 가진 본래 의미를 감안할 때 이들이 겪은 의미 변화의 유형을 쓰고, 개념을 간략하게 서술하시오.

- cunning 'learned'
- poison 'drink'
- silly 'happy'
- sly 'skillful'

10 **정답**
제시된 어휘들과 관련 깊은 개념은 악화(pejoration)로, 이는 양화(amelioration)와 대조적인 방향의 의미 변화이며, 본래 의미보다 어휘의 의미가 나빠지는 변화이다.

11 정답

제시된 어휘들과 관련 깊은 개념은 역형성(back formation)으로, 이는 기존의 어휘에 원래 있던 요소를 접사로 잘못 생각하고 그것을 떼어내어 만드는 어형성 방식이다. 가령 기존의 어휘인 vaccination을 vaccinate + ion으로 잘못 분석하여 접사를 떼어내고 동사 vaccinate을 만들었다.

11 다음 어휘들은 어떤 어형성 방식으로 생긴 것인지 쓰고, 개념을 간략하게 서술하시오.

- automate
- babysit
- commute
- swindle
- vaccinate

12 정답

[w]/[g] 교체는 고대프랑스어 때 게르만어로부터 들어온 [w]가 노르만프랑스어에서는 그대로 유지된 반면, 표준프랑스어에서는 [g]로 변화된 결과 제시된 예문과 같은 이중어가 생기게 된 것이다.

12 다음 프랑스어 차용어에서 보이는 이중어(doublets)의 발생 원인에 대해 간략하게 서술하시오.

- reward/regard
- wage/gage
- warden/guardian
- warranty/guaranty

13 다음 예문에서 밑줄 친 어휘가 형성된 방식의 명칭을 쓰고, 개념을 간략하게 서술하시오.

> • I <u>googled</u> him but there were no references to him on the Internet.
> • The office is ten minutes' <u>walk</u> from here.
> • But me no <u>buts</u>.

13 **정답**
제시된 어휘들과 관련 깊은 개념은 제로파생(zero derivation) 또는 품사전환(conversion)으로, 이는 접사를 첨가하지 않고 기존의 품사를 다른 품사로 전환하여 단어를 만드는 것이다.

14 파생(derivation)과 합성(compounding)의 차이를 구체적인 예를 들어 서술하시오.

14 **정답**
파생은 기존의 단어에 접사를 붙여 새로운 단어를 형성하는 것으로, 영어의 어형성 유형 중 생산성이 가장 높다. 가령, 형용사 joyful에 접미사 -ness를 붙여 joyfulness라는 새로운 명사를 만들 수 있다.
합성은 둘 또는 그 이상의 단어를 합쳐 하나의 새로운 단어를 만드는 것으로, 파생과 달리 의존형태소가 아닌 독립형태소를 결합한다. 합성어의 예로는 bathroom, highway, homework 등이 있다.

15 **정답**

제시된 어휘들과 관련 깊은 개념은 완곡어법(euphemism)으로, 이는 듣는 사람의 감정이 상하지 않도록 모나지 않고 부드러운 말을 쓰는 표현법이다.

15 다음 A에 있는 단어 대신 B의 표현을 사용하는 수사법의 명칭을 영어로 쓰고, 개념을 간략하게 서술하시오.

A	B
die	pass away
bathroom	restroom
fired	let go
short	vertically challenged

16 **정답**

제시된 어휘들과 관련 깊은 개념은 환유(metonymy)로, 이는 어떤 사물을 그것의 속성과 밀접한 관계가 있는 다른 낱말을 빌려서 표현하는 수사법이다. 가령, 나이든 사람(the old)을 흰머리(grey hair)로 표현하는 방식이다.

16 다음 A를 B의 표현으로 나타내는 수사법의 명칭을 쓰고, 개념을 간략하게 서술하시오.

A	B
monarchy	crown
the old	grey hair
writer	pen
American film industry	Hollywood

17 다음 밑줄 친 단어가 보이는 수사법의 명칭을 쓰고, 개념을 간략하게 서술하시오.

> • <u>America</u> won the gold medal.
> • All <u>hands</u> on deck

---

18 다음 어휘들은 어떤 언어에서 차용되었는지 쓰시오.

> • army
> • charity
> • judge
> • beauty
> • government

---

17 **정답**
제시된 어휘들과 관련 깊은 개념은 제유(synecdoche)로, 이는 사물의 한 부분으로 그 사물의 전체를 나타내는 수사법이다. 제시된 예문에서 America는 the athletes who actually won the medal을, hands는 people을 가리킨다.

18 **정답**
프랑스어(French)

19 **정답**

제시된 어휘들과 관련 깊은 개념은 혼성(blending)으로, 이는 두 단어를 융합하여 하나로 만드는 어형성 방식이다. 가령, escalator는 escalade와 elevator라는 두 단어가 합쳐진 어휘이다.

19 다음 어휘들은 어떤 어형성 방식으로 생긴 것인지 쓰고, 개념을 간략하게 서술하시오.

- brunch
- medicare
- spam
- escalator
- netizen

추록

2025년 시험부터 추가되는 내용

훌륭한 가정만한 학교가 없고, 덕이 있는 부모만한 스승은 없다.

– 마하트마 간디 –

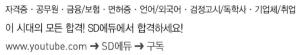
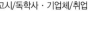

추록 I | 제1편 고대영어 이전

※ 도서 14쪽 '굴절체계의 단순화'의 마지막 문장 뒤에 추가되는 내용입니다.

제3장　게르만어(Germanic languages)

제2절　게르만어의 특징

2　굴절체계의 단순화(simplification of inflectional system)

게르만어의 형용사는 두 가지 유형의 굴절을 가졌다. 첫째, 약변화(weak declension)는 지시대명사(이후에 정관사로 발전) 등의 요소가 형용사를 선행할 때 일어난다(예 Þā geongan ceorlas 'the young fellows'). 둘째, 강변화(strong declension)는 지시대명사 등의 요소가 나타나지 않을 때 일어난다(예 geonge ceorlas 'young fellows'). 현대어 중에서 독일어에 이 같은 굴절이 그대로 보존되고 있다(예 die jungen Kerle 'the young fellows' vs. junge Kerle 'young fellows').

추록 II │ 제4편 초기현대영어 시대(1500~1800)

※ 도서 123쪽 '왕정복고' 앞에 추가되는 내용입니다.

제1장   외면사

제3절   울타리치기(Enclosure) 운동과 도시화

울타리치기 운동은 물가 상승에 대한 지주의 대책으로서, 소규모 토지를 대규모 농장에 합병하는 법률적 절차를 뜻한다. 보통 2회(제1·2차)의 울타리치기 운동으로 구분한다. 제1차 울타리치기 운동은 15세기 후반에서 17세기 중반에 걸쳐 일어났으며, 양치기를 목적으로 하였다. 시골 젠트리계층 지주들이 당시 큰돈이 되는 양모 생산을 위해 농경지를 목장으로 전환시켰고, 이 과정에서 그동안 땅을 이용하던 소작농들이 반강제적으로 쫓겨나게 되었다. 농민들이 도시의 공장으로 내몰리면서 종국에는 하층 노동자로 전락하였고, 이것으로 인해 한때 울타리치기 운동 금지령이 내려지기도 하였다. 제2차 울타리치기 운동은 18세기 후반에서 19세기 초반에 걸쳐 일어났다. 제2차 울타리치기 운동은 인구 증가로 인한 식량 수요를 맞추기 위해 농산물의 생산 극대화를 목표로 정부 주도하에 이루어졌다. 일정한 조건만 갖추면 합법적인 울타리를 칠 수 있게 함으로써 영국의 거의 모든 토지에 울타리가 생겼고, 효율적인 농산물 생산을 위한 자본주의적 대농장으로 발전하였다. 이로써 농민들은 임금을 받는 노동자가 되었고, 도시의 신흥 중산계층으로 성장하였다.

※ 도서 124쪽 '언어사적 기념비' 앞에 추가되는 내용입니다.

제5절   영국의 해외탐험과 식민지화(colonization)

영국의 첫 해외탐험은 1583년 험프리 길버트(Sir Humphrey Gilbert)와 월터 롤리(Sir Walter Raleigh)의 캐나다 뉴펀들랜드(Newfoundland) 및 노스캐롤라이나(North Carolina) 동북 해안의 로아노크섬(Roanoke Island) 탐험이었으나, 정착에 성공하지 못하였다. 이후 1588년 엘리자베스 1세 시기에 영국이 스페인의 무적함대(Spanish Armada)를 격파시킴으로써 유럽의 해상권을 획득하였다. 1607년 제임스 1세 때 런던의 버지니아 회사가 버지니아(Virginia) 체서피크만(Chesapeake Bay)에 제임스타운(Jamestown)을 건설하였고, 이것이 미주 대륙 최초의 식민지로 인정받는다. 제임스타운은 질병, 굶주림, 인디언의 습격 등 많은 어려움을 겪었지만 1619년 미국 최초의 식민지 의회가 설치되면서 식민지의 수도가 되었다. 버지니아는 1624년 국왕의 관할하에 있는 영국령이 되었고 메릴랜드, 메인 등이 차례로 영국령에 합류하였다. 1642년 잉글랜드 내전이 발생하였고, 1660년 찰스 2세가 왕으로 추대되면서 왕정복고가 이루어진다. 찰스 2세 때 아프리카에 진출하였고, 미국의 뉴네덜란드(New Netherland)를 합병하였다. 1600년대 후반까지 영국은 미국, 캐나다, 인도, 버뮤다(Bermuda), 자메이카(Jamaica), 바하마제도(The Bahamas), 바베이도스(Barbados), 감비아(Gambia) 등에 식민지를 건설하였다. 여기에 1700년대 후반 호주, 뉴질랜드, 파키스탄, 지브롤터(Gibraltar), 시에라리온(Sierra Leone), 페낭

(Penang) 등을 추가로 획득하였다. 1707년 앤 여왕(Anne, 1702~1714 재위) 시기에 잉글랜드와 스코틀랜드 (Scotland)의 합병이 이루어졌다. 1801년 조지 3세(George III, 1760~1820 재위) 때 아일랜드(Ireland)까지 합병되었으나, 1921년 북아일랜드(Northern Ireland)는 영국으로부터 독립하였다.

제6절 산업혁명(Industrial Revolution)

18세기 말 제임스 와트(James Watt, 1736~1819)가 증기기관을 발명·제조하면서 산업혁명이 시작되었다. 주로 모직물을 중심으로 근대적인 산업이 발전했던 영국은 18세기 들어 면직물의 수요가 급증하자, 새로이 발명된 증기기관을 이용해 방직기를 개량하여 면직물을 대량생산하였다. 이후 산업혁명은 기계·제철·석탄·운송 분야로 확산되었고, 산업 발달에 필요한 광활한 시장과 풍부한 자원 및 노동력을 갖추고 있던 영국은 세계 최초로 산업혁명을 이루어냈다. 19세기 초 영국은 세계의 공장으로 불릴 정도로 거대한 공업국가로서 다른 여러 나라에 영향력을 행사하였는데, 농업 중심 사회였던 유럽의 국가들이 산업 사회로 탈바꿈하는 데 기여하였다. 산업혁명은 언어적 측면에서도 라틴어 및 그리스어를 기반으로 한 수많은 기술 관련 어휘들이 출현하는 데 큰 공헌을 하였다.

제7절 미국의 독립

영국의 식민지 국가 중 하나였던 미국은 1783년 영국제국에서 정치적으로 독립하게 된다. 미국 독립의 직접적인 빌미가 되었던 것은 1773년 12월 16일에 일어난 '보스턴 차 사건'(Boston Tea Party)이다. 영국의 부당한 관세 부과에 격분한 보스턴 시민들이 항구에 정박되어 있던 동인도회사의 최대 선박인 다트머스(Dartmouth), 엘레노어(Eleanor), 비버(Beaver)호에 있던 차 화물을 해수면으로 던지고 파괴한 사건이다. 이후 영국은 손해배상을 청구하며 미국을 더욱 탄압하였고, 이에 대한 미국의 반대 운동이 더욱 격렬해졌다. 당시 영국이 미국에 부과한 '차세'(Tea Act)에 대해 미국은 "대표 없이 세금 없다"(No taxation without representation)라는 원칙을 제기하였는데, 영국이 미국에 세금을 부과하고 있음에도 불구하고 미국 식민지 의회에는 미국인 대표가 없다는 것을 비판한 것이다. 즉, 세금 부과 권한과 세금 결정 권한을 가진 의회의 대표가 없는 경우에는 해당 세금을 지불할 의무가 없다는 것으로, 미국은 자신들의 목소리를 낼 수 있는 정당한 대표가 세금을 부과하고 세금이 어떻게 사용되는지 결정할 때까지 세금을 지불하지 않겠다고 주장한 것이다. 이 원칙은 미국 독립의 중요한 원동력이 되었으며, 이후 미국 헌법의 핵심 원칙 중 하나로 반영되었고, 미국의 정치체제와 세금제도에도 영향을 미쳤다. 보스턴 차 사건이 도화선이 되어 1775년 렉싱턴(Lexington)과 콩코드(Concord)에서 미국과 영국 간 전투가 시작되었고, 1776년 7월 4일 미국 독립선언서(Declaration of Independence)를 발표하였다. 1778년 프랑스의 군사적 지원 및 스페인·네덜란드와의 동맹 체결 등 전세가 미국에 유리한 방향으로 전개되었고, 1783년 영국의 패배 인정을 뜻하는 파리 조약(Treaty of Paris)이 체결됨으로써 마침내 미국은 독립을 쟁취해냈다.

※ 도서 129쪽 『킹 제임스 흠정역』 앞에 추가되는 내용입니다.

2 어휘에 대한 관심

르네상스 시기 고전학자들은 기존의 영어 어휘로는 사상 표현에 부족함을 느꼈고, 라틴어 및 그리스어로부터 학술 어휘들을 차용하였다. 영어 어휘를 풍요롭게 하려는 의식적인 노력의 일환으로 진행된 고전 라틴어 (Classical Latin) 차용에는 학술적·전문적인 글에만 사용된 어휘들이 많아 '잉크병 용어'(Inkhorn terms)라는 비판을 받았다. 존 체크(John Cheke), 로저 애스컴(Roger Ascham), 토머스 챌러너(Thomas Chaloner), 토머스 윌슨(Thomas Wilson) 등의 영어 순수주의자들은 차용어 대신 과거에 사라진 토착 영어 어휘를 복원하여 신조어를 만들자고 주장하였다. 존 체크는 신약성서를 오직 순수 영어 어휘로만 번역하려는 시도를 하였는데, 이미 존재하는 영어 단어의 의미를 확장하거나 단어의 품사를 전환하는 방법 등을 사용하였다. 에드먼드 스펜서 (Edmund Spenser)는 시인으로서 고어풍 어휘와 방언적 어휘를 이용해 신조어를 만들고자 애썼다. 식민지와 산업혁명으로 인해 영국은 새로운 풍습과 기술 관련 용어들이 필요했고, 이에 영어로 된 전문용어를 새로이 만들어 사용하였다. 전문용어는 라틴어 차용이 가장 많았고 이 밖에도 프랑스어, 켈트어, 스칸디나비아어, 이탈리아어, 독일어 차용이 이루어졌다.

3 철자개혁

철자는 언어의 발음을 나타내는 것인데, 영어의 경우 이미 고대영어 시기부터 음소에 비해 문자의 숫자가 훨씬 적었다. 노르만 정복 이후 프랑스어의 영향으로 중세영어 시기 영어의 철자체계는 더욱 복잡해졌고, 중세 후기에서 초기현대영어 시기에 일어난 대모음추이(Great Vowel Shift)로 인해 모음의 발음과 철자 사이의 괴리가 더 심해졌다. 따라서 16세기에 영어의 철자개혁과 영어 철자법 통일을 위한 논의가 시작되었다. 최초의 제안서인 『An A. B. C. for Children』(1558), 그 후 토머스 스미스(Thomas Smith)의 『Dialogue Concerning the Correct and Emended Writing of the English Language』(1568), 존 하트(John Hart)의 『An Orthographie』 (1569)와 『A Method or Comfortable Beginning for All Unlearned, Whereby they May Bee Taught to Read English』(1570), 윌리엄 불러커(William Bullokar)의 『Booke at Large, for the Amendment of Orthographie for English Speech』(1580) 등의 제안서가 나왔으나 큰 호응을 얻지 못하였다. 그러나 리처드 멀캐스터(Richard Mulcaster)의 『Elementarie』(1582)는 16세기 철자개혁에 가장 포괄적이고 중요한 영향을 끼쳤다. 멀캐스터는 발음에 맞추어 철자를 개정해도 발음은 끊임없이 변하기 때문에 한 개의 문자가 둘 이상의 발음을 나타낼 수 있다고 주장하였다. 또한 그는 기존의 철자를 완전히 새로운 것으로 대체하기보다 당대의 철자용례에 맞추길 원했고, 대중으로 하여금 언어규범을 따르게 하기보다 현재의 관습에 따라 철자를 개혁하고자 했다는 점에서 당시의 일반적인 접근과 달랐다. 현대영어의 철자 방식은 1650년경 완성되었고, 그 후 영어 발음에 상당한 변모가 있었음에도 불구하고 철자는 크게 변하지 않았으며, 덕분에 영어 화자들 간에 방언 차이는 있지만 글을 통해서는 서로 이해가 원활하게 되었다.

[리처드 멀캐스터의 철자법]

철자법 특징	예시
잉여문자 제거	grubb → grub, ledd → led, putt → put
다른 음절의 경우 이중자음 허용	put-ting
-ss로 끝나는 단어 뒤에 -e 사용	classe, grasse
어말 -e 제거	rid, mad
어말 [v, z] 뒤에 -e 사용	receive, love, lose, wise
비강세 [i] 뒤에 -e 사용	daie, safetie, elementarie
강세 -y 사용	rely, cry, deny

제4편 추가 실전예상문제

01 다음 설명에서 괄호 안에 공통으로 들어갈 말은?

> (   ) 운동은 물가 상승에 대한 지주의 대책으로서, 소규모 토지를 대규모 농장에 합병하는 법률적 절차를 뜻한다. 제1차 (   ) 운동은 15세기 후반~17세기 중반까지 양모 생산을 위해 농장을 목장화한 것이고, 제2차 (   ) 운동은 인구 증가로 인한 식량 수요를 맞추기 위해 농산물의 생산 극대화를 목표로 정부 주도하에 이루어졌다. 이로써 효율적인 농산물 생산을 위한 자본주의적 대농장이 발전하였고, 농민들이 도시의 신흥 중산계층으로 성장하는 계기가 되었다.

① 노동
② 여성 참정권
③ 울타리치기
④ 인민 헌장

해설
물가 상승에 대한 지주의 대책으로 소규모 토지를 대규모 농장에 합병하는 법률적 절차는 울타리치기 운동에 대한 내용이다.
정답 ③

02 다음 중 영국의 식민지 국가였던 곳이 <u>아닌</u> 곳은?

① Jamaica

② Pakistan

③ Barbados

④ Taiwan

해설

타이완은 영국 식민지와 무관하다.

① 자메이카, ② 파키스탄, ③ 바베이도스는 모두 영국의 식민지 국가였다.

정답 ④

03 다음 설명에서 괄호 안에 들어갈 인물의 이름은?

> 18세기 후반 (   )이(가) 증기기관을 발명·제조하면서 산업혁명이 시작되었다. 주로 모직물을 중심으로 근대적인 산업이 발전했던 영국은 면직물의 수요가 급증하자 증기기관을 이용해 방직기를 개량하여 면직물을 대량생산하였다. 이후 산업혁명은 기계·제철·석탄·운송 분야로 확산되었고, 산업 발달에 필요한 광활한 시장과 풍부한 자원 및 노동력을 갖추고 있던 영국은 세계 최초로 산업혁명을 이루어냈다.

① 제임스 와트(James Watt)

② 리처드 아크라이트(Richard Arkwright)

③ 제임스 하그리브스(James Hargreaves)

④ 조지 스티븐슨(George Stephenson)

해설

제임스 와트는 증기기관의 발전에 큰 기여를 한 스코틀랜드의 기계공학자로서, 그의 증기기관은 산업혁명을 이끄는 데 중요한 역할을 하였다.

정답 ①

04 다음 중 미국의 독립에 대한 설명으로 가장 적절하지 <u>않은</u> 것은?

① 1775년 렉싱턴과 콩코드에서 미국과 영국 간 전투가 시작되었다.

② 1776년 미국이 독립선언서를 발표하였다.

③ 1778년 미국은 이탈리아의 군사적 지원을 받았다.

④ 1783년 영국은 파리 조약을 체결하고 미국의 독립을 인정하였다.

> **해설**
> 1778년 미국을 군사적으로 지원해 준 나라는 프랑스이며, 스페인 및 네덜란드와도 동맹을 체결하였다.
>
> **정답** ③

05 다음 중 영국이 학술전문용어를 만들기 위해 차용한 언어가 <u>아닌</u> 것은?

① 라틴어

② 그리스어

③ 프랑스어

④ 힌두어

> **해설**
> 전문용어 차용은 주로 라틴어와 그리스어에서 이루어졌고 그 밖에 프랑스어, 켈트어, 스칸디나비아어, 이탈리아어, 독일어 차용이 이루어졌다.
>
> **정답** ④

06 다음 중 옳지 <u>않은</u> 설명은?

① 영어는 고대영어 시기부터 음소에 비해 문자의 숫자가 훨씬 많았다.

② 노르만 정복 이후 프랑스어의 영향으로 영어의 철자체계가 더욱 복잡해졌다.

③ 초기현대영어 시기에 일어난 대모음추이로 모음의 발음과 철자 사이의 괴리가 더 심해졌다.

④ 현대영어의 철자 방식은 1650년경 완성되었고, 그 후에도 크게 바뀌지 않았다.

> **해설**
> 철자는 언어의 발음을 나타내는 것인데, 영어의 경우 이미 고대영어 시기부터 음소에 비해 문자의 숫자가 훨씬 적었고, 음소와 문자 사이에 1대1 대응관계가 성립되지 못하였다.
>
> **정답** ①

07 다음 설명에 부합하는 제안서는 무엇인가?

> • 16세기 철자개혁에 가장 포괄적이고 중요한 영향을 끼쳤다.
> • 한 개의 문자가 둘 이상의 발음을 나타낼 수 있다고 주장하였다.
> • 현재의 관습에 따라 철자를 개혁하고자 하였다.
> • grubb, putt 등의 단어에서 잉여문자를 제거하여 grub, put으로 만들었다.

① Dialogue Concerning the Correct and Emended Writing of the English Language
② An Orthographie
③ Booke at Large, for the Amendment of Orthographie for English Speech
④ Elementarie

해설
리처드 멀캐스터(Richard Mulcaster)의 제안서는 16세기 철자개혁에 큰 영향을 끼쳤다.
① 토머스 스미스(Thomas Smith)의 제안서, ② 존 하트(John Hart)의 제안서, ③ 윌리엄 불러커(William Bullokar)의 제안서는 모두 큰 호응을 얻지 못하였다.
정답 ④

주관식 문제

01 미국 독립의 도화선이 되었던 '보스턴 차 사건'에 대해 간단하게 서술하시오.

정답
1773년 12월 16일에 일어난 '보스턴 차 사건'(Boston Tea Party)은 영국의 부당한 관세 부과에 격분한 보스턴 시민들이 항구에 정박해 있던 동인도회사의 선박들에 실려 있던 차 화물을 파괴한 사건이다. 이후 영국은 손해배상을 청구하며 미국을 더욱 탄압하였고, 이에 대해 미국은 "대표 없이 세금 없다"(No taxation without representation)라는 원칙을 제기하며 격렬하게 저항하였다.

02 다음 설명에서 괄호 안에 들어갈 알맞은 단어를 쓰시오.

> 르네상스 시기 고전학자들은 기존의 영어 어휘로는 사상 표현에 부족함을 느꼈고, 라틴어 및 그리스어로부터 학술 어휘를 차용하였다. 영어 어휘를 풍요롭게 하려는 의식적인 노력의 일환으로 진행된 고전 라틴어 차용에는 학술적이고 전문적인 글에만 사용되는 데 그친 어휘들이 많아 (   )라는 비판을 받았다. 존 체크(John Cheke), 로저 애스컴(Roger Ascham), 토머스 챌러너(Thomas Chaloner), 토머스 윌슨(Thomas Wilson) 등의 영어 순수주의자들은 차용어 대신 과거에 사라진 토착 영어 어휘를 복원하여 신조어를 만들자고 주장하였다.

정답

잉크병 용어(Inkhorn terms)

추록 III | 제5편 미국영어

※ 도서 180쪽 '일반미국 악센트' 뒤에 추가되는 내용입니다.

제5장 | 미국의 방언과 일반미국영어(GA, General American)

4 흑인영어(Black English)

흑인영어의 학문적이고 정확한 용어는 아프리카계 미국영어(AAVE, African American Vernacular English)로, 일반미국영어(GA, General American)와 비교하여 다음과 같은 특징을 가진다.

AAVE의 특징	예시
모음 뒤에서 [r] 탈락	car, more
모음 사이에서 [r] 탈락 또는 모음화	Harold, parrot
모음 뒤에서 [l] 탈락	all, goal
'모음 + [l] + 자음' 환경에서 [ɯ]로 모음화	help, fault
유성성이 같은 어말 자음군에서 두 번째 자음인 폐쇄음 탈락	act, band
어두음 [θ]를 [t]로, [ð]를 [d]로 발음	thief, then
어중·어말음 [θ]를 [f]로, [ð]를 [v]로 발음	nothing, bathe
어두음 [w] 생략	was, woman
이중모음 [aɪ], [aʊ]를 단순모음 [aː]로 발음	my, now
[l] 앞에서 이중모음 [ɔɪ]를 단순모음 [ɔː]로 발음	boil, spoil
과거 및 과거분사 어미 [t] 탈락	laughed, walked
3인칭 단수 현재 -s 생략	She go to church every Sunday.
이중부정 사용	She didn't want none of it.
습관적인 상황에서 be 동사의 비굴절	She be always there for you.
명사, 형용사, 부사, 현재분사 앞에서 be 동사 생략	She here now.
불필요한 주어 반복	My daughter she went to school.

추록 Ⅳ | 제6편 기타 지역 영어

※ 도서 197쪽 '제6편 어휘변화' 앞에 추가되는 내용입니다.

| 단원 개요 |

본 편은 다음과 같은 내용으로 구성된다. 제1장 캐나다, 제2장 호주, 제3장 뉴질랜드, 제4장 남아프리카 공화국, 제5장 인도, 제6장 싱가포르, 제7장 말레이시아 등 영국과 미국을 제외한 다른 지역에서의 영어에 대해 살펴본다.

| 출제 경향 및 수험 대책 |

- 캐나다영어의 특징을 알아보고, 일반미국영어와 비교하여 살펴본다.
- 호주영어의 특징을 알아보고, 영국영어와 비교하여 살펴본다.
- 뉴질랜드영어의 특징을 알아보고, 호주영어와의 공통 어휘를 살펴본다.
- 남아프리카 공화국에서 사용되는 영어의 특징을 살펴본다.
- 인도영어의 특징을 살펴본다.
- 싱가포르영어의 특징을 살펴본다.
- 말레이시아영어의 특징을 살펴본다.

제1장 캐나다(Canada)

18세기 중반까지 캐나다를 포함한 북미(North America)는 당시 세계열강들의 각축장이었다. 1750년 당시 북미에서 가장 큰 영역을 차지하고 있던 나라는 프랑스로, 영국의 식민지였던 미국의 동부해안 지역을 제외하고 미국의 중부 및 캐나다의 동부 전체는 프랑스의 지배하에 있었다. 이 같은 영토분할에 변화를 가져온 계기는 대식민지 전쟁(The French and Indian War, 1754~1763)으로, 영국과 프랑스·인디언 연합군 간 전쟁 결과 프랑스는 영국에 패배하였고, 그 결과 미국에 정착한 영국 이주민들이 캐나다로 대거 이주하게 되었다. 이후에도 영국, 스코틀랜드, 아일랜드에서 온 이주민들로 인해 캐나다의 영어 사용 인구가 꾸준히 증가하였다. 초기 미국 정착 이주민들이 캐나다로 대거 이주하게 된 결정적 계기는 1776년 미국의 독립이었다. 미국 독립전쟁 당시 영국의 편에 섰던 왕정지지파들(Loyalists)은 영국이 패하자 미국을 떠나 캐나다로 이주하였고, 노바스코샤(Nova Scotia)에 먼저 자리 잡은 후 점차 뉴브런즈윅(New Brunswick)과 오대호(Great Lakes) 북부 지역 등 내륙으로 이동하였다.

캐나다의 영어 발음은 영국보다는 미국의 발음과 유사하다. 다음에 제시된 캐나다 발음의 특징은 일반미국영어(GA)의 특징이기도 하다.

[일반미국영어와 캐나다영어 발음의 공통점]

캐나다영어	예시
[r] 발음	heard, higher
[æ] 모음	bath, dance
[ɾ] 또는 [d] 발음	butter/budder, metal/medal, latter/ladder, Ottawa
[ɑ] 모음	cot/caught, awful/offal, caller/collar
'-ary' [æri]	secretary, laboratory

[일반미국영어와 캐나다영어 발음의 차이점]

단어	미국영어	캐나다영어
z	[zi]	[zɛd]
missile	[mɪsəl]	[mɪsaɪl]
news	[nuːz]	[njuːz]
progress	[prɑːgrəs]	[prəʊgrɛs]
schedule	[skɛdjuːl]	[ʃɛdjuːl]
tomato	[təmeɪDoʊ]	[təmɑːtəʊ]
life, pipe, white	[aɪ]	[əɪ]
out, south, house	[aʊ]	[əʊ]

[일반미국영어와 캐나다영어 철자 및 어휘의 차이점]

미국영어	캐나다영어
center	center, centre
check	check, cheque
curb	curb, kerb
tire	tire, tyre
billboard	hoarding
faucet	tap
gasoline, gas	petrol
sidewalk	pavement
wrench	spanner

제2장　호주(Australia)

호주대륙을 최초로 발견한 것은 16세기 덴마크와 포르투갈 선원들이었고, 영국에는 1770년 제임스 쿡 선장(Captain James Cook)의 탐험으로 처음 알려졌다. 영국에서 호주로 본격적인 이주가 시작된 시기는 1788년이다. 1700년 이후 산업혁명의 영향으로 영국의 인구는 급증하였고, 특히 런던으로 인구가 집중되었다. 1770년경 런던은 인구과밀로 인한 범죄가 늘어나 기존 감옥의 범죄자 수용이 어려웠다. 따라서 영국은 범죄자 처리를 위하여 식민지를 활용하였고, 미국을 포함한 영국의 식민지 국가들로 범죄자를 추방하였다. 1788년 700여 명의 범죄자를 포함한 1,000여 명을 태운 11척의 배가 시드니항에 도착하였고, 이후에도 지속적으로 영국의 범죄자들이 호주로 이주하였다. 이런 이유로 호주는 '범죄자 식민지'(Penal Colony)라는 이름을 갖게 된다. 1851년부터 호주로의 이주는 성격이 달라졌는데, 금광 발견으로 인해 골드러시(Gold Rush)가 일어났고, 따라서 이 시기 이주민들은 초기의 정착민과 달리 대부분 자유 정착민이었다. 골드러시로 인한 대규모 이주로 1850년 40만 명이던 호주의 인구는 1900년 400만 명으로 증가하였다. 1967년 이후 호주는 영국, 스코틀랜드, 웨일스, 아일랜드의 후손으로 구성된 백인들뿐 아니라 남동부 유럽인들 및 아시아인들까지 포함하는 다문화 이민 국가로 거듭나게 되었다.

18세기 호주에서는 250개 이상의 토착어가 사용되고 있었고, 영어는 자연스럽게 다수의 동식물(fauna and flora) 관련 단어를 호주 토착어에서 차용하였다(예 kangaroo, budgerigar, dingo, koala, wombat, kookaburra 등).

더 알아두기

왈칭 마틸다(Waltzing Matilda)

1895년 밴조 패터슨(Banjo Paterson)으로 알려진 호주의 민족시인 앤드류 발톤 패터슨(Andrew Barton Paterson)은 '왈칭 마틸다'(Waltzing Matilda)라는 노래를 작곡하였다. 이 곡에는 빌라봉(billabong), 쿨리바(coolibah)와 같은 호주 원주민어에서 차용한 다수의 어휘가 포함되었고, 이 곡은 호주에서 가장 유명한 민족 시가이자 호주의 비공식 국가(unofficial national anthem)로 알려져 있다.

Once a jolly swagman camped by a billabong
Under the shade of a coolibah tree,
And he sang as he watched and waited till his billy boiled,
"You'll come a-waltzing, Matilda, with me."

Waltzing Matilda, waltzing Matilda,
You'll come a-waltzing, Matilda, with me,
And he sang as he watched and waited till his billy boiled,
"You'll come a-waltzing, Matilda, with me."

Down came a jumbuck to drink at the billabong,
Up jumped the swagman and grabbed him with glee,

And he sang as he shoved that jumbuck in his tucker-bag,
"You'll come a-waltzing, Matilda, with me."

Waltzing Matilda, waltzing Matilda,
You'll come a-waltzing, Matilda, with me,
And he sang as he shoved that jumbuck in his tucker-bag,
"You'll come a-waltzing, Matilda, with me."

Up rode the squatter, mounted on his thoroughbred,
Down came the troopers, one, two, three,
"Who's that jolly jumbuck you've got in your tucker-bag?
You'll come a-waltzing, Matilda, with me."

Waltzing Matilda, waltzing Matilda,
You'll come a-waltzing, Matilda, with me,
"Who's that jolly jumbuck you've got in your tucker-bag?
You'll come a-waltzing, Matilda, with me."

Up jumped the swagman and sprang into the billabong,
"You'll never catch me alive!" said he,
And his ghost may be heard as you pass by that billabong,
"You'll come a-waltzing, Matilda, with me."

Waltzing Matilda, waltzing Matilda,
You'll come a-waltzing, Matilda, with me,
And his ghost may be heard as you pass by that billabong,
"You'll come a-waltzing, Matilda, with me."

[호주 토착어에서 차용된 주요 단어]

단어	의미
swagman	짐을 보따리에 넣어서 다니는 부랑 노동자 ※ swag : 훔친 물건(호주 은어)
waltz matilda	배낭을 메고 여행길에 오르기
billabong	고인 물, 강 후미진 곳
coolibah tree	쿨리바 나무, 빌라봉 옆에서 자라는 유칼립투스 나무
billy	야영용 주전자
jumbuck	양

tuckerbag	음식을 넣어 갖고 다니는 가방 ※ tucker : 음식
squatter	오지의 불법 토지 소유자 ※ 땅의 일부를 무단으로 점유하여 집을 짓고 그곳에서 가축 방목 및 농작물 수확 　 등을 하며 지낸 불법 거주자들은 당국으로부터 대부분 그 땅의 소유권을 인정받음
trooper	민병대, 경찰

호주는 퍼스(Perth)에서 시드니(Sydney)까지 3,000km가 넘는, 세계에서 여섯 번째로 큰 나라이다. 그럼에도 불구하고 호주영어는 지역별로 크게 차이가 없이 매우 획일적인 편이다. 상당수가 영국의 동남부 출신 초기 이민자들에 의해 전파되었기 때문에 호주영어의 모음은 코크니(Cockney)나 런던 방언의 발음과 비슷하지만 다음과 같은 차이점 또한 나타난다.

[영국영어와 호주영어의 차이점]

영국영어(RP)	호주영어	예시
eɪ	aɪ	say, Australia
aʊ	æʊ, ɛə	now
iː	əɪ	see
uː	əʊ	do
æ	ɛ	ham
ɪ	ə	chatted

호주영어의 구어적 표현의 대표적인 형태는 축약형으로 beaut(< beautiful), arvo(< afternoon), tinnie(< a can of beer) 등과 같은 예가 이에 속한다. 진짜 호주인(Aussie)이 사용하는 비격식적이고 구어적인 어휘들의 예는 다음과 같다.

[호주영어의 구어 표현]

호주영어 표현	의미
bald as a bandicoot	완전히 대머리의
dinkum, dinky-di	진짜의
full as a goog	몹시 취한
hoon	버릇없는 젊은이
ocker	전형적인 무례한 호주남자
prang	경미한 차 사고
sanger, sanga	샌드위치
sheila	소녀

호주의 기원이나 의미를 담고 있는 영어 표현은 10,000여 개 정도이며, 매쿼리 사전(The Macquarie Dictionary, 호주영어의 권위 있는 사전)과 호주 옥스퍼드 사전(Australian Oxford Dictionary) 등에서 찾아볼 수 있는 호주 영어의 몇 가지 예는 다음과 같다.

[호주영어의 단어]

호주영어 단어	의미
barbie, bar-b-q	바비큐
bush	미개간지, 경작되지 않은 광활한 땅
esky	휴대용 아이스박스
footpath	인도, 보도
g'day	낮에 만나거나 헤어질 때 하는 인사
lay-by	할부구매
outback	오지, 멀리 떨어진 인적 드문 호주 내륙 지역
walkabout	유목민으로 떠돌이 생활을 하는 기간
weekender	주말주택, 전원주택

제3장 뉴질랜드(New Zealand)

뉴질랜드에는 영어가 시기적으로 호주보다는 늦게 들어왔다. 1790년경부터 소수의 유럽인들이 정착하기 시작하였고, 1800년대 초반 이후 기독교 선교사가 뉴질랜드에서 종교활동을 시작하였다. 뉴질랜드가 공식적으로 영국의 식민지가 된 것은 1840년 영국과 마오리족(Maori) 간에 맺어진 '와이탕이 조약'(Treaty of Waitangi) 때문이었다. 와이탕이 조약은 영국의 통치를 인정하는 대신 마오리족의 땅과 자산에 대한 소유권 또한 상호 인정한다는 것으로, 조약 체결 이후 영국으로부터 이주민 숫자가 급증하여, 1850년 2,500명에서 1900년대 75만명이 되었다. 호주와 달리 뉴질랜드는 범죄자 식민지가 아니었고, 초기 뉴질랜드 정착민들은 본국에서 높은 사회적 지위를 가진 경우가 대부분이었다. 영국에 대한 불만이나 열등감이 없던 뉴질랜드는 영국영어와 영국문화에 대해 호의적인 입장을 취하였고, 동시에 호주영어와의 차별성을 강조하였다. 뉴질랜드영어를 지칭하여 '키위영어'(Kiwi English)라는 명칭을 사용하는데, 이는 호주영어와는 구별되는 자신들만의 언어 사용에 대한 의지의 표출이다. 특히 토착어인 마오리어의 영향으로 뉴질랜드영어 1,000 단어당 6 단어는 마오리어에서 유래하며, 대부분 동식물이나 지명을 일컫는 말이고, 키위 또한 그중 하나이다.

[마오리어 유래 단어]

뉴질랜드영어	의미
kauri, totara, rimu	나무의 종류
tui, moa	새의 종류
kiwi	키위새, 뉴질랜드 국가 상징, 과일, 뉴질랜드인, 뉴질랜드화폐, 뉴질랜드영어
tarakihi, moki	물고기의 종류
koha	선물
taonga	재산, 보물
kia ora	안녕하세요, 건강하세요
aroha	사랑, 연민
hui	회의
iwi	부족
kai	음식
kaupapa	정책, 원칙
ka pai	매우 기쁜, 훌륭한
pakaru	고장 난, 작동하지 않는
waiata	노래
whare	집

[뉴질랜드영어의 발음 특징]

발음	예시
[ɛ]	pan, pat
[ɪ]	pen, pet
[ə]	pin, pit, fish, chips
[ɪə]	bear, air/ear, chair/cheer, hair/here
[r] 발음 안함	hard, speaker

뉴질랜드영어의 억양에서 두드러진 특징 중 하나는 평서문의 억양이 하강 대신 상승을 나타낸다는 것이다. 가령 'What are you doing now?'라는 질문에 대해 'I'm working at the university.'라고 답하면서 마치 의문문을 발화할 때와 같이 끝을 올려서 말하는 특징을 보인다. 또한 뉴질랜드영어는 철자에 있어서 color나 labor 대신 colour, labour 등 영국식 철자법을 선호한다(예 Labour Party '노동당').

[뉴질랜드영어와 호주영어의 공통 어휘]

어휘		의미
backblocks		오지
beaut		좋은, 훌륭한
cocky		농부
crook		기분 나쁜, 아픈, 고장 난
rafferty's rules		무규칙
skite		자만
-ie로 끝나는 단어	postie	우체부
	boatie	보트 타는 사람
-o로 끝나는 단어	arvo	오후
	compo	휴식

[뉴질랜드 기원 어휘]

어휘	의미
bach	별장
big bickies	큰돈
glide time	불규칙한 근무시간
judder bar	과속방지턱
nappy valley	어린 자녀를 둔 젊은 부부가 거주하는 교외
section	땅 한 블록
tramping	하이킹

제4장 남아프리카 공화국(South Africa)

남아프리카 공화국에 최초로 정착한 이주민은 네덜란드인이었다. 그들은 1652년 케이프타운(Cape Town)의 희망봉(Cape of Good Hope)에 네덜란드 동인도회사(Dutch East India Company)를 설립하였다. 1820년 영국인의 이주가 시작되어 영어 사용이 본격적으로 시작되기 전까지, 정복자의 언어인 네덜란드어와 토착어인 반투어가 혼합된 아프리칸스어(Afrikaans)가 지배계층의 언어로 자리 잡았다. 1948년에서 1994년까지 남아프리카는 아프리칸스어로 '분리'를 뜻하는 아파르트헤이트(Apartheid)의 시행으로 인해 백인(영국인, 네덜란드인)과 비백인(반투족, 유색인)을 엄격하게 분리하였고, 그 결과 아프리칸스어는 토착인을 탄압하는 언어로 인식되었다. 1994년 넬슨 만델라(Nelson Mandela)가 남아프리카 공화국 최초의 흑인 대통령으로 취임하면서 아파르트헤이트는 사라졌고, 영어는 남아프리카의 11개 공식언어 중 하나로 지정되었다. 남아프리카 공화국의 흑인들 사이에서 영어는 식민지 언어라기보다 자신들을 억압해 온 지배층에 대항하는 저항의 언어이자, 다양한 토착어를 쓰는 흑인들을 묶어 주는 통합의 언어이다.

[남아프리카 기원 어휘]

단어	의미
trek	힘든 여행
veld	초원
spoor	동물의 발자국, 자취
springbok	남아프리카산 영양
blesbok	남아프리카산 줄무늬 영양

[남아프리카영어 발음의 특징]

발음	예시
[ɛ]	pan, rack/wreck
[ɪ]	pen, beg/big
[ə]	lip, bit, slim
[ɾ]	matter/madder
[əʊ]	rude, Sue
[ɒː]	bath, car
[ɑː]	fine, mine
[ʌː]	phone, zone

제5장 인도(India)

인도에 영어가 본격적으로 전파되기 시작한 계기가 된 것은 1600년 영국이 남아시아 식민지 개척을 위한 전진 기지로 인도에 동인도회사(East India Company)를 설립한 것이다. 동인도회사를 통한 영국의 인도 지배는 인도혁명(Indian Rebellion)이 일어난 1857년까지 지속되었고, 그 후 1858년에서 1947년 인도가 영국에서 독립하기까지가 영국의 통치기간이었다. 이 시기 식민지 정부는 영어를 제2외국어로 만들기 위한 노력을 계속하였고, 1835년 역사가이자 정치가인 토머스 매콜리(Thomas Macaulay)는 "우리는 현재 우리가 지배하는 수백만 명의 사람들과 우리 사이에서 중재 역할을 할 수 있는 계층을 형성하기 위해 최선을 다해야 한다. 그 계층은 혈통과 피부색은 인도인이지만, 취향, 의견, 도덕성, 그리고 지적 측면에서는 영국인인 사람들이어야 한다." ("We must at present do our best to form a class who may be interpreters between us and the millions whom we govern; a class of persons, Indian in blood and colour, but English in taste, in opinions, in morals, and in intellect.")라고 주장하였다. 반면 식민지 지배의 도구로 사용된 영어에 대해 부정적인 입장도 존재하였다. 특히 마하트마 간디(Mahatma Gandhi)는 "다른 나라의 매체를 통해서 진정한 교육은 불가능하다."("Real education is impossible through a foreign medium.")라고 주장하면서 영어의 지배적인 영향력을 개탄하였다. 약 300년 동안 계속된 식민지 기간에 900개가 넘는 인도어가 영어로 유입되었다.

[인도영어 단어]

인도영어	의미
brahmin	힌두사회 계층 중 가장 높은 계층, 엘리트 집단
juggernaut	초대형 트럭, 모든 것을 파괴시키는 강력한 것
jungle	불모지, 미개척지, 나무가 무성한 곳
bungalow	방갈로, 단층집
cheetah	치타
dinghy	작은 배
guru	힌두교에서 스승, 전문가, 권위자
mogul	거물
nirvana	열반
pundit	전문가
thug	폭력배
yoga	요가

제6장 싱가포르(Singapore)

싱가포르에서의 영어 사용 시작 시기는 1800년대 초 영국의 무역 전진기지 설립으로 거슬러 올라간다. 그 후 1965년 영국으로부터 독립할 때까지 150여 년간 영어는 싱가포르에서 실질적인 공식어로서의 기능을 하였다. 싱가포르에서는 싱글리시(Singlish)라고 불리는 영어 변종이 흔하게 사용되는데, 이는 영어를 기반으로 중국어 남부 방언인 호킨어(Hokkien), 말레이어(Malay), 타밀어(Tamil)가 혼합된 일종의 크리올(Creole)이라고 할 수 있다. 싱글리시의 발음은 영국영어와는 다른 특징을 보인다. 가령 표준영어로 'This person's Singlish is very good.'이라는 표현을 싱글리시로 하면 'Dis guy Singrish si beh zai sia.'이다. 이 밖에도 자음·모음의 발음에도 차이가 있는데, say와 know의 이중모음 [eɪ]와 [əʊ]가 단모음 [ɛ]와 [ɔ]로 대체되고, 음절 말 자음이 생략되곤 한다.

[싱글리시의 특징]

싱글리시	의미(또는 예문)
jalan	산책
agak-agak	추측, 예측
kacuau	짜증나게 하다
lah	문미에 붙여 동조, 공감 표시
be 동사 생략	The teacher so strict.
주어 생략	Eat already?
3인칭 현재 단수 어미 생략	She eat meat.

제7장 말레이시아(Malaysia)

말레이시아는 16세기부터 포르투갈과 덴마크의 지배를 받았고, 18세기 중반에서 20세기 중반까지 영국의 통치 하에 있었다. 영어 사용은 영국 통치가 시작된 1770년경부터 본격적으로 시작되었을 것으로 추정되며, 말레이시아 인종폭동이 일어난 1969년 이후 말레이어(Malay)의 지위가 높아짐에 따라 공용어로서 영어의 지위는 하락하게 된다. 말레이시아영어의 특징으로 사회 방언인 맹글리시(Manglish)를 들 수 있는데, 이는 싱글리시와 마찬가지로 영어를 기반으로 말레이어, 호킨어, 타밀어가 혼합된 영어 변종이라고 볼 수 있다. 가령 표준영어에서 'Oh no! The lift is out of order. Come let's use stairs.'라는 문장을 맹글리시로 하면 'Aiyo! The lif is rosak already. Mari-lah, we use the stairs one.'이다.

> **더 알아두기**
>
> **코드 스위칭(code switching)**
> 개별 화자가 둘 이상의 언어를 혼합하여 사용하는 현상을 가리킨다. 가령 영어에서 말레이어로 또는 그 반대로 바꾸어 말하는 것이다. 개인이 두 가지 언어를 모두 구사하는 다중언어 화자가 한 문장에서 한 언어로 시작하고 다른 언어로 끝맺음을 하거나 하나의 언어에서 다른 언어의 단어를 삽입하여 표현을 풍부하게 할 수 있다. 다음은 두 명의 여성 변호사(중국인과 타밀인)가 쿠알라룸푸르(Kuala Lumpur)에서 나누는 대화로, 표준영어·현지 토착어·말레이어의 코드 스위칭이 자유롭게 일어나는 것을 확인할 수 있다.[1]

---

1) 출처 : Svartvik & Leech, 『English: One Tongue, Many Voices』, 122~123, Palgrave Macmillan, 2006

Chandra	: Lee Lian, you were saying you wanted to go shopping, nak pergatak?[Malay : 'Want to go, not?']
Lee Lian	: Okay, okay, at about twelve, can or not?
Chandra	: Can lah, no problem one! My case going to be adjourned anyway.
Lee Lian	: What you looking for? Furniture or kitchenwares? You were saying, that day, you wanted to beli some barang-barang[Malay : 'buy ... things'].
Chandra	: Yes lah! Might as well go window-shopping a bit at least. No chance to ronda[Malay : 'hang around'] otherwise. My husband, he got no patience one!
Lee Lian	: You mean you actually think husbands got all that patience ah? No chance man! Yes or not?
Chandra	: Betul juga[Malay : 'True also']. No chance at all! But if anything to do with their stuff ‒ golf or snooker or whatever, then dia pun boleh sabar one[Malay : 'he too can be patient'].

제6편 실전예상문제

01 다음 영어 표현이 사용되는 나라는 어디인가?

표현	의미
koha	gift, present
kia ora	Maori greeting
tui	a kind of bird
moki	a kind of fish
taonga	object of value, property, treasure
kiwi	a kind of bird or fruit

① Canada

② Singapore

③ India

④ New Zealand

해설
뉴질랜드영어는 토착어인 마오리어의 영향으로 1,000 단어당 6 단어는 마오리어에서 유래하며, 대부분 동식물이나 지명을 일컫는 말이다.
정답 ④

02 영어가 캐나다로 전파된 과정에 대한 설명으로 가장 적절하지 <u>않은</u> 것은?

① 캐나다의 동부 전체는 프랑스의 통치하에 있었다.

② 영국과 프랑스·인디언 연합군 간 전쟁 결과 영국은 프랑스에 패배하였다.

③ 초기 미국 정착 이주민들이 캐나다로 대거 이주하게 된 결정적 계기는 1776년 미국의 독립이었다.

④ 미국을 떠난 이주민들은 노바스코샤(Nova Scotia)에 먼저 자리 잡은 후 점차 뉴브런즈윅(New Brunswick)과 오대호(Great Lakes) 북부 지역 등 내륙으로 이동하였다.

해설
1750년 당시 프랑스는 북미에서 가장 큰 영역을 지배하고 있었다. 이 같은 영토분할에 변화를 가져온 계기는 대식민지 전쟁(The French and Indian War)으로, 영국과 프랑스·인디언 연합군 간 전쟁 결과 프랑스는 영국에 패배하였고, 그 결과 미국에 정착한 영국 이주민들이 캐나다로 대거 이주하게 되었다.
정답 ②

03 다음 영어 표현이 유래한 나라는 어디인가?

표현	의미
bungalow	a house that is all on one level
jungle	a world of ruthless competitions or disorder
brahmin	a member of a cultural and social elite
juggernaut	something large and powerful that destroys everything
mogul	a powerful and important person
nirvana	a state or place of great happiness and peace

① India

② Malaysia

③ Singapore

④ South Africa

해설
약 300년 동안 지속된 영국의 식민지 기간에 900개가 넘는 인도어가 영어로 유입되었다.
정답 ①

04 호주에 영국 출신 이주민이 들어오게 된 배경에 대한 설명으로 가장 적절하지 <u>않은</u> 것은?

① 인구과밀로 인한 범죄가 늘어나 기존의 감옥으로는 범죄자 수용이 어려웠던 런던은 식민지를 활용하였다.

② 영국의 범죄자들이 호주로 이주하였고 '범죄자 식민지'(Penal Colony)라는 이름을 갖게 된다.

③ 1600년 영국에서 호주로 본격적인 이주가 시작되었다.

④ 골드러시(Gold Rush)로 인해 유입된 이주민들은 대부분 자유 정착민이었다.

해설
영국에서 호주로 본격적인 이주가 시작된 시기는 1788년이다.
정답 ③

05 다음 중 말레이시아에서 사용되는 사회 방언을 지칭하는 것은?

① Singlish

② Manglish

③ Jinglish

④ Konglish

> **해설**
> 말레이시아에는 영어가 토착어와 혼합된 맹글리시(Manglish)라는 독특한 형태의 영어 변종이 존재한다.
> ① Singlish는 싱가포르, ③ Jinglish는 일본, ④ Konglish는 한국에서 사용되는 사회 방언을 가리킨다.
> **정답** ②

06 다음 중 캐나다에서 쓰이는 어휘가 <u>아닌</u> 것은?

① petrol

② pavement

③ spanner

④ faucet

> **해설**
> faucet은 미국에서 쓰이는 어휘로, 캐나다에서는 같은 뜻을 가진 tap을 사용한다.
> ① petrol, ② pavement, ③ spanner는 캐나다에서 쓰이는 어휘이고, 각각의 어휘에 대응하는 미국영어는 gas, sidewalk, wrench이다.
> **정답** ④

07 다음 중 호주영어가 보이는 발음의 특징이 <u>아닌</u> 것은?

① say를 [seɪ]로 발음한다.

② now를 [næʊ]로 발음한다.

③ see를 [səɪ]로 발음한다.

④ do를 [dəʊ]로 발음한다.

> **해설**
> say의 이중모음을 영국영어에서는 [eɪ]로 발음하는 반면, 호주영어에서는 [aɪ]로 발음한다.
> **정답** ①

08 다음 중 뉴질랜드영어와 호주영어에 공통으로 존재하는 어휘가 <u>아닌</u> 것은?

① backblocks

② crook

③ kia ora

④ beaut

해설

kia ora는 마오리어로, 뉴질랜드에서 사용되는 인사말이다.

① backblocks, ② crook, ④ beaut은 뉴질랜드영어와 호주영어에서 공통으로 사용된다.

정답 ③

09 다음 중 남아프리카 기원 어휘가 <u>아닌</u> 것은?

① trek

② juggernaut

③ veld

④ spoor

해설

juggernaut은 '모든 것을 파괴시키는 강력한 것'을 의미하는 인도영어 어휘이다.

① trek, ③ veld, ④ spoor는 각각 '힘든 여행', '초원', '동물의 발자국, 자취'를 뜻하는 남아프리카 기원 어휘이다.

정답 ②

10 다음 중 싱가포르영어의 특징을 모두 고른 것은?

> ㉠ 평서문을 발화할 때 끝을 올려서 말한다. [예] I'm working at the university.
> ㉡ be 동사를 흔히 생략한다. [예] The teacher so strict.
> ㉢ 주어를 생략한다. [예] Eat already?
> ㉣ 3인칭 현재 단수 어미를 생략한다. [예] She eat meat.

① ㉠, ㉡

② ㉠, ㉢, ㉣

③ ㉡, ㉢, ㉣

④ ㉠, ㉡, ㉢, ㉣

해설

'be 동사 생략, 주어 생략, 3인칭 현재 단수 어미 생략'은 모두 싱가포르영어의 특징이며, 평서문을 발화할 때 상승 억양을 나타내는 것은 뉴질랜드영어이다.

정답 ③

주관식 문제

01 다음 내용은 무엇에 대한 설명인지 쓰시오.

> - 1895년 밴조 패터슨으로 알려진 호주의 민족시인 앤드류 발톤 패터슨이 작곡한 노래이다.
> - 이 곡에는 빌라봉(billabong), 쿨리바(coolibah)와 같은 호주 원주민어에서 차용한 다수의 어휘가 포함되어 있다.
> - 호주에서 가장 유명한 민족 시가이자 호주의 비공식 국가로 알려져 있다.

정답
왈칭 마틸다(Waltzing Matilda)

02 다음 내용은 남아프리카 공화국에 영어가 전파된 과정에 대한 설명이다. 괄호 안에 들어갈 말을 순서대로 쓰시오.

> 1820년 영국인의 이주가 시작되어 영어 사용이 본격적으로 시작되기 전까지, 정복자의 언어인 (㉠)와(과) 토착어인 반투어가 혼합된 (㉡)이(가) 지배계층의 언어로 자리 잡았다. 1948년에서 1994년까지 남아프리카는 (㉡)(으)로 '분리'를 뜻하는 아파르트헤이트(Apartheid)의 시행으로 인해 백인(영국인, 네덜란드인)과 비백인(반투족, 유색인)을 엄격하게 분리하였고, 그 결과 (㉡)은(는) 토착인을 탄압하는 언어로 인식되었다. 1994년 넬슨 만델라(Nelson Mandela)가 남아프리카 공화국 최초의 흑인 대통령으로 취임하면서 아파르트헤이트는 사라졌고, 영어는 남아프리카의 11개 공식언어 중 하나로 지정되었다. 남아프리카 공화국의 흑인들 사이에서 영어는 식민지 언어라기보다 자신들을 억압해 온 지배층에 대항하는 저항의 언어이자, 다양한 토착어를 쓰는 흑인들을 묶어 주는 통합의 언어이다.

정답
㉠ 네덜란드어
㉡ 아프리칸스어

03 호주와 뉴질랜드의 토착어에 대한 입장의 차이에 대해 간략하게 서술하시오.

정답

호주는 영어가 주도적인 언어로 자리매김하게 되면서 이전에 존재했던 수많은 토착어가 소실되었다. 반면 뉴질랜드는 영국이 뉴질랜드에 정착할 당시 마오리족과 맺은 와이탕이 조약에서도 볼 수 있듯이, 토착어에 대한 자부심을 갖고 있으며, 뉴질랜드 영어 단어의 상당수를 마오리어에서 차용했을 정도로 호주영어와는 차별되는 자신들만의 언어 사용에 대한 강한 의지를 표출하였다.

04 다음 내용은 무엇에 대한 설명인지 쓰시오.

- 개별 화자가 둘 이상의 언어를 혼합하여 사용하는 현상을 가리킨다.
- 개인이 두 가지 언어를 모두 구사하는 다중언어 화자가 한 문장에서 한 언어로 시작하고 다른 언어로 끝맺음을 하거나 하나의 언어에서 다른 언어의 단어를 삽입하여 표현을 풍부하게 할 수 있다.

정답

코드 스위칭(code switching)

05 인도에 영어가 본격적으로 전파되기 시작한 계기에 대해 간략히 서술하시오.

정답

인도에 영어가 본격적으로 전파되기 시작한 계기가 된 것은 1600년 영국이 남아시아 식민지 개척을 위한 전진기지로 인도에 동인도회사(East India Company)를 설립한 것이다. 동인도회사를 통한 영국의 인도 지배는 인도혁명이 일어난 1857년까지 지속되었다.

교육은 우리 자신의 무지를 점차 발견해 가는 과정이다.

- 윌 듀란트 -

부록

최종모의고사

교육이란 사람이 학교에서 배운 것을 잊어버린 후에 남은 것을 말한다.

– 알버트 아인슈타인 –

제한시간: 50분 | 시작 ___시 ___분 - 종료 ___시 ___분

⊡ 정답 및 해설 296p

01 다음 중 게르만어 동사의 특성이 <u>아닌</u> 것은?

① 현재시제 및 과거시제

② 강변화 및 약변화

③ 치경음 과거 어미

④ 인칭, 법, 태의 굴절체계

02 다음 밑줄 친 부분의 발음 차이를 설명할 수 있는 것은?

> • ex<u>i</u>t – ex<u>i</u>st
> • ex<u>e</u>rcise – ex<u>a</u>mple

① Spelling Rule

② Devoicing

③ Verner's Law

④ Alternation

03 다음 중 게르만어에 속하는 언어가 <u>아닌</u> 것은?

① English

② German

③ French

④ Dutch

04 다음 중 언어발전에 영향을 미친 언어 외적인 역사적 사건 연구를 지칭하는 용어는?

① comparative history

② internal history

③ case study

④ external history

05 영국에서 사용된 최초의 인도−유럽어는?

① Latin   ② Celtic

③ English   ④ Gothic

06 다음 고대영시의 제목은?

Hwæt! We Gār-dena	in gēardagum,
þēodcyninga,	þrym gefrūnon,
hu þa æþelingas	ellen fremedon.
Oft Scyld Scēfing	sceaþena þrēatum,

① Widsith

② Battle of Maldon

③ Cadmon's Hymn

④ Beowulf

07 다음 중 밑줄 친 부분의 발음이 다른 하나는?

① cū

② cēosan

③ crypel

④ clǣne

08 다음 중 고대영어 명사의 격(case) 중 속격을 지칭하는 것은?

① accusative

② nominative

③ genitive

④ dative

09 중세영어의 문자에 대한 설명으로 가장 적절하지 <u>않은</u> 것은?

① 대륙에서 온 g가 쓰이기 시작하였다.

② 고대영어의 ƿ(wynn)을 대신하여 w가 사용되었다.

③ j와 v는 각각 i와 u의 이철자(allographs)로 간주되었다.

④ 고대영어 g의 발음에 변화가 없었다.

10 다음 예시에 나타난 고대영어와 중세영어의 차이는?

OE   dǣl þæs hlāfes
ME   partie of the lofes

① 속격구문   ② 형용사구문

③ 관계구문   ④ 비인칭구문

11 다음 어휘의 밑줄 친 부분에서 나타난 음운변화는?

- bl<u>i</u>nd
- ch<u>i</u>ld
- w<u>o</u>mb

① open syllable lengthening

② consonant cluster shortening

③ homorganic consonant cluster lengthening

④ trisyllabic shortening

12 다음 내용에서 괄호 안에 들어갈 말로 알맞은 것은?

> 1066년 (   ) 이후 영국에서는 노르만프랑스어가 득세하였다. 프랑스어는 그 후 200여 년간 궁정, 의회, 법정, 학교 등에서 쓰이는 공용어가 되었다.

① 웨식스의 통합
② 십자군원정
③ 백년전쟁
④ 노르만 정복

13 다음 내용은 셰익스피어의 『헨리 4세』 중 일부이다. 밑줄 친 부분을 통해 알 수 있는 초기현대영어의 특징은?

> If Raisins were as plentie as Blackberries, I would give no man a Reason upon compulsion.

① 사회적 방언의 표현
② 서중부 방언의 특징
③ 구개음화의 영향
④ 대모음추이

14 현대영어 속격의 아포스트로피(-'s)에 대한 근거는?

① 우언적 속격
② 중성명사 속격
③ his- 속격
④ 집단 속격

15 다음 중 초기현대영어의 자음에 일어난 변화와 관계가 <u>없는</u> 것은?

① [x]와 [ç]의 소실
② [f] > [m]의 동화
③ [ʒ]의 추가
④ 마찰음의 유성음화

16 초기현대영어의 모음에 대한 기술로 옳지 <u>않은</u> 것은?

① [u]가 [ʌ]로 변화하였다.
② [a]가 [æ]로 변화하였다.
③ [oː]가 [uː]로 변화하였다.
④ 단모음의 개수보다 이중모음의 개수가 더 많았다.

17 다음 중 어형성 방식이 <u>다른</u> 하나는?

① radar　　　　　　　　　　② combo
③ info　　　　　　　　　　　④ bike

18 다음 어휘들의 어의변화에 대한 설명으로 옳은 것은?

> • bird
> • holiday
> • journey

① 의미가 나빠졌다.
② 의미가 좋아졌다.
③ 의미영역이 좁아졌다.
④ 의미영역이 넓어졌다.

19 다음 중 완곡어법(euphemism)에 해당하는 단어는?

① hussy

② fable

③ restroom

④ crane

20 다음 예문에서 밑줄 친 단어가 형성된 방식으로 옳은 것은?

- Wouldst thou be <u>window'd</u> in great Rome? (*Antony and Cleopatra*, IV.xii.72)
- How are we <u>park'd</u> and bounded in a pale! (*Henry IV*, IV.ii.45)

① neologism

② back formation

③ onomatopoeia

④ zero derivation

21 미국영어가 가진 다음 언어 현상의 원인은?

- bird, car의 [r] 발음 유지
- fast, grass, pass의 모음 발음 [æ]

① 혁신성

② 보수성

③ 이동성

④ 다양성

22 1712년 "A Proposal for Correcting, Improving and Ascertaining the English Tongue"를 통해 규범 문법(prescriptive grammar)을 강조한 이는?

① John Wycliffe

② William Tyndale

③ Samuel Johnson

④ Jonathan Swift

23 초기현대영어 문헌에서 볼 수 있는 기호의 의미가 바르지 <u>않은</u> 것은?

① ∫ = long s

② y^e = the

③ & = and

④ virgule(/) = colon

24 다음 중 18세기 영어에 대한 분위기로 가장 적절한 설명은?

① 사무엘 존슨의 "A Proposal for Correcting, Improving and Ascertaining the English Tongue"에 분위기가 잘 드러나 있다.

② 영어를 고쳐서 완벽하게 만들어야 한다는 주장이 팽배하였다.

③ 영어에 대한 통제를 가하려는 움직임이 있었다.

④ 자유분방한 영어로 어휘와 문법이 발전하였다.

주관식 문제

01 미국영어가 영국영어와 다른 점을 3개 이상 쓰시오.

02 룬 문자(Runes)에 대해서 서술하시오.

03 중세영어의 관계절에 대해서 서술하시오.

04 초기현대영어에 나타난 분석적 비교급(analytical comparison)에 대해 서술하시오.

제한시간 : 50분 | 시작 _____시 _____분 – 종료 _____시 _____분

정답 및 해설 301p

01 다음 중 밑줄 친 부분의 발음 차이를 설명하는 음운변화는?

> <u>c</u>ordial – <u>h</u>earty

① [f, θ, h] > [β, ð, ɣ]
② [p, t, k] > [f, θ, h]
③ [b, d, g] > [p, t, k]
④ [bʰ, dʰ, gʰ] > [b, d, g]

02 다음 내용은 윌리엄 존스(William Jones)의 담화 중 일부이다. 밑줄 친 부분이 가리키는 언어는?

> Sanskrit language, whatever be its antiquity, is of wonderful structure; more perfect than the Greek, more copious than the Latin, and more exquisitely refined than either, yet bearing to both of them a stronger affinity, ... than could be possibly have been produced by accident; so strong indeed, that no philologer could examine them all three, without believing them to have sprung from some <u>common source</u> which, perhaps, no longer exists.

① Sanskrit
② Greek
③ Latin
④ Indo-European

03 다음 내용은 영국의 어떤 왕에 대한 설명인가?

> • 군 조직을 개편하여 바이킹의 침공을 막기 위해 노력하였다.
> • 『앵글로색슨 연대기』, 비드의 『영국교회사』 등의 산문 역서를 출간하였다.
> • 궁정학교 설립, 해외학자 초빙 등 교육과 학문의 부흥에 힘썼다.

① Edward the Confessor
② Æthelred the Unready
③ Alfred the Great
④ William the Conqueror

04 고대영어의 어순에 대한 설명으로 가장 적절하지 <u>않은</u> 것은?

① 부정어가 문두에 올 때 어순은 V-S-O였다.
② 목적어가 대명사일 때 어순은 S-O-V였다.
③ 가장 기본적인 어순은 S-V-O였다.
④ 고정된 어순을 가지고 있었다.

05 고대영어에서 다음과 같이 주어가 결핍된 문장을 무엇이라 칭하는가?

> Hine   lyst   rædan.
> him   pleases   read
> 'It pleases him to read.'

① 이동구문
② 비인칭구문
③ 후접사구문
④ 도치구문

06 다음 중 밑줄 친 부분의 발음이 <u>다른</u> 하나는?

① <u>sc</u>ip

② bi<u>sc</u>op

③ fi<u>sc</u>

④ a<u>sc</u>ian

07 다음 현대영어 어휘와 관련이 있는 고대영어의 문법은?

> • besides
>
> • homewards
>
> • twice
>
> • towards
>
> • once
>
> • since

① 모음변이 명사의 변칙 기능

② 보충법의 활용

③ 격변화의 부사적 기능

④ 강변화 명사 변화

08 다음 중 고대로부터 현대에 이르기까지 영어가 변함없이 보유하고 있는 특징은?

① 단수·복수 동형 명사(deer, sheep 등)

② 관계대명사

③ 지시사

④ 문법상 성

09 다음 중 중세영어 시기 영어의 지위 회복과 관계가 <u>없는</u> 것은?

① 노르망디 상실

② 백년전쟁

③ 1362년 소송서류작성법 제정

④ Henry, William 등의 왕명

10 다음 중세영어의 변화와 관련 깊은 과정은?

> • eiren > eggs
> • eyen > eyes
> • foon > foes
> • shoon > shoes

① metathesis

② analogy

③ etymology

④ suppletion

11 중세영어에 나타난 평준화(leveling)에 대해 옳지 <u>않은</u> 것은?

> 어말의 a, o, u → e[ə]

① 결과로 나타난 발음은 schwa였다.

② 굴절어미가 간소화되었다.

③ 비강세음절에 적용되었다.

④ 전치사의 감소를 야기하였다.

12 중세영어의 이중모음에 대한 설명으로 옳지 <u>않은</u> 것은?

① 고대영어의 이중모음이 단모음으로 변화하였다.

② 프랑스어 유래 차용어로 인하여 새로운 이중모음이 추가되었다.

③ 장모음이 변화하여 이중모음이 만들어졌다.

④ 모음 두 개를 나란히 겹쳐 장모음을 나타내기도 하였다.

13 셰익스피어의 『베니스의 상인』의 일부분에서 밑줄 친 동사에 나타난 어미변화는?

> The quality of mercy is not strain'd,
> It <u>droppeth</u> as the gentle rain from heaven
> Upon the place beneath: it is twice blest;
> It <u>blesseth</u> him that gives and him that takes

① third person singular past
② third person plural past
③ third person plural present
④ third person singular present

14 초기현대영어에서 u와 v의 표기를 결정한 요인은?

> • <u>v</u>ery   • <u>v</u>inegar
> • li<u>u</u>e   • se<u>u</u>en

① 문헌의 종류
② 유성(voicing) · 무성(devoicing)
③ 단어 내의 위치
④ 강세의 유무

15 초기현대영어에서 2인칭 단수형으로 thou/thy가 사용되지 <u>않은</u> 대화 상황은?

① 격식 있는 대화
② 하인을 부를 때
③ 하층민의 대화
④ 친근감이나 애정을 나타낼 때

16 조동사 do의 용법에 대한 설명으로 옳은 것은?

① 외래어 용법의 영향을 받았다.

② 초기현대영어 시기에 사용이 일반화되었다.

③ 강조 용법에서 발전하였다.

④ 셰익스피어의 작품에서 I know not과 I don't know가 공존하였다.

17 다음 어휘들은 어떤 언어에서 들어온 차용어인가?

> • cafeteria
> • mosquito
> • rodeo
> • tortilla

① German   ② French

③ Native American   ④ Spanish

18 미국영어에서 '가을'을 의미하는 단어로 영국영어에서 사용하는 autumn 대신 fall을 쓰는 어법을 무엇이라고 하는가?

① descriptivism

② prescriptivism

③ Americanism

④ colonization

19 영국영어와 미국영어의 다음과 같은 차이에서 알 수 있는 식민지 정착 초기 미국영어의 속성은?

> • 영국영어 : fa[ɑː]st, r-dropping, angry
> • 미국영어 : fa[æ]st, rhotacism, mad

① 유동성   ② 이동성

③ 개혁성   ④ 보수성

20 다음 어휘 중 영어에 차용된 시기가 가장 이른 것은?

① street

② chevron

③ religion

④ uncle

21 A 대신 B의 단어를 사용하자고 주장한 학자들은?

A	B
conclusion	endsay
definition	saywhat
irony	dry mock
crossed	lunatic
banker	tabler

① 청교도

② 성서 영역 운동가

③ 영어 순수주의자

④ 고전학자

22 다음은 리처드 뱅크스의 "Herball"에 나오는 Rosemary의 일부이다. 다음 중 현대영어로 바르게 번역한 것은?

> This herbe is hote and dry / take the flowres and put them in a lynen clothe / & ʃo boyle them in fayre clene water to y^e halfe & coole it & drynke it

① ʃo = she

② lynen = line

③ y^e = the

④ & = next

23 다음 중 사무엘 존슨(Samuel Johnson)의 "A Dictionary of the English Language"에 대한 설명으로 가장 적절한 것은?

① 영어를 수정하여 개선하고 발전시키겠다는 의도를 가지고 있었다.

② 저자의 편견이 배제된 객관적인 정의가 특징적이다.

③ 17세기에 출간되었다.

④ 영어에 구속력을 발휘하는 기능을 하였다.

24 다음 중 셰익스피어의 영어는 어떤 시기에 해당되는가?

① Old English

② Middle English

③ Late Modern English

④ Early Modern English

주관식 문제

01 노르만 정복(Norman Conquest)에 대해 간략하게 서술하시오.

02 다음 단어들의 형성과정에 대해 서술하시오.

> • boycott
> • lynch
> • sandwich

03 영어의 발전과정에서 나타난 종합적 언어(synthetic language)와 분석적 언어(analytic language)의 성격에 대해 서술하시오.

04 초기현대영어와 현대영어에서 부사의 용법이 어떻게 다른지 차이점을 쓰시오.

01	02	03	04	05	06	07	08	09	10	11	12
④	③	③	④	②	④	②	③	④	①	③	④

13	14	15	16	17	18	19	20	21	22	23	24
④	③	②	④	①	④	③	④	②	④	④	③

	주관식 정답
01	• 자음의 발음에 있어, 미국영어에서는 탄설음화 현상이 나타난다. • 모음의 발음에 있어, both 등의 이중모음이 [oʊ]로 발음된다. • 철자에 있어, 미국영어에서는 발음의 실용성이 강조된다.
02	룬 문자는 앵글로색슨족이 유럽대륙에서 사용하다가 영국에 가지고 들어와 기독교 개종 후에도 한동안 사용한 문자이다. 나무나 돌 등 단단한 물체에 새기기 편한 각진 형태를 띠고 있으며, 룬 문자가 새겨진 대표적인 유물로 루스웰 십자가 (Ruthwell Cross)가 있다. 이 십자가에는 『십자가의 꿈』(The Dream of the Rood)이라는 유명한 고대영시가 새겨져 있다.
03	불변화대명사인 that이 대표적인 관계대명사 역할을 수행하였다. 현대영어와 달리 중세영어에서는 that의 계속적 용법이 가능하였다. 중세영어 후반기에 의문대명사에서 유래한 wh-형 대명사가 관계대명사로 쓰이게 되었지만, 처음에는 주격 이외의 격으로만 사용되었다. 또한, 현대영어에서 찾아볼 수 없는 독특한 관계절이 존재하였는데, wh-형 관계대명사 뒤에 의미 없는 that이 따라오는 경우와 wh-관계사 앞에 the를 붙이는 관계절이 그것이다.
04	초기현대영어에서 어미를 사용하지 않고 more과 most를 이용하여 비교급과 최상급을 나타내는 분석적 비교급이 등장하였다. 이 시기 분석적 비교급은 종합적 비교급과 마찬가지로 형용사의 음절수와 관계없이 사용되었기 때문에 more better, more fitter와 같은 이중비교급(double comparison)을 초래하기도 하였다.

01 정답 ④

해설

게르만어 동사는 현재와 과거 두 개의 시제를 가지며, 동사변화는 강변화와 약변화로 나누어진다. 약변화는 과거 규칙 동사를 만드는 어미로 '-ed'를 이용하며 이것의 발음은 치경음 [t, d]이다. 인도-유럽어는 '인칭, 시제, 법, 태' 등에 따라 모음이나 어미가 변하는 복잡한 굴절어인 반면, 게르만어에서는 굴절체계가 상당 부분 단순화되어 6개의 상이 2개의 시제로 축소되었다.

02 정답 ③

해설

칼 베르너(Karl Verner)는 그림의 법칙(Grimm's Law)에 대한 예외사항을 지적하였다. 가령, 라틴어의 pater와 고트어의 fadar를 비교했을 때 pater의 어두자음인 무성폐쇄음이 fadar에서 무성마찰음으로 변화하여 그림의 법칙을 준수한 반면, 어중자음의 경우 그림의 법칙을 따르지 않는다. 만일 그림의 법칙을 따른다면 pater가 *faθer가 되겠지만, 앞 음절에 강세가 없으므로 유성음인 fader가 된다. 이처럼 무성마찰음 앞에 강세가 없을 때 일어나는 유성음화(voicing)를 베르너의 법칙이라고 한다. 제시된 예시에서 éxit, éxercise의 밑줄 친 부분의 발음은 무성음 [ks]인 데 반해 exíst, exámple에서 [gz]로 유성음인 것을 확인할 수 있다.

03 정답 ③

해설

게르만어는 인도-유럽어족의 하위 어족으로 영어(English), 독일어(German), 네덜란드어(Dutch)

등이 게르만어에 속한다. 이 밖에도 게르만어에는 프리지아어(Frisian), 플라망어(Flemish), 노르웨이어(Norwegian), 아이슬란드어(Icelandic), 스웨덴어(Swedish), 덴마크어(Danish)가 포함된다. 프랑스어(French)는 인도-유럽어족의 하위 어족이기는 하나, 게르만어가 아닌 고대이탤릭어(Italic)에 속하는 언어이다. 여기에 속하는 언어로는 이탈리아어(Italian), 스페인어(Spanish), 카탈로니아어(Catalan), 포르투갈어(Portuguese)가 있다.

04 정답 ④

해설

언어의 역사를 연구하는 방법론으로 외면사(external history)와 내면사(internal history)가 있다. 외면사는 언어의 역사를 주로 외부적인 증거와 자료에 기반하여 연구하는 방식으로, 언어 자체가 아닌 언어의 발전에 영향을 미친 역사적 사건 등을 다룬다. 반면에 내면사는 언어 자체의 내부적인 변화와 발전에 초점을 맞추어 연구하는 접근 방법으로, 언어 체계의 변화, 음운, 형태, 통사, 의미 등 언어적 측면을 연구한다.

05 정답 ②

해설

영국에 들어온 최초의 인도-유럽어는 영국의 원주민이던 켈트족(Celts)의 언어 켈트어(Celtic)이다. 영국에서 켈트어의 지위는 400년간의 로마 통치시대에도 굳건하였지만 이후 유럽대륙에서 건너온 앵글로색슨족의 침입으로 위협을 받게 되었다.

06 정답 ④

해설

『베오울프』는 고대영어를 대표하는 영웅서사시로, 원문을 쓴 저자와 쓰인 시기에 대해서는 학자마다 의견이 달라서 대략 6~11세기에 쓰였다고

본다. 『베오울프』의 배경은 앵글로색슨족이 영국으로 오기 전의 덴마크와 스웨덴이다. 『베오울프』 원문은 총 3,182행으로 구성되어 있고 1부와 2부로 나뉜다. 제1부는 2,199행까지로 '덴마크 왕가의 배경과 그렌델 모자의 격투, 베오울프의 귀국'에 대한 내용을 다루고 있으며, 제2부는 2,200~3,182행까지로 '베오울프의 통치기간 50년, 용과의 싸움, 베오울프의 죽음'을 묘사하고 있다.

07 정답 ②

해설

고대영어의 문자 중 하나인 'c'는 자음이나 후설모음(a, o, u) 앞에서 [k]로 발음되었고, 전설모음(i, e, æ) 앞에서 [ʧ]로 발음되었다. 제시된 예시에서 전설모음 앞에 위치하여 [ʧ]로 발음되는 cēosan을 제외하고, 후설모음이나 자음 앞에 위치한 경우인 cū, crypel, clǣne은 모두 [k]로 발음된다.

08 정답 ③

해설

고대영어의 명사는 성, 수, 격에 따라 어미변화를 하였다. 그중 격은 주격(nominative), 속격(또는 소유격, genitive), 대격(accusative), 여격(dative)으로 나누어진다.

09 정답 ④

해설

본래 고대영어에서 음운환경에 따라 [g, j, ɣ]로 발음되던 g(ȝ)는 발음이 [g]일 경우 g로, [j]일 경우 ȝ로 변화되었으며, [ɣ]은 중세영어에서 사라지고 w[w]로 바뀌었다. 즉, 중세영어에 들어서 연구개 마찰음 [ɣ]이 소실되었다.

10 정답 ①

해설

중세영어에서는 굴절어미의 쇠퇴로 전치사구의 사용이 늘어났다. 새로운 속격 형태는 프랑스어의 '소유'를 나타내는 전치사 de를 이용한 구문을 모방한 'of-명사구'이다. 현대영어의 소유격으로 Mrs. Bethin's daughter과 the daughter of Mrs. Bethin 두 가지 표현이 가능한 것은 중세영어 시기에 기원을 둔 것이다.

11 정답 ③

해설

동일조음점 자음군 장모음화(homorganic consonant cluster lengthening)는 조음점이 동일한 nd, ld, mb와 같은 자음군 앞에서 단모음이 길어지는 현상이다.

12 정답 ④

해설

노르만 정복은 영어사에 있어서 고대영어의 종료와 동시에 중세영어의 시작이 되는 중대한 사건이다. 에드워드 왕이 후사 없이 죽자 노르망디 공작이던 윌리엄이 영국을 정복하였고, 노르만 정복이후 영국의 공용어는 노르망디 출신 귀족들의 언어인 노르만프랑스어가 되었다.

13 정답 ④

해설

초기현대영어에서는 중세영어의 모든 장모음이 대모음추이(Great Vowel Shift)를 통해 대대적인 변화를 거친다. 이 시기 작가들은 대모음추이를 작품에 이용했는데, 대표적인 예로 셰익스피어는 모음변화와 동음이의어로써 언어유희(pun)를 작품에 활용하였다. 제시된 인용문에서는 reason과 raisin의 모음변화를 이용한 언어유희를 볼 수 있다.

14 정답 ③

해설

his의 비강세 [h]음이 탈락하게 되면 발음 차이가 거의 나지 않기 때문에, 초기현대영어의 his- 속격은 현대영어 아포스트로피 속격의 기원을 설명해 줄 수 있다.

15 정답 ②

해설

[x]와 [ç]의 소실, [ʒ]의 추가, 마찰음의 유성음화(예 observe, possess, resolve)는 모두 초기현대영어 시기에 일어난 자음의 변화이고, [f] > [m]의 동화(예 wifman > wimman)는 중세영어 시기의 음운과정이다.

16 정답 ④

해설

[u] → [ʌ]로의 변화는 but, cut 등의 예에서, [a] → [æ]로의 변화는 apple, cat에서, [oː] → [uː]로의 변화는 book, foot에서 확인할 수 있다. 초기현대영어의 단모음 개수는 14개, 이중모음 개수는 5개였다.

17 정답 ①

해설

절단(clipping)은 단어에서 하나 또는 그 이상의 음절을 잘라내고 남은 일부로 전체 의미를 나타내는 방식으로, 'combo(< combination), info(< information), bike(< bicycle)'가 모두 절단에 의해 형성된 어휘들이다. 반면, radar(< radio detecting and ranging)는 두자어(acronym) 방식으로 만들어진 어휘이다.

18 정답 ④

해설

제시된 단어들은 본래 의미인 'young bird', 'holy day', 'day's trip'에서 의미영역이 넓어져 현재의 의미를 갖게 되었다. 이처럼 어휘가 가진 의미의 영역이 넓어지는 변화를 일반화(generalization)라고 한다.

19 정답 ③

해설

완곡어법이란 모나지 않고 듣기 좋은 부드러운 표현을 사용하는 것으로, toilet 대신 restroom을 쓰는 예가 이에 해당한다.

20 정답 ④

해설

접사첨가(affixation) 없이 기존의 품사를 다른 품사로 전환(conversion)하는 것을 제로파생(zero derivation)이라 한다. 제로파생은 셰익스피어도 즐겨 사용하였다고 알려진 조어법으로, 제시된 예문에서 본래 품사가 명사인 window와 park를 동사로 품사전환하여 사용하였다. 신조어(neologism), 역형성(back formation), 의성(onomatopoeia)과는 관계가 없다.

21 정답 ②

해설

17세기 신대륙 정착 초기에 이주민들이 사용했던 영어는 셰익스피어 시기와 동시대인 초기현대영어이다. 그 후 후기현대영어를 거치면서 영국 본토의 영어는 많은 변화를 거쳤지만 식민지 이주민들은 가져온 언어를 그대로 지키려는 성향이 강했다. 가령 영국에서 fast, grass, pass 모음의 [æ] 발음은 [ɑ:]로 변화하였고, bird, car의 모음 뒤 [r]은 더 이상 발음하지 않게 되었으나, 대륙에 정착한 이주민들은 이전의 영국 발음을 고수하였다. 이것으로부터 미국영어의 의고주의(archaism) 및 보수성(conservatism)을 짐작할 수 있다.

22 정답 ④

해설

『걸리버 여행기』(Gulliver's Travels)로 유명한 조너선 스위프트는 언어에 있어 극단적인 순수주의자(purist)이자 규범문법학자(prescriptivist)였다. 그에게 있어 모든 언어변화는 곧 타락을 의미하였다. 1712년 옥스퍼드 백작에게 보낸 "영어를 올바르게 고치고 개선하고 고정하기 위한 제언"(A Proposal for Correcting, Improving and Ascertaining the English Tongue)에서 축약형을 사용하는 이들을 향해 '멋만 부리는 무식하고 얼빠진 시인과 어린 애들'(illiterate Court Fops, half-witted Poets, and University Boys)이라며 강도 높게 비판하였다. 하지만 이 같은 언어 순수주의는 언어 사용의 문제점을 명확하게 하였고, 사람들은 영어사전의 필요성을 절감하게 되었다.

23 정답 ④

해설

virgule(/)의 의미는 colon이 아니라 comma이다.

24 정답 ③

해설

"A Proposal for Correcting, Improving and Ascertaining the English Tongue"는 조너선 스위프트의 글이다. 셰익스피어 때까지만 하더라도 자유분방한 영어가 대세였지만, 18세기 들어 방종에 치우친 경향이 있었던 영어를 통제하고 관리하여 보존하자는 의식이 강해졌다. 따라서 이 같은 언어 순수주의자들에게 있어 모든 언어변화는 곧 타락을 의미하였다.

주관식 해설

01 정답

- 자음의 발음에 있어, 미국영어에서는 탄설음화 현상이 나타난다.
- 모음의 발음에 있어, both 등의 이중모음이 [oʊ]로 발음된다.
- 철자에 있어, 미국영어에서는 발음의 실용성이 강조된다.

02 정답

룬 문자는 앵글로색슨족이 유럽대륙에서 사용하다가 영국에 가지고 들어와 기독교 개종 후에도 한동안 사용한 문자이다. 나무나 돌 등 단단한 물체에 새기기 편한 각진 형태를 띠고 있으며, 룬 문자가 새겨진 대표적인 유물로 루스웰 십자가(Ruthwell Cross)가 있다. 이 십자가에는 『십자가의 꿈』(The Dream of the Rood)이라는 유명한 고대영시가 새겨져 있다.

03 정답

불변화대명사인 that이 대표적인 관계대명사 역할을 수행하였다. 현대영어와 달리 중세영어에서는 that의 계속적 용법이 가능하였다. 중세영어 후반기에 의문대명사에서 유래한 wh-형 대명사가 관계대명사로 쓰이게 되었지만, 처음에는 주격 이외의 격으로만 사용되었다. 또한, 현대영어에서 찾아볼 수 없는 독특한 관계절이 존재하였는데, wh-형 관계대명사 뒤에 의미 없는 that이 따라오는 경우와 wh-관계사 앞에 the를 붙이는 관계절이 그것이다.

04 정답

초기현대영어에서 어미를 사용하지 않고 more과 most를 이용하여 비교급과 최상급을 나타내는 분석적 비교급이 등장하였다. 이 시기 분석적 비교급은 종합적 비교급과 마찬가지로 형용사의 음절 수와 관계없이 사용되었기 때문에 more better, more fitter와 같은 이중비교급(double comparison)을 초래하기도 하였다.

01	02	03	04	05	06	07	08	09	10	11	12
②	④	③	④	②	④	③	①	④	②	④	③

13	14	15	16	17	18	19	20	21	22	23	24
④	③	①	④	④	③	④	①	③	③	④	④

주관식 정답

01 노르만 정복은 영어사에 있어서 고대영어의 종료와 동시에 중세영어의 시작이 되는 중대한 사건이다. 에드워드 왕이 후사 없이 죽자 노르망디 공작이던 윌리엄이 영국을 정복하였고, 노르만 정복 이후 영국의 공용어는 노르망디 출신 귀족들의 언어인 노르만프랑스어가 되었다.

02 제시된 단어들은 환칭(antonomasia)에 의해 형성되었다는 공통점이 있다. 환칭이란 사람 또는 장소를 가리키던 이름으로부터 어휘를 만드는 것을 뜻한다. boycott은 아일랜드 토지 중개인 Charles Cunningham Boycott에서, lynch는 버지니아주 판사인 William Lynch에서, sandwich는 18세기 영국의 백작 Earl of Sandwich에서 유래하였다.

03
- 종합적 언어란 단어들의 형태변화를 통해 문법적 기능과 의미를 전달하는 언어로, 주로 어미나 접사 등을 사용하여 단어의 형태를 변화시키며 이러한 형태변화는 명사의 수, 인칭, 시제 등을 나타낼 수 있다. 종합적 언어의 대표적인 예로는 라틴어, 그리스어, 독일어, 러시아어 등이 있다.
- 분석적 언어란 문법적 기능과 의미를 단어의 순서나 문장 구조를 통해 전달하는 언어로, 단어들의 형태변화를 최소화하고, 대신 전치사, 조사, 부사 등을 사용하여 문장의 구조를 명확히 한다. 따라서 분석적 언어에서는 단어의 변화보다는 문장의 구조와 단어의 배치가 중요하다. 영어, 중국어, 스페인어, 한국어 등이 분석적 언어에 속한다.

04 본래 역사적으로 부사어미는 음가가 약한 -e였기 때문에 초기현대영어에서는 어미가 없는 부사를 주로 강조의 의미로 사용하였다. 현대영어의 부사어미인 -ly는 고대영어의 -līce에서 발전하였고, 중세영어에서 어말의 치찰음이 탈락하고 초기현대영어에서 단모음화가 일어난 결과이다. 오늘날 부사를 써야 할 곳에 형용사를 쓰는 일이 빈번한 이유를 이처럼 영어의 역사에서 찾을 수 있다. drive slow 같은 표현에서 볼 수 있듯이 형용사와 부사가 동일한 형태로 쓰이는 경우도 이에 해당한다고 볼 수 있다. 부사 격변화의 전통이 현대영어에도 남아 있는 어휘들로는 once, twice, thrice, nowadays, sometimes 등이 있다. 초기현대영어의 부사 표지로 -ways가 빈번하게 사용되었는데 always, sideways 등의 단어에 나타나며, 부사형성 접사인 -wise가 현대영어에서 흔하게 사용된다(예 clockwise, moneywise, otherwise, piecewise).

01 정답 ②

해설

그림의 법칙(Grimm's Law)은 인도–유럽어의 자음이 게르만어에서 겪은 세 가지 변화를 지칭한다. 첫째, 비기식음화(deaspiration)는 [b^h, d^h, g^h]가 [b, d, g]로 변화하는 것을 뜻한다. 둘째, 무성음화(devoicing)는 [b, d, g]가 [p, t, k]로 변화하는 것을 뜻한다. 셋째, 마찰음화(spirantization)는 [p, t, k]가 [f, θ, h]로 변화하는 것을 뜻한다. 세 가지 변화 중 제시된 단어의 발음 차이를 나타내는 것은 마찰음화 [k] → [h]이다.

02 정답 ④

해설

윌리엄 존스는 고대인도어인 산스크리트어가 '그리스어, 라틴어, 고트어, 켈트어, 독일어, 프랑스어, 영어' 등과 유사하다는 사실을 발견했다. 1786년 출간한 『산스크리트어』에서 그는 이 언어들이 어떤 하나의 공통언어에서 파생되었다는 가설을 제기하였는데, 이 공통언어는 이후 19세기 비교언어학자들에 의해 인도–유럽 공통조어로 재구성되었다.

03 정답 ③

해설

'대왕'(the Great) 칭호를 받은 유일한 영국 군주로, 행정력 강화를 위해 직제 및 군 조직을 개편하여 요새화된 도시를 건설하는 등 바이킹의 침공을 막기 위해 노력하였다. 궁정학교 설립, 해외학자 초빙, 라틴어 번역, 학식 있는 성직자 고용 등 교육과 학문의 부흥에도 힘썼는데, 특히 중요 문헌을 영어로 번역하는 사업을 수행함에 있어 자신이 직접 라틴어 문헌을 영어로 번역하였다. 『앵글로색슨 연대기』, 비드의 『영국교회사』, 그레고리 교황의 『사제의 계율』(Pastoral Care), 보에티우스(Boethius)의 『철학의 위안』(The Consolations of Philosophy) 등의 산문 역서를 출간하여, 영어 산문의 창시자로도 불린다.

04 정답 ④

해설

어순이 고정되어 있는 현대영어와 달리 고대영어는 굴절이 발달한 언어였기 때문에 문장성분의 문법적 기능을 어미변화로써 파악하기 쉬웠고, 이에 현대영어에 비해 상대적으로 유동적인 어순을 가졌다. 고대영어에서 가장 기본적이고 흔하게 사용되었던 어순은 S-V-O였지만, 타동사의 목적어가 대명사일 때 어순은 S-O(C)-V였고, 부정이나 부사어가 문두에 올 때 V-S-O의 어순을 보였다.

05 정답 ②

해설

비인칭구문은 현대영어에 존재하지 않는 고대영어의 구문으로, 주어를 필요로 하지 않는 동사일 때 사용되었다. 비인칭동사에는 주로 사람의 감정을 나타내는 동사(please, shame 등)가 포함되었고, 이 같은 동사들은 의미상 능동적인 행위의 결과가 아니므로 주어를 필요로 하지 않았다.

06 정답 ④

해설

고대영어의 이중자(digraphs) 중 sc는 현대영어의 sh에 해당되며 biscop 'bishop', fisc 'fish', scip 'ship'에서처럼 두 개의 연속된 문자가 하나의 소리 [ʃ]를 가졌다. 단, sc 문자 중 라틴어에서 차용된 ascian 'ask', scol 'school'과 같은 어휘의 경우 [sk]로 발음되었다.

07 정답 ③

해설

고대영어의 부사는 주로 어미 -e와 -līce를 붙여 만들었지만, 명사의 격변화가 부사적 기능을 수행하기도 하였다. 특히 단수 속격 어미인 -es가 부사의 역할을 하는 경우가 많아, 현대영어의 besides, towards, homewards, once, twice, thrice, since 등의 부사형에 붙은 어미 -s(또는 철자변형에 의한 -ce)의 유래를 속격에 의한 부사화에서 찾을 수 있다.

08 정답 ①

해설

고대영어로부터 현대영어에 이르기까지 관계대명사와 지시사의 체계는 큰 변화가 있었고, 고대영어의 문법상 성(grammatical gender)은 소실되었다. 하지만 deer, sheep은 고대영어 시기부터 단수·복수 동형 명사로 현재까지 그 모습을 유지하고 있다.

09 정답 ④

해설

노르망디 상실과 백년전쟁으로 인하여 프랑스는 적국, 프랑스어는 적국의 언어로 인식하게 됨으로써, 노르만 정복 이후 유지되어 오던 프랑스어와 영어의 위상이 서로 역전되었다. 에드워드 3세 때 모든 소송을 영어로 진행할 것을 지시하는 소송법이 제정되어 법원의 공식언어는 영어가 되었다. 반면, 'Henry, William, Richard, John' 등의 왕 이름은 프랑스어이고, Edward는 순수한 앵글로색슨 영어 이름이다.

10 **정답** ②

해설

영어 명사 어미의 대표적인 변화형으로 인식된 것은 단수 속격에 -es, 복수 주격에 -as를 붙이던 변화였고, 중세영어의 많은 명사들이 유추적으로(analogically) 이 유형의 변화를 따라가서 -en 같은 소수 격변화 명사들이 대거 사라지게 되었다.

11 **정답** ④

해설

강세를 받지 않는 어말의 a, o, u가 e로 바뀌게 되고 결국 슈와(schwa) [ə]로 발음이 약화되었다. 고대영어에서 다양한 문법정보를 제공하던 굴절어미의 역할은 축소되었다. 굴절어미의 대체 수단으로 영어에서는 전치사나 접속사 등 기능어의 역할이 증가하였다.

12 **정답** ③

해설

고대영어의 이중모음 'ea, eo'는 중세영어로 오면서 각각 [ɛː, eː]로 단모음이 되었고, 프랑스어 유래 차용어로 인하여 'ay, ey, oy, au, eu, iu, ou'와 같은 새로운 이중모음이 추가되었다. 중세영어에 들어오면서 'aa, ee, ii, oo'와 같이 모음 두 개를 나란히 겹쳐 써서 장모음을 나타내는 철자법이 등장하였다.

13 **정답** ④

해설

셰익스피어는 3인칭 단수 현재형(third person singular present)을 나타내는 데 -s와 -th를 모두 사용하였다. 이는 현대영어의 3인칭 단수 현재형으로 -s만이 사용되는 것과 비교된다.

14 **정답** ③

해설

초기현대영어에서는 very나 vinegar에서처럼 어두에서 v로, liue나 seuen에서처럼 그 밖의 위치에서는 u로 표기하였다. 그래서 오늘날 v가 쓰일 곳에 u로, u가 쓰일 곳에 v로 나타났는데 17세기 들어 u는 모음으로, v는 자음으로 구분하게 되었다.

15 **정답** ①

해설

프랑스어 tu(2인칭 단수)와 vous(2인칭 복수 및 단수 존칭)의 영향으로 초기현대영어에서 y-형(you와 your)은 예의나 격식을 갖춘 상류계층의 대화에서, th-형(thou와 thy)은 하층민 사이 또는 상류사회에서 친근감이나 애정의 표현으로 사용되었다.

16 **정답** ④

해설

조동사 do는 고유한 영어 어휘이며, 중세영어 시기에는 하나의 일반 동사에 지나지 않았다. 초기현대영어에서는 조동사 do의 사용이 수의적이었고, 이후 후기현대영어 시기에 정착되었다.

17 정답 ④

해설

17세기 미국 신대륙이라는 새로운 환경에 정착한 이주민들은 새로운 동·식물 및 사물의 명명을 위해 각종 외래어에서 단어를 차용하였다. 제시된 어휘는 식민지 초기 캘리포니아 및 미국 남서부 지역에 모여 살던 스페인어 사용자들로부터 받아들여졌다.

18 정답 ③

해설

미국식 어법(Americanism)은 존 위더스푼이 처음 사용한 용어로서, 새로운 환경에 적응하기 위해 영국영어와 다른 새로운 어휘가 필요하다는 인식하에 생겨난 어법을 뜻한다. 미국식 어법은 영국의 언어와 분리해야 한다는 의식을 바탕으로 영국에서 쓰이는 어휘와는 확연히 다른 오직 미국에서만 볼 수 있는 독특한 단어들을 기반으로 하였다. 가령, '가을'을 의미하는 단어인 fall은 당시 영국에서는 더 이상 쓰이지 않고 autumn이 사용되고 있었으나, 미국에서는 autumn 대신 fall을 채택하여 사용하였다.

19 정답 ④

해설

17세기 초 신대륙 정착이 시작되었을 때 이주민들이 사용했던 영어는 셰익스피어 시기와 동시대인 초기현대영어이다. 그 후 후기현대영어를 거치면서 영국 본토의 영어는 많은 변화를 거쳤지만 식민지 이주민들은 가져온 언어를 그대로 지키려는 성향이 강했다. 가령, 영국에서는 fast 모음의 [æ] 발음, 모음 뒤 [r] 발음, mad 어휘 사용 등에 있어 변화를 겪었으나, 대륙에 정착한 이주민들은 이전의 영국 어법을 고수하였다. 이것으로부터 미국영어의 의고주의(archaism) 및 보수성(conservatism)을 짐작할 수 있다.

20 정답 ①

해설

street은 라틴어 차용어로 고대영어 시기 이전에 들어온 어휘이고, 나머지 어휘들은 모두 프랑스어 차용어로 중세영어 시기에 들어왔다.

21 정답 ③

해설

존 체크(John Cheke), 토머스 윌슨(Thomas Wilson), 에드먼드 스펜서(Edmund Spenser) 등의 영어 순수주의자들은, 영어로 표현할 수 있는 단어들도 라틴어로 바꿔 사용하는 경우가 많아 영어의 순수성이 훼손된다며 무분별한 고전어 차용에 대해 강하게 비판하면서, 옛 영어 표현을 부활시키거나 영어 단어를 복합어로 만들어 사용하자고 주장하였다.

22 정답 ③

해설

ſo는 so, lynen은 linen, &는 and를 의미한다.

23 정답 ④

해설

1755년에 출간된 사무엘 존슨의 영어사전은 영어를 고정시켜 타락을 방지하려는 목적으로 저술되어 규범적인 역할을 수행하였고, 영어에 어느 정도의 통제력을 발휘하는 기능을 하였다. 몇몇 단어의 정의에 존슨의 개인적인 선입관이 포함되었다는 점에서 현대의 사전과는 큰 차이가 있다.

24 정답 ④

해설

셰익스피어(1564~1616)는 초기현대영어 시기(1500~1800)의 작가이다.

주관식 해설

01 정답

노르만 정복은 영어사에 있어서 고대영어의 종료와 동시에 중세영어의 시작이 되는 중대한 사건이다. 에드워드 왕이 후사 없이 죽자 노르망디 공작이던 윌리엄이 영국을 정복하였고, 노르만 정복 이후 영국의 공용어는 노르망디 출신 귀족들의 언어인 노르만프랑스어가 되었다.

02 정답

제시된 단어들은 환칭(antonomasia)에 의해 형성되었다는 공통점이 있다. 환칭이란 사람 또는 장소를 가리키던 이름으로부터 어휘를 만드는 것을 뜻한다. boycott은 아일랜드 토지 중개인 Charles Cunningham Boycott에서, lynch는 버지니아주 판사인 William Lynch에서, sandwich는 18세기 영국의 백작 Earl of Sandwich에서 유래하였다.

03 정답

- 종합적 언어란 단어들의 형태변화를 통해 문법적 기능과 의미를 전달하는 언어로, 주로 어미나 접사 등을 사용하여 단어의 형태를 변화시키며 이러한 형태변화는 명사의 수, 인칭, 시제 등을 나타낼 수 있다. 종합적 언어의 대표적인 예로는 라틴어, 그리스어, 독일어, 러시아어 등이 있다.
- 분석적 언어란 문법적 기능과 의미를 단어의 순서나 문장 구조를 통해 전달하는 언어로, 단어들의 형태변화를 최소화하고, 대신 전치사, 조사, 부사 등을 사용하여 문장의 구조를 명확히 한다. 따라서 분석적 언어에서는 단어의 변화보다는 문장의 구조와 단어의 배치가 중요하다. 영어, 중국어, 스페인어, 한국어 등이 분석적 언어에 속한다.

04 정답

본래 역사적으로 부사어미는 음가가 약한 -e였기 때문에 초기현대영어에서는 어미가 없는 부사를 주로 강조의 의미로 사용하였다. 현대영어의 부사어미인 -ly는 고대영어의 -līce에서 발전하였고, 중세영어에서 어말의 치찰음이 탈락하고 초기현대영어에서 단모음화가 일어난 결과이다. 오늘날 부사를 써야 할 곳에 형용사를 쓰는 일이 빈번한 이유를 이처럼 영어의 역사에서 찾을 수 있다. drive slow 같은 표현에서 볼 수 있듯이 형용사와 부사가 동일한 형태로 쓰이는 경우도 이에 해당된다고 볼 수 있다. 부사 격변화의 전통이 현대영어에도 남아 있는 어휘들로는 once, twice, thrice, nowadays, sometimes 등이 있다. 초기현대영어의 부사 표지로 -ways가 빈번하게 사용되었는데 always, sideways 등의 단어에 나타나며, 부사형성 접사인 -wise가 현대영어에서 흔하게 사용된다(예 clockwise, moneywise, otherwise, piecewise).

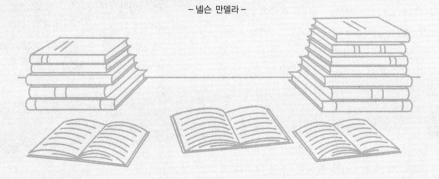

우리 인생의 가장 큰 영광은 결코 넘어지지 않는 데 있는 것이 아니라
넘어질 때마다 일어서는 데 있다.

- 넬슨 만델라 -

넌도 전공심화과정인정시험 답안지(객관식)

★ 수험생은 수험번호와 응시과목 코드번호를 표기(마킹)한 후 일치여부를 반드시 확인할 것.

전공분야

성명

전공분야

수험번호

(1) 3

(2) ① ② ● ④

교시코드	응시과목
① ② ③ ④	1 ① ② ③ ④ 14 ① ② ③ ④
	2 ① ② ③ ④ 15 ① ② ③ ④
	3 ① ② ③ ④ 16 ① ② ③ ④
	4 ① ② ③ ④ 17 ① ② ③ ④
	5 ① ② ③ ④ 18 ① ② ③ ④
	6 ① ② ③ ④ 19 ① ② ③ ④
	7 ① ② ③ ④ 20 ① ② ③ ④
	8 ① ② ③ ④ 21 ① ② ③ ④
	9 ① ② ③ ④ 22 ① ② ③ ④
	10 ① ② ③ ④ 23 ① ② ③ ④
	11 ① ② ③ ④ 24 ① ② ③ ④
	12 ① ② ③ ④
	13 ① ② ③ ④

답안지 작성시 유의사항

1. 답안지는 반드시 컴퓨터용 사인펜을 사용하여 다음 보기와 같이 표기할 것.
   보기) 잘된표기: ● 잘못된 표기: ⊗ ⊙ ◐ ◑ ◒
2. 수험번호 (1)에는 아라비아 숫자로 쓰고, (2)에는 "●"와 같이 표기할 것.
3. 과목코드는 뒷면 "과목코드번호"를 보고 해당과목의 코드번호를 찾아 표기하고,
4. 응시과목란에는 응시과목명을 한글로 기재할 것.
5. 한번 표기한 답은 긁거나 수정액 및 스티커 등 어떠한 방법으로도 고쳐서는 아니되고, 고친 문항은 "0"점 처리함.

※ 감독관 확인란

관리번호

응시자수

과목코드	응시과목
	1 ① ② ③ ④ 14 ① ② ③ ④
	2 ① ② ③ ④ 15 ① ② ③ ④
	3 ① ② ③ ④ 16 ① ② ③ ④
	4 ① ② ③ ④ 17 ① ② ③ ④
	5 ① ② ③ ④ 18 ① ② ③ ④
	6 ① ② ③ ④ 19 ① ② ③ ④
	7 ① ② ③ ④ 20 ① ② ③ ④
	8 ① ② ③ ④ 21 ① ② ③ ④
	9 ① ② ③ ④ 22 ① ② ③ ④
	10 ① ② ③ ④ 23 ① ② ③ ④
	11 ① ② ③ ④ 24 ① ② ③ ④
	12 ① ② ③ ④
	13 ① ② ③ ④

[이 답안지는 마킹연습용 모의답안지입니다.]

절취선

○○년도 전공심화과정
인정시험 답안지(주관식)

[이 답안지는 마킹연습용 모의답안지입니다.]

★ 수험생은 수험번호와 응시과목 코드번호를 표기(마킹)한 후 일치여부를 반드시 확인할 것.

전공분야

성명

과목코드				
① ② ③ ④ ⑤ ⑥ ⑦ ⑧ ⑨ ⑩				
① ② ③ ④ ⑤ ⑥ ⑦ ⑧ ⑨ ⑩				
① ② ③ ④ ⑤ ⑥ ⑦ ⑧ ⑨ ⑩				
① ② ③ ④ ⑤ ⑥ ⑦ ⑧ ⑨ ⑩				
① ② ③ ④ ⑤ ⑥ ⑦ ⑧ ⑨ ⑩				

교시코드
① ② ③ ④

수험번호

		—		—		—		
①		①		①		①		①
②		②		②		②		②
③		③		③		③		③
④		④		④		④		④
⑤		⑤		⑤		⑤		⑤
⑥		⑥		⑥		⑥		⑥
⑦		⑦		⑦		⑦		⑦
⑧		⑧		⑧		⑧		⑧
⑨		⑨		⑨		⑨		⑨
⓪		⓪		⓪		⓪		⓪

(1)	3	① ② ● ④
(2)		

답안지 작성시 유의사항

1. ※란은 표기하지 말 것.
2. 수험번호 (2)란, 과목코드, 교시코드 표기는 반드시 컴퓨터용 싸인펜으로 표기할 것
3. 교시코드는 문제지 전면 의 교시를 해당란에 컴퓨터용 싸인펜으로 표기할 것.
4. 답란은 반드시 흑·청색 볼펜 또는 만년필을 사용할 것. (연필 또는 적색 필기구 사용불가)
5. 답안을 수정할 때에는 두줄(=)을 긋고 수정할 것.
6. 답란이 부족하면 해당답란에 "뒷면기재"라고 쓰고 뒷면 '추가답란'에 문제번호를 기재한 후 답안을 작성할 것.
7. 기타 유의사항은 객관식 답안지의 유의사항과 동일함.

※ 수험생은 수험번호와 응시과목 코드번호를 표기(마킹)한 후 일치여부를 반드시 확인할 것.

번호	※ 1차 채점	1 차 점 수	※1차확인	응 시 과 목	※2차확인	2 차 채 점	※ 2 차 점 수
1		⓪ ① ② ③ ④ ⑤ ⑥ ⑦ ⑧ ⑨ ⑩					⓪ ① ② ③ ④ ⑤ ⑥ ⑦ ⑧ ⑨ ⑩
2		⓪ ① ② ③ ④ ⑤ ⑥ ⑦ ⑧ ⑨ ⑩					⓪ ① ② ③ ④ ⑤ ⑥ ⑦ ⑧ ⑨ ⑩
3		⓪ ① ② ③ ④ ⑤ ⑥ ⑦ ⑧ ⑨ ⑩					⓪ ① ② ③ ④ ⑤ ⑥ ⑦ ⑧ ⑨ ⑩
4		⓪ ① ② ③ ④ ⑤ ⑥ ⑦ ⑧ ⑨ ⑩					⓪ ① ② ③ ④ ⑤ ⑥ ⑦ ⑧ ⑨ ⑩
5		⓪ ① ② ③ ④ ⑤ ⑥ ⑦ ⑧ ⑨ ⑩					⓪ ① ② ③ ④ ⑤ ⑥ ⑦ ⑧ ⑨ ⑩

※ 감독관 확인란

(인)

년도 전공심화과정인정시험 답안지(객관식)

★ 수험생은 수험번호와 응시과목 코드번호를 표기(마킹)한 후 일치여부를 반드시 확인할 것.

전공분야

성 명

	수 험 번 호
(1)	3
(2)	④ ● ② ①

과목코드	응시과목
	1 ① ② ③ ④
	2 ① ② ③ ④
	3 ① ② ③ ④
	4 ① ② ③ ④
	5 ① ② ③ ④
	6 ① ② ③ ④
	7 ① ② ③ ④
	8 ① ② ③ ④
	9 ① ② ③ ④
교시코드	10 ① ② ③ ④
①	11 ① ② ③ ④
②	12 ① ② ③ ④
③	13 ① ② ③ ④
④	

| 14 ① ② ③ ④ |
| 15 ① ② ③ ④ |
| 16 ① ② ③ ④ |
| 17 ① ② ③ ④ |
| 18 ① ② ③ ④ |
| 19 ① ② ③ ④ |
| 20 ① ② ③ ④ |
| 21 ① ② ③ ④ |
| 22 ① ② ③ ④ |
| 23 ① ② ③ ④ |
| 24 ① ② ③ ④ |

답안지 작성시 유의사항

1. 답안지는 반드시 컴퓨터용 사인펜을 사용하여 다음 보기와 같이 표기할 것.
   보기 잘 된 표기: ●
   잘못된 표기: ⊗ ⊙ ○ ◑ ◐

2. 수험번호 (1)에는 아라비아 숫자로 쓰고, (2)에는 " ● "와 같이 표기할 것.

3. 과목코드는 뒷면 "과목코드번호"를 보고 해당과목의 코드번호를 찾아 표기하고,
   응시과목란에는 응시과목명을 한글로 기재할 것.

4. 교시코드는 문제지 전면 의 교시를 해당란에 " ● "와 같이 표기할 것.

5. 한번 표기한 답은 긁거나 수정액 및 스티커 등 어떠한 방법으로도 고쳐서는
   아니되고, 고친 문항은 "0"점 처리함.

※ 감독관 확인란

(인)

(연번)

관리번호	
(응시자수)	

[이 답안지는 마킹연습용 모의답안지입니다.]

과목코드	응시과목
	1 ① ② ③ ④
	2 ① ② ③ ④
	3 ① ② ③ ④
	4 ① ② ③ ④
	5 ① ② ③ ④
	6 ① ② ③ ④
	7 ① ② ③ ④
	8 ① ② ③ ④
	9 ① ② ③ ④
	10 ① ② ③ ④
	11 ① ② ③ ④
	12 ① ② ③ ④
	13 ① ② ③ ④

| 14 ① ② ③ ④ |
| 15 ① ② ③ ④ |
| 16 ① ② ③ ④ |
| 17 ① ② ③ ④ |
| 18 ① ② ③ ④ |
| 19 ① ② ③ ④ |
| 20 ① ② ③ ④ |
| 21 ① ② ③ ④ |
| 22 ① ② ③ ④ |
| 23 ① ② ③ ④ |
| 24 ① ② ③ ④ |

절취선

년도 전공심화과정 인정시험 답안지(주관식)

★ 수험생은 수험번호와 응시과목 코드번호를 표기(마킹)한 후 일치여부를 반드시 확인할 것.

전공분야

성명

과목코드

교시코드 ① ② ③ ④

수 험 번 호

답안지 작성시 유의사항

1. ※란은 표기하지 말 것.
2. 수험번호 (2)란, 과목코드, 교시코드 표기는 반드시 컴퓨터용 싸인펜으로 표기할 것.
3. 교시코드는 문제지 전면 의 교시를 해당란에 컴퓨터용 싸인펜으로 표기할 것.
4. 답란은 반드시 흑 · 청색 볼펜 또는 만년필을 사용할 것. (연필 또는 적색 필기구 사용불가)
5. 답안을 수정할 때에는 두줄(=)을 긋고 수정할 것.
6. 답란이 부족하면 해당답란에 "뒷면기재"라고 쓰고 뒷면 '추가답란'에 문제번호를 기재한 후 답안을 작성할 것.
7. 기타 유의사항은 객관식 답안지의 유의사항과 동일함.

※ 감독관 확인란

인

[이 답안지는 마킹연습용 모의답안지입니다.]

년도 전공심화과정인정시험 답안지(객관식)

컴퓨터용 사인펜만 사용

★ 수험생은 수험번호와 응시과목 코드번호를 표기(마킹)한 후 일치여부를 반드시 확인할 것.

전공분야

성명

전공분야

(1) 3

(2) ① ② ● ④

수험번호

※ 감독관 확인란

관리번호 (연번)

(응시자수)

답안지 작성 시 유의사항

1. 답안지는 반드시 컴퓨터용 사인펜을 사용하여 다음 보기와 같이 표기할 것.
   보기 정답 표기: ●
   잘못된 표기: ⊗ ⊙ ◑ ◐ ○ ●

2. 수험번호 (1)에는 아라비아 숫자로 쓰고, (2)에는 " ● " 와 같이 표기할 것.

3. 과목코드는 뒷면 "과목코드번호"를 보고 해당과목의 코드번호를 찾아 표기하고,
   응시과목란에는 응시과목명을 한글로 기재할 것.

4. 교시코드는 문제지 전면 의 교시를 해당란에 " ● "와 같이 표기할 것.

5. 한번 표기한 답은 긁거나 수정액 및 스티커 등 어떠한 방법으로도 고쳐서는
   아니되고, 고친 문항은 "0"점 처리함.

과목코드

교시코드 ① ② ③ ④

응시과목

	1	① ② ③ ④	14	① ② ③ ④
	2	① ② ③ ④	15	① ② ③ ④
	3	① ② ③ ④	16	① ② ③ ④
	4	① ② ③ ④	17	① ② ③ ④
	5	① ② ③ ④	18	① ② ③ ④
	6	① ② ③ ④	19	① ② ③ ④
	7	① ② ③ ④	20	① ② ③ ④
	8	① ② ③ ④	21	① ② ③ ④
	9	① ② ③ ④	22	① ② ③ ④
	10	① ② ③ ④	23	① ② ③ ④
	11	① ② ③ ④	24	① ② ③ ④
	12	① ② ③ ④		
	13	① ② ③ ④		

과목코드

응시과목

	1	① ② ③ ④	14	① ② ③ ④
	2	① ② ③ ④	15	① ② ③ ④
	3	① ② ③ ④	16	① ② ③ ④
	4	① ② ③ ④	17	① ② ③ ④
	5	① ② ③ ④	18	① ② ③ ④
	6	① ② ③ ④	19	① ② ③ ④
	7	① ② ③ ④	20	① ② ③ ④
	8	① ② ③ ④	21	① ② ③ ④
	9	① ② ③ ④	22	① ② ③ ④
	10	① ② ③ ④	23	① ② ③ ④
	11	① ② ③ ④	24	① ② ③ ④
	12	① ② ③ ④		
	13	① ② ③ ④		

[이 답안지는 마킹연습용 모의답안지입니다.]

년도 전공심화과정
인정시험 답안지(주관식)

★ 수험생은 수험번호와 응시과목 코드번호를 표기(마킹)한 후 일치여부를 반드시 확인할 것.

번호	※1차채점	※1차점수	※1차확인	응시과목	과목	※2차확인	2차채점	※2차점수
1		⓪①②③④⑤⑥⑦⑧⑨⑩						⓪①②③④⑤⑥⑦⑧⑨⑩
2		⓪①②③④⑤⑥⑦⑧⑨⑩						⓪①②③④⑤⑥⑦⑧⑨⑩
3		⓪①②③④⑤⑥⑦⑧⑨⑩						⓪①②③④⑤⑥⑦⑧⑨⑩
4		⓪①②③④⑤⑥⑦⑧⑨⑩						⓪①②③④⑤⑥⑦⑧⑨⑩
5		⓪①②③④⑤⑥⑦⑧⑨⑩						⓪①②③④⑤⑥⑦⑧⑨⑩

전공분야

성명

과목코드

①②③④⑤⑥⑦⑧⑨⑩
①②③④⑤⑥⑦⑧⑨⑩
①②③④⑤⑥⑦⑧⑨⑩
①②③④⑤⑥⑦⑧⑨⑩

교시코드
①②③④

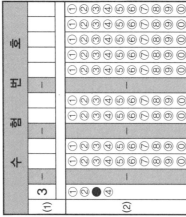

수험번호

(1) 3
(2) ①②③④⑤⑥⑦⑧⑨⑩ ...

답안지 작성시 유의사항

1. ※란은 표기하지 말 것.
2. 수험번호 (2)란, 과목코드, 교시코드는 반드시 컴퓨터용 싸인펜으로 표기할 것
3. 교시코드는 문제지 전면 의 교시를 해당란에 컴퓨터용 싸인펜으로 표기할 것.
4. 답안은 반드시 흑·청색 볼펜 또는 만년필을 사용할 것. (연필 또는 적색 필기구 사용불가)
5. 답안을 수정할 때에는 두줄(=)을 긋고 수정할 것.
6. 답안이 부족하면 해당답란에 "뒷면기재"라고 쓰고 뒷면 '추가답란'에 문제번호를 기재한 후 답안을 작성할 것.
7. 기타 유의사항은 객관식 답안지의 유의사항과 동일함.

※ 감독관 확인란

(인)

적성서

참고문헌

- 김영석, 『영어음운론』, 한신문화사, 2000.
- 김혜리, 『고대영어: 역사, 문법, 문헌』, 한국문화사, 2021.
- 김혜리, 『영어의 역사』, 한국문화사, 2021.
- 문귀선 역, 『영어: 한 언어에서 여러 영어로』, 한국문화사, 2012.
- 민청기·김희주 역, 『찰스 디킨스의 영국사 산책』, 옥당, 2020.
- 이동국·손창용, 『영어의 역사』, 한국방송통신대학교출판문화원, 2017.
- 한일동, 『영국 역사』, 살림지식총서, 2018.
- Baugh, A. C. & Cable, T. 『A History of the English Language』 (5th ed. 2002). London: Routledge.
- Svartvik, J. & Leech, G. & Crystal, D. 『English: One Tongue, Many Voices』 (2nd ed. 2016). New York: Palgrave Macmillan.

얼마나 많은 사람들이 책 한 권을 읽음으로써 인생에 새로운 전기를 맞이했던가.

– 헨리 데이비드 소로 –

시대에듀 독학사 영어영문학과 3단계 영어발달사

개정1판1쇄 발행	2025년 01월 08일 (인쇄 2024년 08월 30일)
초 판 발 행	2024년 01월 10일 (인쇄 2023년 10월 31일)
발 행 인	박영일
책 임 편 집	이해욱
편 저	김정연
편 집 진 행	송영진 · 양희정
표지디자인	박종우
편집디자인	차성미 · 고현준
발 행 처	(주)시대고시기획
출 판 등 록	제10-1521호
주 소	서울시 마포구 큰우물로 75 [도화동 538 성지 B/D] 9F
전 화	1600-3600
팩 스	02-701-8823
홈 페 이 지	www.sdedu.co.kr
I S B N	979-11-383-7599-3 (13740)
정 가	20,000원

시대에듀 독학사
영어영문학과

--- **왜? 독학사 영어영문학과인가?** ---

4년제 영어영문학과 학위를 최소 시간과 비용으로 단 1년 만에 초고속 취득 가능!

현대인에게 필수 외국어라 할 수 있는 영어의 체계적인 학습에 적합

토익, 토플, 텝스, 지텔프, 플렉스 등 공무원/군무원 시험 대체검정능력시험 준비에 유리

일반 기업 및 외국계 기업, 교육계, 언론계, 출판계, 번역 · 통역, 관광 · 항공 등 다양한 분야로 취업 가능

--- **영어영문학과 과정별 시험과목(2~4과정)** ---

1~2과정 교양 및 전공기초과정은 객관식 40문제 구성
3~4과정 전공심화 및 학위취득과정은 객관식 24문제+주관식 4문제 구성

2과정(전공기초)	3과정(전공심화)	4과정(학위취득)
영어학개론	영어발달사	영어학개론 (2과정 겸용)
영문법	고급영문법 (근간)	고급영어 (3과정 겸용)
영어음성학	고급영어 (근간)	영미문학개관 (2+3과정 겸용)
중급영어 (근간)	영어통사론 (근간)	영미소설 (2+3과정 겸용)
영국문학개관 (근간)	20세기 영미소설 (근간)	
19세기 영미소설 (근간)	미국문학개관 (근간)	

--- **시대에듀 영어영문학과 학습 커리큘럼** ---

기본이론부터 실전문제풀이 훈련까지!
시대에듀가 제시하는 각 과정별 최적화된 커리큘럼에 따라 학습해 보세요.

STEP 01
기본이론
핵심이론 분석으로
확실한 개념 이해

STEP 02
문제풀이
실전예상문제를 통해
실전문제에 적용

STEP 03
모의고사
최종모의고사로
실전 감각 키우기

독학사 영어영문학과 2~4과정 교재 시리즈

독학학위제 공식 평가영역을 100% 반영한 이론과 문제로 구성된 완벽한 최신 기본서 라인업!

START

2과정

▶ **전공 기본서** [전 6종]
- 영어학개론
- 영문법
- 영어음성학
- 중급영어 (근간)
- 영국문학개관 (근간)
- 19세기 영미소설 (근간)

3과정

▶ **전공 기본서** [전 6종]
- 영어발달사
- 고급영문법 (근간)
- 고급영어 (근간)
- 영어통사론 (근간)
- 20세기 영미소설 (근간)
- 미국문학개관 (근간)

4과정

▶ **전공 기본서**
- 영어학개론 (2과정 겸용)
- 고급영어 (3과정 겸용)
- 영미문학개관 (2+3과정 겸용)
- 영미소설 (2+3과정 겸용)

GOAL!

※ 표지 이미지 및 구성은 변경될 수 있습니다.

✚ **독학사 전문컨설턴트가 개인별 맞춤형 학습플랜을 제공해 드립니다.**

시대에듀 홈페이지 **www.sdedu.co.kr** 　상담문의 **1600-3600** 평일 9~18시 / 토요일·공휴일 휴무

나는 이렇게 합격했다

당신의 합격 스토리를 들려주세요
추첨을 통해 선물을 드립니다

베스트 리뷰
갤럭시탭/ 버즈 2

상/하반기 추천 리뷰
상품권/ 스벅커피

인터뷰 참여
백화점 상품권

이벤트 참여방법

합격수기

시대에듀와 함께한
도서 or 강의 **선택**

＞

나만의 합격 노하우
정성껏 **작성**

＞

상반기/하반기
추첨을 통해 선물 증정

인터뷰

시대에듀와 함께한
강의 **선택**

＞

합격증명서 or
자격증 사본 **첨부**,
간단한 소개 **작성**

＞

인터뷰 완료 후
백화점 상품권 증정

이벤트 참여방법

다음 합격의 주인공은 바로 여러분입니다!

QR코드 스캔하고 ▷ ▷ ▶

이벤트 참여하여 **푸짐한 경품받자!**

합격의 공식
시대에듀